V&R

INTERDISZIPLINÄRE BERATUNGSFORSCHUNG

Herausgegeben von
Stefan Busse, Rolf Haubl, Heidi Möller,
Christiane Schiersmann

Band 2: Heidi Möller
   Beratungen in einer ratlosen Arbeitswelt

Heidi Möller

Beratung in einer ratlosen Arbeitswelt

Mit 2 Tabellen

Vandenhoeck & Ruprecht

Bibliografische Information der Deutschen Nationalbibliothek

Die Deutsche Nationalbibliothek verzeichnet diese Publikation in der Deutschen Nationalbibliographie; detaillierte bibliographische Daten sind im Internet über http://dnb.d-nb.de abrufbar.

ISBN 978-3-525-40326-6

© 2010, Vandenhoeck & Ruprecht GmbH & Co. KG, Göttingen.

Internet: www.v-r.de
Alle Rechte vorbehalten. Das Werk und seine Teile sind urheberrechtlich geschützt. Jede Verwertung in anderen als den gesetzlich zugelassenen Fällen bedarf der vorherigen schriftlichen Einwilligung des Verlages. Hinweis zu § 52a UrhG: Weder das Werk noch seine Teile dürfen ohne vorherige schriftliche Einwilligung des Verlages öffentlich zugänglich gemacht werden. Dies gilt auch bei einer entsprechenden Nutzung für Lehr- und Unterrichtszwecke.
Printed in Germany.

Redaktion: Panja Schweder, Frankfurt/Main

Satz: www.composingandprint.de
Druck & Bindung: ⊕ Hubert & Co, Göttingen

Inhalt

Heidi Möller
»Entgrenzte Arbeitswelt« und ihre Herausforderungen
an die Beratungsarbeit 7

Heidi Möller und Mathias Lohmer
Psychodynamische Organisationsberatung 22

Heidi Möller
Stolpersteine weiblicher Karrieren. Was Frauen hindert,
erfolgreich zu sein 43

Heidi Möller
Wege aus der Selbstständigkeit 60

Heidi Möller und Melene Bahner
Der Börsengang als Krise. Zur Psychodynamik
zwischen Gründerpersonen 75

Heidi Möller und Uwe Volkmer
Das Karriereplateau. Herausforderungen für Unternehmen,
Mitarbeiterinnen und Beraterinnen 97

Heidi Möller und Margarete Laschalt
Ältere Arbeitnehmerinnen und Arbeitnehmer – ein
vernachlässigtes Subjekt in der Personalentwicklung.
Der demographische Wandel und seine Herausforderungen
für eine zeitgemäße Mitarbeiterführung 115

Heidi Möller und Arthur Drexler
Einsatz eines Einzel-Assessments im Rahmen
von Unternehmensnachfolge 137

Heidi Möller und Claudia Meister-Scheytt
autonomie – macht – abhängigkeit. Zur Dynamik des
Wandels an österreichischen Universitäten 154

Heidi Möller
Schamerleben in Supervisionsprozessen 179

Die Autorinnen und Autoren 203

Heidi Möller

»Entgrenzte Arbeitswelt« und ihre Herausforderungen an die Beratungsarbeit

Die Arbeitswelt befindet sich in einem tiefgreifenden Strukturwandel – wenn dessen Tragweite jedoch auch nach wie vor je nach normativer Position unterschiedlich beurteilt wird. Ich möchte ein paar Einschätzungen der langfristigen Entwicklung von Arbeit in unserer Gesellschaft vornehmen, denn daraus leitet sich wie selbstverständlich ab, warum die Beratung von Einzelnen, Teams und ganzen Organisationen so stark expandiert.

Die aktuellen Veränderungen der betrieblichen Welt werden auch mit dem Begriff der »Entgrenzung« der Arbeitsverhältnisse belegt. Die vielgestaltigen Veränderungen können als »Flexibilisierung« umschrieben werden. So abgegriffen und unscharf dieser Begriff auch sein mag, er trifft einen entscheidenden Punkt: Ganz egal, ob es um die Deregulierung von Arbeits- und Beschäftigungsverhältnissen auf gesellschaftlicher Ebene geht, um Outsourcing-Strategien, Profitcenter-Konzepte und Hierarchieausdünnungen auf betrieblicher Ebene oder um die Nutzung von Gruppenkonzepten, Projektarbeitsformen und entstandardisierten Arbeitszeiten, Ziel ist immer, etablierte Strukturen aufzubrechen und mehr oder weniger dauerhaft zu dynamisieren und zu verflüssigen (vgl. Voß u. Pongratz, 1998).

Wir finden zunächst einmal eine in vielen Bereichen zu beobachtende tendenzielle Abkehr von tayloristischen Betriebsstrategien, die weg von einer Überstandardisierung führen. In anderen Bereichen wie der Automobilindustrie geht die Entwicklung genau den umgekehrten Weg – hin zu Standardisierung. Auslöser für diese Entwicklungen sind nachhaltige Veränderungen der nationalen und internationalen Marktbedingungen in den meisten Wirtschaftsfeldern, die betrieblich nicht nur einen massiven Kostendruck erzeugen, sondern vor allem zur Suche nach Produktivitätsreserven und komparativen Vorteilen durch Produktqualität, Reagibilität und Innovativität zwingen.

Jahrzehntelang bewährte soziale Formierungen der gesellschaftlichen Arbeit werden im Verlauf dieses Prozesses für eine weitere Entfaltung einzelbetrieblicher wie gesamtwirtschaftlicher Möglichkeiten zunehmend als hinderlich empfunden. Waren sie einst Garant kontinuierlichen Wirtschaftsaufschwungs, so erscheinen sie nun immer mehr als Behinderungen einer Anpassung an veränderte Verhältnisse. Wir sprechen also von Entgrenzung der bisherigen Arbeitsverhältnisse, um soziale und ökonomische Dynamiken gerade in Hinblick auf das Durchlässigwerden von nationalen Sozial- und Ökonomiegrenzen zu ermöglichen. Für die Arbeitssubjekte bedeutet die Öffnung gesellschaftlicher Möglichkeiten neuen Chancen (Gestaltungsspielraum) und Risiken (Stress/Überforderung). Es gibt Gruppen von »Gewinnern« und »Verlierern«.

Die zeitliche Flexibilisierung der Arbeit führt nicht nur zu einer drastischen Vervielfältigung der Arbeitszeitformen in Dauer, Lage und Regulierungsform (Teilzeit, Gleitzeit, verschiedene Schichtformen, Arbeitszeitkonten und Jahresarbeitszeitverträge, Arbeit auf Abruf), sondern oft zu einer temporalen Entgrenzung des Arbeitens insgesamt: Wann und wie lange gearbeitet und wie dies organisiert wird, steht in vielen Bereichen zumindest latent ständig zur Disposition. Konkrete Arbeitszeiten werden situativ definiert und ausgehandelt. Das betrifft nicht nur Beginn und Ende der täglichen Arbeit oder Art und Lage von Pausen, sondern auch den Grad und die Anlässe zeitlicher Verdichtung und Beschleunigung von Tätigkeiten, und greift immer mehr auch auf Woche, Monat und Jahr sowie die Rhythmisierung des Arbeitslebens insgesamt über die Lebensspanne. Diese Innovation birgt neben dem hohen Risiko, dass der Rhythmus von Entspannung und Anspannung nachdrücklich gestört wird, auch viele Chancen, zum Beispiel für junge Familien, die zeitliche Flexibilisierung brauchen, damit beide Partner berufstätig bleiben können – vorausgesetzt es gelingt uns angemessene und ebenfalls flexibilisierte Möglichkeiten der Kinderbetreuung aufzubauen.

Auch die lokale Strukturierung und Bindung von Arbeit gerät in Bewegung. Betriebe erkennen jedoch zunehmend, dass ein unausgeschöpftes Rationalisierungspotential darin liegt, die Bindung von Arbeit an feste betriebliche Orte zu lockern – sei es um Kosten zu sparen, um Arbeitskraft flexibler und näher an den Ort von Leistungen und Leistungsabnehmern heranzuführen oder um die Motivation von Beschäftigten zu stärken. Teleheimarbeit oder „home-office-work" sind nur die spektakulärsten Beispiele hierfür. Durch die zunehmende Technisierung der Arbeitsmittel ist dies möglich geworden.

Auf der Ebene der Sozialorganisation von Arbeit finden wir seit Jahren Veränderungen: Die Einführung von Gruppenarbeit, viele Formen von Projektorganisation oder Strategien betrieblicher Dezentralisierung, Hierarchieausdünnung und Auslagerung sind Beispiele dafür, dass auch sozial betriebliche Steuerungsvorgaben systematisch ausgedünnt und damit Strukturen der Arbeit entgrenzt werden. Die konkreten Regeln der Kooperation und Arbeitsteilung, die arbeitsplatzspezifischen Anforderungen und wechselseitigen Erwartungen, zum Teil sogar die Zusammensetzung von Gruppen und Kooperationsnetzen und anderes mehr sind hier oft nicht mehr vorgegeben, sondern werden in den Gruppen mehr oder weniger autonom geregelt. Dies hat die Zerstörung von bisher hilfreichen Orientierungen zur Folge. Die Devise: Macht! Egal wie, Hauptsache das Ergebnis stimmt, stellt sicherlich für den einen oder anderen Mitarbeiter eine Überforderung dar. Für viele andere Mitarbeiterinnen entsteht aber eine Erweiterung des Gestaltungsspielraums am Arbeitsplatz. Es wird ermöglicht, selbstständig Ziele zu setzen und Entscheidungen zu treffen, wenn die »Selbst-Kontrolle« der Arbeitssubjekte an die Stelle der Fremdkontrolle tritt.

Damit verändert sich vor allem das Aufgabenprofil der Angehörigen des mittleren Managements (vgl. Freimuth, Hauck u. Trebbesch, 2003): Diese müssen heute

– über den eigenen Bereich von Zuständigkeit und Kompetenz hinausschauen,
– Innovation ermöglichen,
– dezentrale Wissens- und Lernprozesse gestalten,
– für Nachhaltigkeit sorgen,
– Kommunikation und Beziehungsmanagement betreiben,
– verstehen und Verständnis erzeugen
– Sinn stiften und den Nutzen von Change Prozessen verdeutlichen,
– Networking und bereichsübergreifende Kommunikation stiften,

- Wandel und Kontinuität akzeptabel dosieren,
- den Umgang mit Unsicherheiten und mehrdeutigen Situationen balancieren,
- Konfliktmanagement und eine Feedback- und Streitkultur fördern,
- Emotionen erkennen, akzeptieren und nutzen,
- Widerstand als Kommunikationsangebot und Identitätssicherung interpretieren,
- sich seiner eigenen Wirkung bewusst sein,
- eigene Gefühle wahrnehmen und konstruktiv vermitteln und
- Selbstführung, Selbststeuerung und Selbstverantwortung ermöglichen.

Die Auswirkungen auf Bildungsprozesse

Auch die Bedeutung der einmal erworbenen Qualifikation sinkt. Auf den erlernten Beruf, auf einmal erworbene Fähigkeiten, Erfahrungen und feste berufliche Qualifikationsentscheidungen kann man sich nicht mehr zurückzuziehen. Auch hier verwischen die Grenzen: Erworbene Qualifikationen unterliegen einer kontinuierlichen und immer schnelleren Entwertung und erfordern permanent aufwendige Anpassungen. Es braucht immer mehr die berühmte Mobilität und Flexibilität sowie überfachliche Qualifikationen wie Sozial- und Kommunikationsqualifikationen, Selbstmanagement, Medienkompetenz, Kreativität und Begeisterungsfähigkeit, Ich-Stärke und Belastungsverarbeitung usw.

Es geht zunehmend um maximale fachliche Dynamik, sehr allgemeine Meta-Fähigkeiten und eine allgemeine »employability«. Für die Ausbildung an Universitäten heißt das: Die Bedeutung fachlicher Qualifikationen wird deutlich abnehmen. Die immer schnellere Entwertung, die Halbwertszeit von Wissen, aber auch die verstärkte Informatisierung, das heißt datentechnische Repräsentanz von Wissen, hat die Relevanz der Fachfähigkeiten schon seit längerem in vielen Bereichen gegenüber extrafunktionalen Qualifikationen relativiert. Die Studierenden müssen heute komplexe Meta-Kompetenzen vorweisen – das heißt Fähigkeiten zum Erwerb, zur Weiterentwicklung und Pflege sowie zur selbständigen Anwendung der unmittelbaren prozessspezifischen Fähigkeiten und Wissensgehalte (Stichworte:

»Wissen zweiter Ordnung«, »self developement«, lebensbegleitendes Lernen«, »Kompetenzmanagement«).

Auswirkungen auf die Steuerungsfunktion in Unternehmen

In diesem Veränderungsprozess treten andere Führungsphilosophien auf die Bühne: Die Fähigkeiten zur Eigenmotivierung und selbstständigen Sinnsetzung der Mitarbeiter/-innen ist gefragt, und damit treten verschiedenartige Techniken indirekter Steuerung in den Vordergrund:

- Führung durch Zielvereinbarungen,
- ideologische Einbindung durch Unternehmenskulturstrategien,
- Leistungsforcierung durch Markt- und Konkurrenzmechanismen etc.

Es wird der Versuch unternommen, die erweiterten Spielräume entgrenzter Arbeits- und Betriebsvorgänge in neuer Form im Griff zu behalten.

Wir kommen zu dem zentralen Begriff des »Arbeitskraftunternehmers«: Ein strategisch handelnder Akteur – eine Akteurin, die ihre Fähigkeiten gezielt auf wirtschaftliche Nutzung hin entwickelt und verwertet. Eine solche Entwicklung bedeutet eine verstärkte Selbst-Ökonomisierung der Arbeitskraft, die eine systematische »Produktionsökonomie« ihres Arbeitsvermögens betreibt. Arbeitnehmer/-innen müssen dafür sorgen, dass ihre Fähigkeiten und Leistungen gebraucht, gekauft und effektiv genutzt werden. Sie sorgen dafür, dass sie in ausreichendem Maße Selfmarketing betreiben und sich als gezielt wirtschaftende »Unternehmer der eigenen Arbeitskraft« verstehen. Der passive Arbeitnehmer ist passé. Das geht allerdings einher mit einer hoch effizienzorientierten Alltagsorganisation, denn das Angebot an Normalarbeitsverhältnissen und sicheren Arbeitsplätzen sinkt und immer mehr Berufstätige entwickeln Kombinationen unterschiedlicher erwerbsgerichteter Tätigkeitsoptionen, sie erstellen ihr persönliches Arbeitsportfolio, um ausreichende materielle Sicherung zu gewährleisten. Tendenziell wird dadurch die Trennung von »Arbeit« und »Leben« aufgehoben.

So wird von Arbeitskräften wie Managern gleichermaßen erwartet, dass sie

- balanciert sind,
- frei denken können (jenseits der Managementmoden),
- ein »Charakter« sind,
- fähig zur liebevollen Beziehungsgestaltung sind und
- Einsamkeitstoleranz,
- Ambiguitätstoleranz,
- und Spannungstoleranz aufweisen (nach Geißler u. Sattelberger, 2003).

Der Wertewandel

Mit dem technologischen und sozialen Wandel verändern sich auch die arbeitsbezogenen Normen und Wertvorstellungen; das Leitbild der Arbeitsgesellschaft verblasst (vgl. Willke, 1999). Arbeit als Erwerbsarbeit ist nicht mehr die »Schlüsselkategorie« des individuellen und gesellschaftlichen Lebens. Das gilt insbesondere für die sogenannte Generation X (die 25-40-Jährigen), von der wir Babyboomer vielleicht auch einiges lernen können. Arbeitsinhalte gewinnen an Bedeutung. Die neue Arbeitswelt braucht kreativitätsfördernde und mitarbeitergerechte Arbeitsbedingungen als betriebswirtschaftliche Notwendigkeit und nicht als normativ abgetrotztes Gut und damit werden ein paar anachronistisch anmutende Dichotomien aufgelöst.

> »Die Erosion arbeitszentrierter Orientierungsmuster führt nicht zu einer sinkenden, sondern zu einer anderen Arbeitsethik. Die Identitätsbildung kann nicht länger ausschließlich um Erwerbsarbeit zentriert sein, vielmehr wird Arbeit als ein Lebensbereich neben anderen gesehen: Familie, Freizeit, Eigentätigkeit, Bildung, Politik, Kultur etc., die relativ aufgewertet werden. Arbeitsorganisation und Arbeitsinhalte müssen dem Wunsch nach sinnfüllender Tätigkeit angepasst werden. Auf der Grundlage einer hinreichenden materiellen Sicherung treten postmaterielle Werte in den Vordergrund – nicht alternativ, sondern zusätzlich zu den bisherigen. (Willke, 1999, S. 221).

Ein steigendes Qualifikations- und Bildungsniveau der Arbeitnehmer/-innen verstärkt den Wunsch nach Teilhabe und Selbstbestimmung. Mit dem Wertewandel ändern sich die an Erwerbsarbeit gestellten Ansprüche: Von Arbeitsfreude über Persönlichkeitsentfaltung bis hin zur Sinnvermittlung. Die Leistungserwartungen bleiben hoch: »work hard, have fun« – und zwar in dieser Reihenfolge. Bei zunehmender Ergebnisorientierung der Erwerbsarbeit wird Leistungsdruck nicht mehr von außen auferlegt, sondern wird und muss intrinsisch entfaltet werden.

Der Kern der Wissensgesellschaft ist die wissensbasierte Wertschöpfung; diese bedarf »lernender Organisationen«, die ihrerseits einen wachsenden Bedarf an innovationsbereiten und lernfähigen Mitarbeitern haben. Im Zuge des Wandels von der Arbeits- zur Wissensgesellschaft sind Kreativität und Phantasie gefragt; aus Erwerbsarbeit wird zunehmend »Tätigkeit«. Wissensbasierte Tätigkeiten begünstigen den Trend zur Selbständigkeit und zur Existenzgründung. Freiheit, Anerkennung, Selbstachtung und Spaß sind oft wichtiger als die Höhe des Einkommens. Selbstverwirklichung zählt, gerade die HighPotentials jüngerer Generation fragen sich: »Was kann der Betrieb, die NGO, die Schule mir geben – was können die Organisationen für meine Entwicklung tun?«

Arbeit wird als Erlebnis verstanden und ist nur dann interessant, wenn sie schöpferische Energien freisetzt und fordert, Kommunikation und künstlerisches Schaffen als Lebensstil ist angesagt, sonst bekämen zum Beispiel die Berliner Unternehmen keine Fachkräfte, bei 30 % weniger Lohn im Schnitt im Vergleich zu Süddeutschland. »Get the feeling« ist oft die Devise, wenn dem so ist, folgt Intrapreneurship, das heißt die Unternehmensziele zu den eigenen zu machen.

Was sagt die arbeits- und organisationspsychologische Forschung zur »entgrenzten Arbeitswelt«?

Auf Basis von Untersuchungen über Zusammenhänge von Arbeitstätigkeiten und -bedingungen mit der Persönlichkeitsentwicklung sowie der Gesundheit haben Arbeits- und Organisationspsychologen in über vier Jahrzehnten internationaler Forschungsarbeit einige wesentliche Merkmale persönlichkeits- und gesundheitsförderlicher Arbeitsplätze identifiziert. Diese Kriterien humaner Arbeit sind in zahlreiche Instrumente der Arbeitsanalyse und -gestaltung eingegangen (vgl. Oesterreich, Leitner u. Resch, 2000). Die Anwendung psychologischer Arbeitsanalyseverfahren erlaubt wissenschaftlich fundierte Aussagen über mögliche Auswirkungen einer jeweiligen Arbeitstätigkeit auf die Beschäftigung. Volpert (1994) hat in einen programmatischen Abriss mit dem Titel »Welche Arbeit ist gut für den Menschen?« neun Aspekte entwicklungsförderlicher Arbeitstätigkeiten zusammengefasst:

1. Handlungsspielraum (weitgehend synonym: Tätigkeitsspielraum, Entscheidungsspielraum, Autonomie) inklusive Denk-, Planungs- und Entscheidungsanforderungen;
2. Zeitspielraum (z. B. über die Reihenfolge zu erledigender Aufträge mitentscheiden):
3. Strukturierarbeit (d. h. Überblick des Arbeitenden über die Einbindung seiner Tätigkeit in den Produktionsprozess und Möglichkeit der Ausbildung individueller Arbeitsweisen);
4. Abwesenheit von Regulationsbehinderungen (d. h. von Stressoren/psychischen Belastungsursachen, wie z. B. hohem Zeitdruck, widersprüchlichen Anforderungen, informatorische und motorische Erschwerungen, unzureichend funktionierende Arbeitstechnologie oder häufige Unterbrechungen, die erhöhten Handlungsaufwand oder riskantes Arbeitshandeln nach sich ziehen);
5. ausreichende und vielfältige körperliche Aktivität;
6. Beanspruchung vielfältiger Sinnesqualitäten;
7. konkreter Umgang mit realen Gegenständen und sozialen Situationen (anstelle von rein »künstlichen Welten«, wie z. B. Simulationen oder Datenbanken als Arbeitsgegenständen);
8. zentrierte Variabilität (im Sinne von wenig standardisierten, abwechslungsreichen Arbeitsbedingungen, die vielgestaltige Erfahrungen erlauben);
9. Kooperation und unmittelbarer zwischenmenschlicher Kontakt.

Moldaschl (2003) schlägt als zehnten Aspekt entwicklungsförderlicher Arbeitstätigkeit die »Teilhabe an der Herstellung gesellschaftlich sinnvoller oder zumindest ökologisch verträglicher Produkte oder Dienstleistungen« (S. 78) vor.

Eine andere, theoretisch verwandte Klassifizierung von »Hauptbedingungen für die Persönlichkeitsentwicklung im Arbeitsprozess«

auf Basis vorliegender Untersuchungen über Arbeit und Persönlichkeitsentwicklung liefert Hacker (1998, S. 792):

a) ausreichende Aktivität;
b) Möglichkeiten zur Anwendung und Erhaltung erworbener Leistungsvoraussetzungen;
c) Möglichkeiten lernbedingter Erweiterung der Leistungsvoraussetzungen in ihrer Vielfalt, insbesondere der geistigen Fähigkeit zum disponiblen Erzeugen von Arbeitsverfahren;
d) Ermöglichen von selbstständigen Zielstellungen und Entscheidungen sowie von aus Denkleistungen abgeleitete Verfahrenswahlen;
e) schöpferische Veränderungsmöglichkeiten der Arbeitsverfahren;
f) Möglichkeiten zu befriedigender sozialer Kooperation;
g) Anerkennung gesellschaftlich wertvoller Leistungen in solcher Form, dass dabei eine Bestätigung der Persönlichkeit als wertvolles Mitglied der Gesellschaft erfolgt (zit. nach Weber, 2005, S. 76).

Die moderne Arbeitswelt führt zu widersprüchlichen Wirkungen von Humankriterien auf die Person. Unterschiedliche Arbeitsaufgabenmerkmale können in Widerspruch zueinander geraten. Beispielsweise kann erhöhter Handlungsspielraum bei mangelnden Ressourcen zur Aufgabenbewältigung psychische Schädigungen nach sich ziehen und gleichzeitig zu mehr statt weniger Handlungszwängen führen. Die Wirkungszusammenhänge zwischen Arbeit, Persönlichkeit und Gesundheit in dem entgrenzten Arbeitsfeld eröffnen ein reichhaltiges Forschungs- und Beratungsfeld.

Die Anforderungen an Beratung

Die Arbeitswelt inszeniert durch seine Fragen, Leerstellen, Selbstdarstellungsnotwendigkeiten und Anforderungen den nahezu unüberschaubar gewordenen Beratungssektor mit. Zur Unterstützung der zahlreichen Veränderungsprozesse in der Arbeitswelt treten nun unterschiedliche Beratungsformate auf den Plan. Ebenso ist die Aus- und Weiterbildung ein Riesenmarkt geworden. Die Beratungs- und Trainingsangebote für das Personal in Arbeitsorganisationen des Profit-, wie des Non-Profitsektors werden immer unübersichtlicher.

Auf den Visitenkarten der Anbieter findet man Formate wie Coaching, Teamentwicklung, Supervision, Training, Psychotherapie, Mediation, Organisationsberatung, Personalentwicklung, Consulting, Moderation und Verfahren, TZI, NLP, Transaktionsanalyse, Gesprächspsychotherapie, Psychoanalyse, Psychodrama, Gruppendynamik, Systemaufstellungen, lösungsorientierter Ansatz etc.

Zu allen diesen Angeboten gibt es Verbände, die die Angebotsqualität sichern wollen und auf den verschiedensten Märkten Lobbyarbeit für ihre Mitglieder betreiben. Es gibt Institute, die Interessenten zur Durchführung all dieser Angebote weiterbilden. Und es gibt Publikationen! Wie sollen nun Kunden, die Beratung nachfragen, Licht in diese Szenerie bringen? Wir haben es ja mit verschiedenen Ausgestaltungen personenbezogener, immaterieller Dienstleistungen zu tun, die alle – mehr oder weniger – diskret erbracht werden. Es handelt sich dabei um Vertrauensprodukte, deren Qualität von den Konsumenten nur schwer eingeschätzt werden kann. Was hier tatsächlich geschieht, bleibt immer ein wenig geheimnisvoll. Und so wird über das, was diese verschiedenen Angebote wirklich als Spezifikum ausmacht, nicht ernsthaft von den Kunden entschieden, sondern von den Dienstleistenden selber. Nicht das tatsächliche Geschehen in der Praxis bestimmt, was zum Beispiel Coaching ist, sondern deren glaubhafte Inszenierung, so meint Buer (2005):

»Verschiedene Formate und Verfahren kämpfen auf der Bühne um ihren Spielraum: Manche einigen sich – vor allem bilden bestimme Formate mit bestimmten Verfahren Paare, etwa die Supervision mit der Psychoanalyse oder das Coaching mit dem lösungsorientierten Ansatz, – und präsentieren gekonnte Darstellungen [...]. Manche jedoch streiten um ihren Spielraum und ihre Rolle. Deren Aufführung kann dann für das Publikum zeitweise ganz unterhaltend sein. Auf die Dauer bleiben die Rollen jedoch undeutlich und die Aufmerksamkeit lässt nach. Man fragt sich, was hier eigentlich für das viele Eintrittsgeld geboten wird? Spätestens hier hätte ein Regisseur eingreifen müssen. Leider gibt es aber in diesem Spiel keinen« (S. 278).

Das muss aber nicht so bleiben, denn genau an dieser Stelle setzt der Auftrag der Beratungswissenschaft ein. Wir haben die Pflicht zu helfen, den Dschungel zu lichten, haben Kriterien zu entwickeln, die es der Kundenseite erleichtert, Orientierung zu bekommen und eine

Forschung zu etablieren, die den Impact von Verfahren und Formaten zeigen kann und zwar jenseits der geneigten Meinungsbildung von Dienstleistern und Kunden. Es gilt die Fragen zu beantworten, die unter anderem lauten:

- Welche Wirkung zeigen diese Maßnahmen wirklich auf der Ebene der Persönlichkeit des Weiterbildungsteilnehmers?
- Welchen Nutzen stiften Beratung und Weiterbildung für die Wertschöpfung des Unternehmens?
- Welchen Support stiften sie für die Arbeit mit hohen Komplexitätsgraden und der Notwendigkeit angemessener Wissensvernetzung?
- Oder handelt es sich gar ausschließlich um sozialhygienische Wellness-Maßnahmen?

Als Maxime mag gelten, dass ein individuelles Veränderungsvorhaben immer mit dem Veränderungsvorhaben des Unternehmens, der Institution und den Kriterien humaner Arbeit akkordiert sein muss. Es braucht wissenschaftliche Kriterien, um unseriöse Anbieter, die schlechte Arbeit tun und die exzellenten Berater damit diskreditieren, von Profis zu unterscheiden. Die Hilflosigkeit und Orientierungssuche der Ratsuchenden darf nicht darüber entscheiden. Es ist eine drängende Frage der Beratungswissenschaft (s. dazu Möller u. Hausinger, im Druck), intensiv über die Indikationen und Kontraindikationen der einzelnen Angebote, die wir machen können, zu reflektieren, zu forschen, um dem Kunden das wirklich für seine Belange Optimale anzubieten. Dabei können wir beobachten, dass auch die Beratungsformate »entgrenzt« werden. Die Supervision zum Beispiel als reine Prozessberatung (Schein, 2000) zu betrachten, ist obsolet geworden. Organisationsberatung kann ebenso gut phasenweise Prozessberatung sein und Supervision sich stellenweise in Expertenberatung wandeln: Wie moderiere ich eine Sitzung? Wie könnte therapeutische Intervention optimiert werden? Wie führe ich Budgetverhandlungen mit dem Träger? An all diesen Stellen ist Expertenberatung gefragt. Die Entideologisierung der Debatte ist das positive Abfallprodukt (vgl. Rappe-Giesecke, 2005, S. 177), wenn wir die unterschiedlichen Beratungssettings je nach Indikation im Verlaufe eines Beratungsauftrags einsetzen.

Die unterschiedlichen Beratungsmodelle zeigen das Konfliktfeld in der Beratung von Organisationen auf: Wir finden auf der einen Seite die Idee der Humanisierung der Arbeitswelt in der Tradition Lewins und auf der anderen Seite die der Profitmaximierung, beispielsweise durch Downsizing-Maßnahmen. Während die Prozessberater in der Tradition humanistischer Grundorientierung eher die Selbstheilungskräfte der Organisation mobilisieren, glauben andere Autoren wie Trebbesch (2000) nicht daran, dass sich alles »von Innen heraus« verändern kann. Deuerlein (2001) sieht in den unterschiedlichen Ansätzen auch eine Wiederspiegelung eines Generationskonflikt unter den Beratern. Folgen die Erstgenannten eher einer 68er-Tradition, sind jüngere Berater oft fasziniert von Großprojekten zur Effektivitätssteigerung.

Ideologische Debatten um den »richtigen Weg« bergen die Gefahr, dass nicht mehr nach Ergänzungsverhältnissen Ausschau gehalten wird. Jenseits (einer möglichen) idealtypischen Zusammenarbeit besteht ein massiver Konkurrenzkampf auf dem Beratungsmarkt, der seine Blüten trägt: Betriebswirtschaftliche Beratungsansätze, die primär auf die Reduzierung der Gemeinkosten zielen, werden zunehmend als OE-Prozesse dargestellt und somit ein Etikettenschwindel betrieben.

Unsere Aufgabe als Beratungswissenschaftler ist die Suche nach der richtigen Beratungsarchitektur (Königswieser u. Exner, 2001) und damit nach sinnvollen Ergänzungsverhältnissen. Für Behörden beispielsweise könnte dies folgendermaßen aussehen: Das New-Public-Management bringt neue Aufgabenprofile für alle Bediensteten mit sich. Dies bedeutet unter Umständen die Entmachtung informell Mächtiger und es stellt sich Transparenz durch Dokumentation her. Die Behörden wollen weg von der häufig anzutreffenden »Jammerkultur«. Diese Anforderungen erzeugen Widerstand, obwohl es Bemühungen um Kommunikation und Transparenz gibt. Solche Kulturveränderungen kennen wir auch aus anderen Organisationen und wir Berater und Beraterinnen machen immer wieder die Erfahrung, dass es nach der Implementierung neuer Strukturen auch Prozessbegleitung braucht, um den Veränderungsprozessen der Organisationsmitglieder Rechnung zu tragen und wirklich zu einer lernenden Organisation zu werden. Die Supervision als innovative Maßnahme der Personalentwicklung innerhalb der Organisationsentwicklung meint beispielsweise die Begleitung von solchen strukturellen Veränderungsprozessen. Teure Change-Prozesse in der Wirtschaft scheitern häufig daran, dass die Umsetzung der Maßnahmen nicht genügend begleitet wird. Neue Aufgabenbeschreibungen, Funktionssetzungen, Leitbilder sind formell zu regeln und in einem zweiten Schritt müssen sie von den Mitarbeiter/-innen und Führungskräften getragen und verkörpert werden. Wo dieses nicht getan wird, sind Sabotage, Krankschreibungen, innere Kündigung, Sichwegducken und das Hintertreiben von Veränderungsprozessen die Folge. Expertenansätze sind oft deshalb ineffektiv, da sie eine genaue Vorstellung davon haben, wie das Endprodukt aussieht (Gutachterstil), und weder auf die Partizipation der Organisationsmitglieder achten noch darauf, ob ihre Vorstellungen an die jeweilige Organisationskultur anschlussfähig ist. Ohne diese gibt es jedoch keine nachhaltigen Chancen für Veränderung (Schein, 2000). Wir finden bei großen Anbietern eine hohe Kompetenz im Verflüssigen und Destabilisieren von Strukturen, aber wenig Fähigkeit zur Restabilisierung. Die weiche, prozessuale Seite der Umstrukturierungen bleibt oft unversorgt.

So findet Beratung immer in einem Spannungsfeld statt. Beraterpersönlichkeiten müssen sich immer wieder die Frage stellen, wie sie sich in Zeiten entgrenzter Arbeit positionieren wollen. Wie sehen sie die geforderte Flexibilität? Halten sie sie für eine Charakterlosigkeit oder eine Stärke? Geben Berater Anpassungswünschen der Auftraggeber blind nach und verhelfen zu Veränderung um jeden Preis? Wir haben es bei uns Beratern selbst mit dem Prototypen dessen zu tun, was wir in Zeiten entgrenzter Arbeit die Arbeitskraftunternehmerpersönlichkeit nennen. In der Beraterpersönlichkeit kulminiert zu Beginn skizziertes postmodernes Arbeitsleben.

Wir selbst brauchen Vorstellungen vom »guten Leben«. Wir selbst müssen immer wieder unsere Identitätsfrage stellen: Wer bin ich in der postmodernen Welt? Wie sieht meine spezielle Passung zwischen der inneren, psychischen zur äußeren, organisationalen Welt aus. Wir selbst sind ständig zur Identitätsarbeit als Verknüpfungsarbeit verurteilt, wie bringen wir Erfahrungswissen mit zukunftsorientierten Entwürfen zusammen? Nur wenn wir uns diesen Fragen radikal für die eigene Person stellen, können wir wissen, was in modernen Arbeitssubjekten vorgeht und Systemen beratend zur Seite stehen.

Fuchs (2006) macht uns Mut. Er beschreibt die Karriereleiter als ausgedient. Kompetenz und Persönlichkeit werden ihm zufolge zunehmend wichtiger als Rang und Titel. Er sieht in der Zukunft die Momente Hierarchie und Karriere voneinander entkoppelt. Employability ist für ihn eine branchenübergreifende Kompetenzentwicklung. Er sieht die Menschen zunehmend an einem Werde-Gang als an einer Lauf-Bahn interessiert. Folgen wir seiner Beobachtung, so wird Karriere nicht länger als Aufstieg definiert, sondern als Wertvollerwerden am Weltmarkt der Arbeit (vgl. auch Volkmer u. Möller in diesem Band). »Karriere hieß früher: Groß werden durch Aufstieg auf einer Leiter zu Lasten anderer. Karriere heißt in Zukunft: Groß werden durch Wachsen der persönlichen Kompetenz zum Nutzen anderer« (Fuchs, 2006, S. 185).

Beratung in der entgrenzten Arbeitswelt muss helfen, den Ratsuchenden die folgenden Fragen zu beantworten:

– Wer bin ich?
– Was ist mein unverwechselbarer Kern?
– Was gibt mir Energie?
– Mit wem will ich arbeiten?
– Wie will ich leben?
– Was ist meine Botschaft? (vgl. Brühl, 2007)

Dieser Band mit Arbeiten aus den letzten zehn Jahren möchte mit grundlegenden Artikeln, Anwendungsbeispielen aus der Beratungspraxis unterschiedlicher Felder und einigen Auszügen aus Forschungsergebnissen seinen Teil zu diesem lebenslänglichen Prozess der Beantwortung dieser existentiellen Fragen beitragen.

Literatur

Brühl, K. (2007). Creative Work. Business der Zukunft. Königstein: ZukunftsVerlag.
Buer, F. (2005). Coaching, Supervision und die vielen anderen Formate. Ein Plädoyer für ein friedliches Zusammenspiel. OSC, 3, 278–297.
Deuerlein, I. (2001). Von der Organisationsberatung zur Organisationsentwicklung. In T. Giernalczyk (Hrsg.), Supervision und Organisationsentwicklung (S. 80–93). Göttingen: Vandenhoeck & Ruprecht.
Freimuth, J., Hauck, O., Trebbesch, K. (2003). They (n)ever come back. Orientierungsweisen und -waisen im mittleren Management. Organisations-Entwicklung, 1, 24–35.

Fuchs, J. (2006). Von der Karriere zur Employability. Wie man im 21. Jahrhundert Karriere macht. In J. Rump, H. Fischer, T. Sattelberger (Hrsg.), Employability Management (S. 179–187). Wiesbaden: Gabler.

Geißler, H., Sattelberger, T. (2003). Management wertvoller Beziehungen. Wiesbaden: Gabler.

Hacker, W. (1998). Allgemeine Arbeitspsychologie. Bern: Huber.

Königswieser, R., Exner, A. (2001). Systemische Intervention. Stuttgart: Klett-Cotta.

Möller, H., Hausinger, B. (2009). Quo vadis Beratungswissenschaft? Wiesbaden: VS Verlag.

Moldaschl, M. (2003). Was ist gute Arbeit? In E. Senghaas-Knobloch (Hrsg.), Gute Technik – gute Arbeit (S. 69–102). Münster: LIT.

Oesterreich, R., Leitner, K., Resch, M. (2000). Analyse psychischer Anforderungen und Belastungen in der Produktionsarbeit. Das Verfahren RHIA/VERA-Produktion. Göttingen: Hogrefe.

Rappe-Giesecke, K. (2005). Die Beratung von Professionals. In G. Fatzer (Hrsg.): Gute Beratung von Organisationen (S. 169–200). Bergisch Gladbach: EHP

Schein, E. (2000). Prozessberatung für die Organisation der Zukunft. Der Aufbau einer helfenden Beziehung. Köln: EHP.

Trebbesch, K. (2000). Organisationsentwicklung. Stuttgart: Klett-Cotta.

Volpert, W. (1994). Welche Arbeit ist gut für den Menschen? Entwicklungsförderliche Aspekte von Arbeits- und Lernbedingungen. In W. Volpert (Hrsg.), Wider die Maschinenmodelle des Handelns – Aufsätze zur Handlungsregulationstheorie (S. 91–108). Wien: Legerich Papst.

Voß, G., Pongratz, H. (1998). Der Arbeitskraftunternehmer. Eine neue Grundform der »Ware Arbeitskraft«? Kölner Zeitschrift für Soziologie und Sozialpsychologie 50 (1), 131–168.

Weber, W. (2005). Arbeitspsychologie und Organisationsentwicklung. Profile, 8, 71–88.

Willke, H. (1999). Die Zukunft unserer Arbeit. Frankfurt a. M.: Campus.

Heidi Möller und Mathias Lohmer

Psychodynamische Organisationsberatung

Psychodynamische Organisationsberatung kann als Anwendung der Psychoanalyse auf die Fragestellungen von Profit-, sogenannten Non-Profit-Organisationen und Verwaltungssystemen gesehen werden. Organisationen werden in einem psychoanalytischen Verständnis als soziale Systeme gesehen, in denen die dort tätigen Menschen in einem immer auch unbewussten Verhältnis zueinander, zu ihrem Tätigkeitsbereich und den organisationalen Prozessen stehen (vgl. Tietel, 2003).

Ein psychodynamischer Zugang zur Beratung von Organisationen etabliert Beratungs-Settings (z. B. Einzelcoaching, Balintgruppenarbeit mit Führungskräften, Teamentwicklung), in denen es möglich wird, die unbewusste Dimension von Konflikten und Dilemmata kennenzulernen und – entsprechend der psychoanalytisch-therapeutischen Arbeit mit Einzelnen und Gruppen – zu einer besseren Integration vorher abgewehrter Anteile zu kommen, was die Organisation und ihre Mitglieder in ihrer Arbeitsfähigkeit stärkt.

Im Gegensatz zur psychoanalytisch-therapeutischen Arbeit wird weniger auf neurotische Eigenheiten von Einzelnen oder Gruppen fokussiert, sondern die Art und Weise thematisiert, wie sich Einzelne, Gruppen und Systeme auf die Arbeitsaufgabe einstellen. So kann zum Beispiel in einer Teamsupervision deutlich werden, dass ein scheinbar »persönlicher« Konflikt zwischen einem Arzt und einer Krankenschwester über die Benutzung des Stationszimmers in Wirklichkeit Ausdruck einer Rollenunklarheit der verschiedenen Berufsgruppen in einer psychosomatischen Klinik ist, wobei es für die Gruppe leichter ist, diesen Konflikt als »persönlich« zu erleben statt als ein *strukturelles* Problem, das mit Unklarheiten in der Führung, der Aufgabendefinition und dem Konzept zu tun hat. Der unbewusste Aspekt der kurzen Situationsskizze wäre zum Beispiel, dass sich die Gruppe Exponenten der unterschiedlichen Konfliktanteile »aussucht«, die dann stellvertretend diesen Konflikt inszenieren und darstellen. Solange er als persönlich etikettiert bleiben kann, kann sich die Gruppe in einer Endlosschleife mit diesem Problem beschäftigen, was der Ausbildung eines Symptoms entspricht: Der abgewehrte Konflikt wird thematisiert, aber gleichzeitig einer wirksamen Veränderung entzogen. Der Gewinn der Gruppe besteht darin, eine gewisse Entlastung zu erfahren, aber gleichzeitig nicht mit einer wirklichen Klärungs- und Veränderungsnotwendigkeit konfrontiert zu sein. Eine ähnliche Thematik wäre die häufig in Organisationen anzutreffende Sündenbock- oder Mobbingproblematik, in der Einzelne und ihr Verhalten zum Problem erklärt werden, wobei es für den Erhalt der Stabilität notwendig ist, dass es immer einen solchen Problemträger gibt. Das Gegengewicht zu dieser Sehnsucht nach Stabilität ist auch hier der »Leidensdruck« von Teilnehmern einer Organisation: Die im Gruppenunbewussten wirksam bleibenden Konflikte führen zu Belastungsgefühlen, Unlust und Burnout-Zuständen, da der »Symptomcharakter« der oben beschriebenen Konfliktlösungsmuster ja keine wirkliche Konfliktlösung und damit keine tatsächliche Entwicklung zulässt.

Eine psychoanalytisch orientierte Beratung wird genau an diesem Dilemma einer Gruppe oder Institution einsetzen und es der Gruppe ermöglichen, über schwierige Themen wie Angst, Unsicherheit, Rivalität und Neid angesichts auch struktureller Konflikte zu sprechen, das eigene Gruppenunbewusste angstfreier kennenzulernen und so die Ressourcen zu finden, adäquatere Lösungen für die Arbeitsaufgaben zu entwickeln, denen sich die Gruppe zu stellen hat. In diesem Sinne thematisiert die psychodynamische Organisationsberatung die *Verbindung* zwischen den rationalen Zwecken und Abläufen einer Organisation und den unbewussten Prozessen.

In der Folge sollen zunächst die historische Entwicklung und zentrale Konzepte der psychodynamischen Organisationsberatung thematisiert werden. Anschließend werden Modifikationen der Technik in der Beratung von Organisationen dargestellt.

Historische Entwicklung

Im deutschen Sprachraum gibt es erst in den letzten Jahren systematischere Bemühungen, das Besondere einer *psychodynamischen* Arbeit mit Organisationen zu beschreiben und anzuwenden (vgl. z. B. Fürstenau, 1992; Eisenbach-Stangl u. Ertl, 1997; Lohmer, 2000; Giernalczyk, 2001; Sievers et al., 2003).

Demgegenüber hat die Anwendung psychoanalytischer Konzepte auf die beraterische Arbeit mit Organisationen in England und in den USA schon seit den späten 1940er Jahren Tradition. Insbesondere am Londoner »Tavistock Institute of Human Relations« wurde in der Tradition von Bion, Jaques, Miller, Menzies-Lyth und anderen eine einflussreiche Tradition psychoanalytischer Organisationsberatung begründet (vgl. Lohmer, 2000). Dieser »Group-Relations-Ansatz« verbindet psychoanalytisches Denken über unbewusste Prozesse mit systemischen Gedanken über die Bedeutung von Rolle, Aufgabe, Grenzen und Autorität. Neben Bions bahnbrechenden Untersuchungen über die Funktionsweise von Gruppen (vgl. Bion, 1990), in denen er die angstgesteuerte Dynamik von Gruppen (Grundannahmengruppe) der gelingenden Arbeitsorientierung (Arbeitsgruppe) gegenüberstellte, waren es die Untersuchungen von Jaques und Menzies-Lyth, die diesen Ansatz prägten.

Jaques(1955) kam bei einem Beratungsprojekt in der Schwerindustrie zu dem Ergebnis, dass *soziale Systeme* im Sinne von Arbeitsabläufen, Hierarchien und Handlungsritualen am Arbeitsplatz *auch* die Funktion haben, die Mitarbeiter gegen unbewusste Ängste zu schützen, die aus der Art der Arbeit selbst entstehen. Da diese Abwehrmechanismen *unbewusst* sind, werden die sozialen Systeme rigide und unproduktiv; da sie aber helfen, die Angst zu kontrollieren, erweisen sie sich gleichzeitig als äußerst veränderungsresistent.

Menzies-Lyth (1960) wandte diesen Gesichtspunkt in einer bahnbrechenden Studie auf die Gründe der hohen Drop-out-Rate von Krankenschwestern während der Ausbildung an einem Krankenhaus an. Dabei fand sie heraus, dass die Art der Krankenpflege einen rigiden, unpersönlichen, die Beziehungen zu den Kranken verhindernden Modus hatte. Unbewusster Zweck dieser Verhaltensweisen war, die durch die schwere Krankheit und das Sterben der Patienten mobilisierten Ängste des Pflegepersonals abzuwehren.

Diese Abwehrrituale nannte Menzies *psychosoziale Abwehrmechanismen* (»social defences«). Ähnlich wie in den Untersuchungen von Jaques wurde dabei deutlich, dass diese Abwehr zwar tatsächlich die Mitarbeiter vom bewussten Erleben der Angst schützen konnte, die unpersönlichen, rigiden und hierarchiebetonten Beziehungsweisen aber so viel Stress und Frustration mit sich brachten, dass sie zu der hohen Kündigungsrate führten.

Das Pendant zur Tavistock-Tradition in England war in den USA das Menninger Institute in Topeka/Kansas, an dem zum Beispiel Levinson (1972) als US-amerkanischer Pionier der psychoanalytischen Organisationsberatung Trainingskurse für Manager entwickelte. Auch Brocher (1984), neben Fürstenau (1992) einer der deutschen Pioniere der psychodynamischen Organisationsberatung, arbeitete lange am Menninger Instiut.

Zentrale Konzepte

Natürlich gibt es viele psychoanalytische Ansätze, mit denen Organisationen und ihre Konflikte beschrieben werden können. Als *konzeptionelle Grundlage* ist unseres Erachtens das oben schon erwähnte »Tavistock-Modell« am überzeugendsten, da es den Fokus auf die strukturellen Bedingungen der Arbeit mit der Thematisierung von unbewussten Prozessen in der Tradition der Objektbeziehungstheorie verbindet.

Primäre Aufgabe, Angst und Abwehr

In dieser Perspektive geht es darum, dass für die jeweilige Organisation eine *primäre Aufgabe* definiert werden muss. Diese bestimmt ihren zentralen Zweck, regelt den Austausch mit der umgebenden Umwelt und sichert so das Überleben der Organisation. Jede primäre Aufgabe enthält aber auch ein spezifisches Risiko. Dies kann zum Beispiel ein Gefahrenmoment oder ein Entscheidungsdilemma sein, das notwendigerweise *Angst* auslöst. Im Fall der Kreditabteilung einer Bank ist es zum Beispiel die primäre Aufgabe der Bank, möglichst viele Kreditverträge mit Kunden abzuschließen. Das spezifische Risiko liegt in dem Entscheidungsdilemma, entweder zu großzügige Kredite zu gewähren und damit die Rückzahlung zu gefährden, oder aber zu hohe Anforderungen an die Kreditwürdigkeit der Kunden zu stellen und damit mögliche Kunden zu verlieren. Die mit diesem Risiko verbundene Angst, die also aus der *Natur der Arbeit selbst* kommt und noch keineswegs Zeichen einer speziellen Problematik am Arbeitsplatz ist, muss in *allen* Organisationen verarbeitet werden. Kann diese Angst nicht adäquat aufgenommen und in Ritualen, Strukturen und ausreichend offenem Umgang mit ihr *gehalten* werden, kommt es zu *psychosozialen Abwehrmechanismen*, die eine depersonalisierende Wirkung haben.

Basis hierfür sind Abwehrmechanismen, wie sie aus der Psychodynamik von Einzelnen, Familien und Gruppen vertraut sind: Spaltung, Projektion, projektive Identifizierung, Verleugnung, Rationalisierung. Zu psychosozialen Abwehrmechanismen werden sie dann, wenn sie in einem ganzen sozialen System wirksam werden, wobei sie sich oft hinter scheinbar rationalen Prozessabläufen, Strukturen und Ritualen verbergen. Typisch sind zum Beispiel innerhalb von Veränderungsprozessen mit hoher Dringlichkeit gefasste Beschlüsse, die dann aber nicht umgesetzt werden; drängende Fragen, die zunächst an eine »Arbeitsgruppe« verwiesen werden, diese aber keinen klaren Auftrag und kein klares Datum erhält, bis zu dem sie Ergebnisse vorlegen muss. Oft resultieren psychosoziale Abwehrmechanismen somit in der Diffusion von Verantwortung, der Verzögerung von Entscheidungen und dem Beibehalten von schlechten Kompromissen. Durch die Abspaltung von Emotionalität, Gefühlen von Dringlichkeit und der Wahrnehmung von Bedrohung, durch die Vermeidung von persönlichem Engagement und affektiver Besetzung eines gemeinsamen Ziels werden die Arbeitsbeziehungen unpersönlicher, emotional flacher und weisen einen Mangel an persönlichem Verantwortungsgefühl auf. Dadurch tritt eine momentane Entlastung von Angstgefühlen auf; die Arbeitsbeziehungen werden aber auch dysfunktional bis hin zu neurotischem Verhalten. Können die mit der Aufgabe und dem Risiko verbundenen Ängste dagegen aufgenommen, verstanden und verarbeitet werden, kann eine aufgabenorientierte Arbeit mit funktionalen, verantwortungsbewussten und emotional bedeutsamen Arbeitsbeziehungen stattfinden. Anstelle einer Lähmung der Organisation können damit Ergebnisse erreicht werden.

Das Modell »Container-Contained« nach Bion als Grundlage der Beraterrolle

Es kann als Hauptverdienst Bions angesehen werden, dass er neben der Fundierung erster gruppenanalytischer Ansätze wichtige Beiträge zur Struktur und Entwicklung des Denkens im Kontext der Beziehung Mutter–Kind, aber dann auch Analytiker–Patient entwickelt hat.

Vor allem Lazar (1994, 1998) hat die Bion'schen Gedanken auf den supervisorisch-beraterischen Prozess übertragen. Lazar (1994) nennt das Bion'sche Modell »Container-Contained« die psychoanalytische Leitidee in der Praxis der psychodynamischen Organisationsberatung. Bion sieht die Beziehung zwischen »Container« und »Contained« als biologisch vorprogrammiert: Etwas (Milch, Sperma, Penis, aber auch körperlich empfundenes Missbehagen etc.) wird aufgenommen (»contained«) und vom »Aufnehmenden«, dem »Container« (Mund, Vagina, dem Denken und Fühlen der Mutter) wahrgenommen, verarbeitet und zurückgegeben. Diese basale Austauschbeziehung stellt insofern die Grundlage des Denkens dar, als der Säugling bzw. der Patient in der analytischen Beziehung eigene unverstehbare und schmerzhafte Empfindungen in den Aufnehmenden projizieren und sich so vorübergehend von diesen Elementen befreien kann. Der Aufnehmende nutzt seine Containment-Funktion, um über das Projizierte nachzudenken und schließlich sein Verständnis dem Kind/Patienten zu vermitteln. Damit geschieht nicht nur eine wichtige Modifikation des »contained«, sondern es wird auch die Fähigkeit des ursprünglichen Senders angeregt, selber über seine inneren Prozesse nachdenken zu können, also die Fähigkeit des »containments« zu introjizieren.

In einer Analogie zu diesem entwicklungspsychologischen bzw. klinischen Modell kommt auch das zu beratende System mit Unverstandenem, Ängsten, Rollenunsicherheiten und Erschöpfung und sucht zunächst einmal Entlastung beim Berater. Seine »negative capability« (in Anlehnung an den englischen Dichter John Keats) ist gefragt, um »aufzunehmen, ohne zu beurteilen, ohne zu erklären, ein mit dem Erlebten einfach Sein-Können, indem man das Ungewisse, das Mysteriöse und das Zweifelhafte tolerieren kann, ohne dem ›irritierten Greifen nach Tatsache und Begründung‹ [Übers. d. Verfassers]« (Lazar, 1994, S. 381).

Die aufnehmende Psyche des Organisationsberaters lässt sich durch das Nichtverstehbare, das Frustrierende, das Hineinprojizierte, das Zweifelnde, Schmerzhafte, Bedürftige berühren. Er kaut es gleichsam durch, um es in verdaulichen Portionen dosiert an das zu beratende System zurückzufüttern. Der Berater macht sich auf diese Weise zum Nistplatz der unbewussten Phantasien der Institution, des Teams und des einzelnen Mitarbeiters. Mittels der Haltung der »rêverie«, seiner gleichschwebenden, primärprozesshaften, assoziativen, traumähnlichen Haltung, transformiert er mit viel Geduld das Abgewehrte in einen Zustand des Verstehens, der Beruhigung und der Sicherheit, wenn das Contained verarbeitet und zurückgegeben ist.

Oft dauert der Prozess, bis der Berater tatsächlich verstehen und zurückgeben kann, und er wird sich eine Zeitlang eher als Abladeplatz eines Teams oder eines anderen Subsystems vorkommen, bis dieses in der Lage ist, das Projizierte wieder bei sich zu ertragen. Meltzer (1979) beschrieb diesen initialen Prozess mit den Worten: »Man muss eine Toilette sein können, bevor man eine Brust sein kann.« Dabei wird die Mutualität der Beziehung nicht außer acht gelassen. Der Klient ist ebenso wenig inaktiv wie der Säugling. »Der Abfallhaufen des Nichtverstandenen, den der Kunde mitbringt« (zit. nach Lazar, 1994, S. 382), wird nicht nur abgeladen, sondern der Klient regt den Berater zur Produktion von »beraterischer Milch« an, indem dieser fragt, Hypothesen bildet und seine Beobachtungen genau vorbringt. Der psychodynamisch orientierte Organisationsberater versucht, sich introjektiv zu identifizieren, sich selbst in die gegebene Situation eines Subsystems hineinzuversetzen, so als ob er dort selbst reagieren müsste. Analog zur Traumdeutung behandelt er Beratungsanliegen so, als ob er seinen eigenen Traum deuten müsse.

Das beraterische Paar bzw. die Gruppe braucht einen geschützten intimen Raum, in dem die Einmaligkeit der Beziehung erlebt und wahrgenommen werden kann. Beide müssen sich aufeinander einlassen, »damit die ›neuen Babys‹, das heißt die neuen Ideen der Supervisionssitzung, zustande kommen können« (Lazar, 1994, S. 382). Einen wichtigen Wirkfaktor sieht Lazar damit wohl auch in der Objektkonstanz des Beraters. Obwohl diese Dimension nicht explizit genannt wird, scheinen beraterische Prozesse dieser Art auch ihre Zeit zu brauchen, das heißt die Institution geht mit dem Berater eine Beziehung ein, die auf Dauer angelegt ist.

Für die Beratung von Teams ist Bions Verständnis der Gruppe als Mutterleib, die kollektive Übertragungen präödipaler Art evoziert, von zentraler Bedeutung. Sehnsucht nach Erlösung und Bedürfnisbefriedigung lassen sich ebenso wie die Angst vor dem Getrenntsein finden. Im Verständnis Bions oszilliert jede Gruppe zwischen einer Arbeitsorientierung (Modus der *Arbeitsgruppe*) mit aufgabengemäßer Realitätsbezogenheit, die Produktivität ermöglicht, und einer Gruppenmentalität, in der es primär um den Erhalt der Gruppe, auch auf Kosten des Realitäts- und Aufgabenbezugs geht. Diesen Modus nennt Bion den Modus der *Grundannahmen*. Verharrt eine Gruppe in diesem Modus, kann dieser ein machtvoller Widerstand gegen Entwicklung und Veränderung werden.

Bion unterscheidet drei unbewusste Grundannahmen:

1. Die »abhängige Gruppe«: Die Gruppenmitglieder suchen Schutz beim Leiter oder bei anderen Gruppenmitgliedern, die sie zu Führern stilisieren.
2. Die »Kampf-Flucht-Gruppe«: Die Gruppenmitglieder kämpfen gegen jemanden oder etwas, sie schließen sich gegen »feindliche Mächte« im Sinne eines paranoiden Systems zusammen.
3. Die »Paarbildung«: Die Gruppenmitglieder bilden Zweiergemeinschaften, mit denen sie ihre Angst zu bändigen versuchen und die messianischen Hoffnungen auf Befruchtung und dem Gebären von etwas Neuem aufrechterhalten.

Wichtiges Agens der beraterischen Arbeit ist unter anderem, die Teammitglieder ihre jeweiligen Abwehrmechanismen intensiv erleben zu lassen und nicht vorschnell einem Beschwichtigungsagieren zu verfallen. Kritisch anzumerken ist jedoch, dass die beschriebene Perspektive und Haltung auch zur Rationalisierung eines zu inaktiven Beratungsstils verwendet werden kann, der zu einer regressiven Gruppenatmosphäre einladen und die Lösungs- und Handlungsorientierung aus dem Auge verlieren kann. Das Modell »Container-Contained« mit seiner Analogie zur frühen Mutter-Kind-Beziehung kann – wenn unreflektiert benutzt – zu einer Infantilisierung des zu beratenden Systems und zur Etablierung eines Machtgefälles verführen. Berater sind aber lediglich um eine »zweite Meinung« gefragt und übernehmen nicht die Verantwortung für das professionelle Tun des zu beratenden Systems. Vielleicht ist es deshalb wichtig, daran zu erinnern, dass in Bions kleinianischer Denktradition immer ein erwachsener Therapeut einen erwachsenen Patienten anspricht und *mit* diesem erwachsenen Anteil einen Dialog über seine kindlichen Anteile führt.

Die spezifische Haltung des psychodynamischen Organisationsberaters

Die spezifische Haltung besteht im bewussten Einsatz des subjektiven Empfindens der persönlichen emotionalen Reaktion auf die Gruppensituation und Charakteristika einer gesamten Organisation, mit der man arbeitet. Wie erlebt man quasi »am eigenen Leibe« die Organisation? Welche Rolle wird einem zugewiesen? Welche Frage soll man stellen und welche darf man auf keinen Fall stellen? Fühlt man sich zum allwissenden Experten oder zum »Dienstleister« gemacht, der spuren soll? Die Wahrnehmung dieser vielfältigen Eindrücke und Gefühle stellt die Gegenübertragung des psychodynamischen Beraters im Rahmen seiner Arbeit mit der Organisation dar. Damit nutzt der Berater seine eigene Subjektivität, um die *Regeln des Unbewussten* der Organisation zunächst mit seinem eigenen psychischen Erleben zu erfassen und dann mit Hilfe seines theoretisch geschulten Verstehens zu konzeptualisieren. Er nutzt also seinen eigenen »unbewussten Kanal« und versucht der Verführung zu widerstehen, eine Expertenhaltung mit fertigen Konzepten einzunehmen. Stattdessen nutzt er eine Haltung des »teilnehmenden Verstehens«, die Obholzer und Roberts (1994) als »die Lizenz zum Dummsein« bezeichnet haben, also die Erlaubnis, auch scheinbar dumme Fragen stellen zu dürfen, um die Regeln eines sozialen Systems zu erfassen. Strukturierte Arbeitsphasen, in denen der Berater eine moderierende Rolle einnimmt und der Gruppe bei der inhaltlichen Erarbeitung zum Beispiel von Konzeptfragen oder Rollendefinitionen hilft, wechseln mit definierten unstrukturierten Arbeitsphasen, in denen die Gruppe über ein von ihr gewähltes Thema frei assoziiert, während der Berater darauf mit gleichschwebender Aufmerksamkeit reagiert. Es gilt, die ausgewogene und für Arbeitskontexte verträgliche Balance zu finden zwischen einem zu systematischen Filtern der Einfälle und der Chance der Öffnung des Zugangs zum Unbewussten. Das »eigentlich Psychoanalytische« dieses Zugangs sollte nicht verloren gehen, dennoch müssen die Phasen freier Assoziation immer wieder in Phasen der Zusammenfassung und der Lösungs- und Handlungsorientierung münden, um die Gruppe nicht in die Nähe eines Selbsterfahrungskontextes zu rücken. Darüber hinaus wird der Berater immer dann »prozessorientiert« arbeiten, das heißt die unbewusste Thematik der Gruppe bzw. des Subsystems benennen, wenn die inhaltliche Arbeit durch die unbewussten Prozesse behindert wird bzw. wenn anhand der inhaltlichen Arbeit hilfreich die unbewussten Prozesse sich darstellen lassen.

Die Modifikation der psychoanalytischen Technik in der Beratung von Organisationen

Die Arbeit mit dem Widerstand

Expertenansätze in der Beratung von Unternehmen (McKinsey, Boston Consulting, Roland Berger etc.) sind oft deshalb ineffektiv, weil sie eine genaue Vorstellung davon haben, wie das Endprodukt aussieht, und weder auf die Partizipation der Organisationsmitglieder achten noch darauf, ob ihre Vorstellungen an die jeweilige Organisationskultur anschlussfähig sind. Ohne diese beiden Momente zu berücksichtigen, gibt es jedoch keine nachhaltigen Chancen für Veränderung. Wir finden bei großen Anbietern eine hohe Kompetenz im Verflüssigen und Destabilisieren von Strukturen, aber wenig Fähigkeit zur Restabilisierung (vgl. Fatzer, 1996). Die weiche, prozessuale Seite der Umstrukturierungen bleibt oft unversorgt. Psychoanalytiker sind nahezu prädestiniert für die Arbeit mit dem Widerstand, denn sie wissen nur zu genau: »Dem Wunsch nach Einsicht und Veränderung steht derjenige, etwas zu verdecken und beim Erreichen zu verharren, entgegen« (Graf-Deserno u. Deserno, 1998, S. 18). In jedem Wunsch nach Organisationsentwicklung steckt die Ambivalenz, Veränderung anzustreben und zugleich abzuwehren. Wir finden in jedem Beratungsprozess das Phänomen des »resistance to change« (Lewin, 1963), zumal bei der Arbeit an strukturellen Momenten der Organisation die Angst um eigene Privilegien und personelle und materielle Ressourcen eine große Rolle spielen. Alle informellen Strukturen, die nicht transparent sind, und alle Vorgänge, die nicht geregelt sind, bieten Raum für Machtmanöver und Freiräume des Handelns. Auch Mitglieder von veränderungsbedürftigen Organisationen haben »sekundären Krankheitsgewinn«, dessen Aufgabe durch gelungene Beratungsarbeit Widerstand hervorrufen kann. Es bleibt notwendig, dass interne und/oder externe Berater sich in einen kontinuierlichen Verbesserungsprozess mit der zu verändernden Organisation begeben. Ohne eine psychodynamische Perspektive einzunehmen, sich auch den verborgenen Konflikten der Organisation zuzuwenden und Veränderung notwendig begleitende Affekte wie Neid, Rivalität, Macht, Bloßstellungsängste zu berücksichtigen, wird Widerstand nicht in produktives Mitarbeiten gewandelt. Widerstandsphänomene werden von großen Unternehmensberatungen oftmals ausgeklammert, indem sie »bei der Beratungsarbeit Kommunikationsdefizite und Konflikte in der Organisation […] übersehen« (Deuerlein, 2001, S. 92). Wir haben es aber beispielsweise in der öffentlichen Verwaltung mit einer bürokratischen Kultur (Weber, 1921) zu tun, die gemäß ihrem gesellschaftlichen Auftrag konservativ und hierarchisch strukturiert sein muss. Sie zeigt wenig Risikofreude, starke Ritualisierungen und ihre Mitarbeiter suchen oft ein umfangreiches Regelwerk, Dogmatismus, Stabilität und Vorhersagbarkeit. Anpassung und nicht Kreativität stellt einen hohen Wert dar. Bürokratische Strukturen bergen immer die Gefahr der Starrheit, in ihnen sind Neuerungen nur schwerlich zu erreichen. Die in Behörden Tätigen sind durch ihre Aufgabenstellung in ein reaktives Handlungsmuster verflochten. Die Überbetonung des Funktionierens verhindert ideenreiches, innovatives Handeln. Psychodynamische Ansätze in der Begleitung der in aller Munde befindlichen Verwaltungsreform können helfen, die neu erforderlichen Fähigkeiten gemeinsam zu entwickeln, so dass Veränderungsnotwendigkeiten nicht nur erduldet, sondern als gemeinsame Aufgabe vorangetrieben werden. Diese Veränderungsarbeit ist ohne Basiskenntnisse von Gruppendynamik (Lewin, 1963) und kollektiven Abwehrformationen (Mentzos, 1990), das Wissen um informelle Strukturen, unbewusste Phantasien, illegitime Bündnisbildung, Erfahrungen mit Kleingruppenphänomenen und Veränderungswiderstand nicht zu leisten.

Die Abstinenz in der psychodynamischen Organisationsberatung

Bauriedl (1998) regt an, den Begriff der Abstinenz im Kontext der Supervision beziehungsanalytisch zu fassen. Sie definiert ihn »als Versuch, Grenzen zu ›halten‹« (S. 134). In der »Entbehrung« (Freud, 1915) zu arbeiten, heißt für psychodynamisch arbeitende Organisationsberater, »der psychischen Ansteckung zu widerstehen« (Bauriedl, 1998, S. 134), zum Beispiel die Verschmelzungsgefahr mit dem Auftraggeber zu vermeiden. Aktive Abstinenz bedeutet in ihrem Sinne, dass es dem Berater gelingen muss, die psychische Getrenntheit von Team, Träger, Klientel und Institution aufrechtzuerhalten, das heißt seine Unterscheidungsfähigkeit in der Rolle zu bewahren, ohne Polarisierungen vornehmen zu müssen. Abstinenz bedeutet, die Fähigkeit zu haben, das Ineinanderwirken personaler und organisatorischer Strukturen wahrzunehmen und dennoch die beiden Perspektiven gesondert voneinander zu halten.

Der Abstinenzbegriff, gefasst als relatives Freisein von eigenen Triebwünschen, bedeutet auch eine gründliche Reflexion der Motivation, Organisationsberater zu werden. Vor allem aber geht die abstinente Haltung des psychodynamischen Organisationsberaters in seiner Triangulierungskompetenz auf. Bei der psychodynamisch orientierten Organisationsberatung sind folgende Hierarchieebenen von Bedeutung:

- der Träger bzw. Eigentümer,
- die Leitungsebene (Abteilungsleiter, Leiter der Personalentwicklung, Vorstand, Chefarzt, Pflegedienstleitung, Verwaltungsleitung etc.),
- die Leitungsperson des zu beratenden Subsystems (Oberarzt, Vertriebsleiter, Niederlassungsleiter etc.) und
- die Mitarbeiter, die direkt mit dem Klientel oder den Kunden arbeiten.

Das Nichteinbeziehen der Leitungspersonen macht die Organisationsberatung unwirksam, denn die Leitung der Organisation aus dem Auge zu verlieren, bedeutet die Institutionsmatrix unzulässig auf eine Gruppenmatrix zu reduzieren (vgl. Pühl, 1998, S. 51). Veränderungsprozesse sind ohne die Unterstützung auf der Leitungsebene undenkbar, und dennoch gilt es, keine unzulässigen Bündnisse mit der Leitung einzugehen. Abstinenz heißt in dieser Frage nicht, den Schutz der Mächtigen zu suchen und sich ebenso wenig mit den Mitarbeitern zu solidarisieren. Abstinenz lässt sich also fassen, als die ausgewogene Balancierung institutioneller Dreiecke. Das zentrale von Pühl (S. 155) gekennzeichnete Spannungsverhältnis lautet: Team – Leitung – Organisationsberatung.

Wir dürfen uns also nicht als »Ersatzmanagement auf Zeit« begreifen, nicht der Verführung erliegen, die besseren Leitungspersonen zu sein. Pühl deutet den Wunsch, Organisationsberater zu sein, grundsätzlich als verborgenen Leitungswunsch. Dabei lässt sich die kompensatorische Übernahme von Leitungsfunktion sowohl als Antwort auf die Notwendigkeiten der Institution verstehen – im Sinne der Beobachtung, »dass die verborgene institutionelle Konfliktdynamik sich szenisch immer in der Beziehung zum Supervisor konstelliert, [...] etwas Charakteristisches für alle Formen von Teamsupervision und Institutionsanalyse« (S. 109) ist – wie auch als »Restneurose« oder »Kernneurose« des Berater begreifen.

Die gelungene Triangulierung hat zur Voraussetzung, dass der Berater seine »Triadische Grundangst« (Pühl, 1998), die Angst, ausgeschlossen zu werden, angemessen bewältigt. Der psychodynamische Organisationsberater muss ertragen können, nicht dazuzugehören, ein hohes Maß an Fremdheit dem zu beratenden System gegenüber auszuhalten. Ausdruck einer nicht gelungenen Triangulation stellt zum Beispiel die Bewältigung durch Bündnisbildung mit den (vermeintlich) Mächtigen, den Trägern, medizinischen Direktoren, dem Vorstand etc. dar. Eigene Wünsche nach Geld, Macht und Erfolg finden ihren Ausdruck in »Anbiederungsversuchen an die Interessen der Geschäftsführer von Organisationen« (Gaertner, 1998, S. 95). Organisationsberatung kann auf diese Weise zu einem Instrument der »Apeacement-Politik« verkommen, nämlich unreflektiert die Anpassung der Mitarbeiter einer Organisation sicherzustellen. Durch unkritisches Effektivitätsdenken und utilitaristische Beratungsstrategien, die auf die Durchsetzung administrativer Interessen abzielen, machen sich Organisationsberater zu Handlangern einer Herrschaftspolitik und tragen zur Entwertung des Instruments Organisationsberatung bei.

Auf der anderen Seite stehen Berater in der Gefahr, von ihren narzisstischen Wünschen nach Anerkennung durch das Team geleitet zu werden. Der unbewusste Pakt (vgl. Graf-Deserno u. Deserno, 1998) mit dem zu beratenden Subsystem gegenüber dem Auftraggeber ist ebenso kontraproduktiv wie die oben gekennzeichnete Bündnisbildung oder die Verwandlung der Beziehung zu den Mitarbeitern in eine Alltagsbeziehung. Als Prophylaxe oben genannter Phänomene sei unter anderem auf die Forderung nach emotionaler und finanzieller Unabhängigkeit des Beraters verwiesen (vgl. Fürstenau, 1992).

Die Übertragung in der psychodynamischen Organisationsberatung

Anders als in der psychoanalytischen Krankenbehandlung haben wir es in der Beratung von Organisationen mehr mit sogenannten »spontanen Übertragungen« zu tun. Psychodynamische Organisationsberatung ist dabei nicht regressionsfördernd angelegt und bestrebt, Übertragungen auf Vorgesetzte, Klienten, andere Teammitglieder und Institutionen (vgl. Mentzos, 1990) sowie auf den Berater selbst zunächst zu verstehen und dann aufzulösen.

> »Als die wichtigsten spontanen Übertragungen begegnen uns in der Organisationsberatung die Arbeitsfeldübertragungen, die sich als ›primäre Beziehungsschemata‹ in Prozessen sekundärer Sozialisation gebildet haben und Inhalte des Gegenwartsunbewussten geworden sind« (Oberhoff, 2000, S. 58).

»Falsche Verknüpfungen« (Freud, 1895) finden in der Organisationsberatung vornehmlich mit den Personen im Arbeitsfeld und mit der Institution statt. Das Hier-und-Jetzt der Organisationsberatung zeigt lebensgeschichtlich gewachsene spontane oder fluktuierende Übertragungen im Sinne erfahrungsbedingter Ausbildung von Erwartungen, die an die berufliche Situation herangetragen werden. Sie sind Hindernis und Hilfsmittel der beraterischen Zielsetzung zugleich, nämlich als Versuch, »adäquates Wahrnehmen und Handeln des Organisationsmitgliedes in beruflichen Praxissituationen« (Oberhoff, 2000, S. 61) zu erreichen.

Übertragungsphänomene lassen sich nach Freud als verlorengegangene Erinnerungen fassen, die sich im Beratungsprozess als Widerholungszwang zeigen. Oberhoff versteht diese in der Supervision als Wiederholung misslingender Problemlösungsversuche angesichts nicht geglückter Beziehungserfahrungen im Dort-und-Damals. Er leitet daraus eine optimistisch stimmende Haltung für Beratungsprozesse ab, er setzt nämlich diese Wiederholungen gleich mit einem Wunsch nach Auflösung. Übertragungen zeigen somit in der Organisationsberatung den Wunsch, defizitäre Beziehungsmuster zu überwinden und damit auf der Team-, Klienten/Kunden- und Vorgesetztenebene begegnungsfähiger und damit arbeitsfähiger zu werden. Retrospektiv sieht Oberhoff auf der persönlichen Ebene eines Mitarbeiters oder Vorgesetzten die Möglichkeit zeitversetzter »Genesung«. Mit der Auflösung übertragungsverzerrter Wahrnehmung kann aus seiner Sicht eine Korrektur missglückter Beziehungserfahrung in der jeweiligen Biografie ermöglicht werden.

Wählen wir eine andere, an Melanie Klein (1946) angelehnte Perspektive auf die Übertragung in Organisationen, wird die Veränderungsmöglichkeit von Übertragungsmustern weniger optimistisch betrachtet. Übertragung in diesem Verständnis ist nicht per se pathologisch, sondern Ausdruck der beständigen Externalisierung innerer Objekterfahrung, der »inneren Welt« auf die Bühne der äußeren Welt, das Außen. Diese Inszenierung dient der Orientierung, da neue Situationen automatisch mit vertrauten Erfahrungen verglichen werden – anders gesagt, neue Erfahrungen evozieren beständig entsprechende innere Muster, die den Charakter einer Person oder Gruppe ausmachen. Nur wenn diese Muster rigide werden und die Internalisierung neuer Erfahrungen und damit auch die Modifikation verinnerlichter Objekte verhindern, bedarf es einer Arbeit an diesem Veränderungswiderstand, damit schließlich wieder ein »Lernen aus Erfahrung« (Bion, 1990) möglich wird. So gewendet kann es in der psychodynamischen Organisationsberatung gelingen, das Reinszenierungsmuster deutend aufzuzeigen und dem einzelnen Mitglied der Organisation (oder bei kollektiven Übertragungsmustern auch den einzelnen Subsystemen einer Organisation) damit eine Distanzierungsmöglichkeit zu schaffen. Übertragungsprozesse gelten so als nicht überwindbar, aber besser zu handhaben.

Übertragungen erscheinen zum Beispiel in misslungener Rollenverkörperung und gehen vor allem auf Prozesse sekundärer Sozialisation zurück. Geschwisterübertragungen, Latenz- und Adoleszenzerfahrungen, insbesondere im Bereich Schule und Leistung, sind die hauptsächlichen Erscheinungsformen. Sie sind als Erwartungshaltungen an die Institution, die Kollegen, Klienten und den Berater spürbar. Bisherige Beziehungserfahrung zeigt sich im Schnittfeld des Rollensets, das die Institution zur Verfügung stellt, und im Kommunikationsstil, der miteinander gepflegt wird. Übertragungen, als Zuschreibungsphänomene verstanden, sind in der Beratungsarbeit von Organisationen bearbeitbar, ohne die Grenze der Intimität der Person zu verletzen. Gelingt dies, so hat die Arbeit an Übertragungsprozessen, die ja niemals explizit angestrebt wird und eher ein Nebenprodukt beraterischer Arbeit darstellt, persönliches und professionelles Wachstum zur Folge.

Gerade in der psychodynamischen Organisationsberatung scheint die Unterscheidung zwischen Arbeit »an der Übertragung« und »in der Übertragung« (vgl. Ludwig-Körner, 1991) zentral. Die Arbeit an der Übertragung ist unseres Erachtens zu präferieren. Die Übertragungsdimension sinnhaft zu verstehen, sie als Diagnostikum zu nutzen, sie rückzubinden an das Klientel, die Gruppendynamik und an die institutionellen Bedingungen, scheint die Methode der Wahl. Die Übertragung lässt sich auf diese Weise bearbeiten und so weit wie möglich auflösen. Psychodynamisch orientierte Berater sollten sich darum bemühen, die Übertragungsdynamik auf ihre Person so gering wie möglich zu halten, sie zum Beispiel deutend auf den Gruppenprozess oder die Institutionsdynamik zu beziehen und damit dem Team zugänglich und handhabbar zu machen.

Unterschiedliche Interventionsmodi in der psychodynamischen Organisationsberatung

Fürstenau (1998) proklamiert ein psychoanalytisch-systemisch angelegtes Konzept von Teamsupervision, das sich sinnvoll auf den Bereich der Organisationsberatung erweitern lässt. Es zielt darauf ab, vom Team geäußerte Sachverhalte positiv zu konnotieren und dessen Ressourcen zu nutzen. Er will die Motivation des Teams wecken und für die Organisationsentwicklung nutzen. Die Aufgabe des Beraters besteht vor allem darin, »Klagen, Konflikte und anstößige Verhaltensweisen in lösbare, begrenzte Aufgaben umzuwandeln« (S. 182) und dem Team Selbstachtung und Vertrauen in seine Problemlösungskompetenz zu vermitteln. In Abhängigkeit von den anzustrebenden Zielen unterscheidet er folgende Interventionsmodi:

1. »Akzeptieren, bestätigen,
2. Verstärken, bekräftigen, ermuntern,
3. Beschreiben, fokussieren, konfrontierend hervorheben, akzentuieren, modellieren,
4. In einen anderen Rahmen, Zusammenhang stellen, umdeuten, interpretieren,
5. Eine Werthaltung, Position deklarieren,
6. Aufgaben stellen, veranlassen, etwas Bestimmtes zu tun, fragen« (S. 187).

Vielleicht ist es ein besonderes Qualitätsmerkmal psychodynamisch arbeitender Berater, dass sie *zunächst* ein hohes Maß an Containment heftiger Affekte bereitstellen können, die gerade in Zeiten einer sich rasant wandelnden Arbeitswelt aufflackern. Es entsteht oft Wut über die nun abverlangten Veränderungen. Wut entsteht auch als Antwort auf die Kränkung, die die Konfrontation mit dem Realitätsprinzip, zum Beispiel der Ressourcenverknappung, oftmals bedeutet. Gefühle von Zurücksetzung und Ohnmacht verschaffen sich durch Zorn und mitunter Hass Ausdruck. Im Prozess des Sichauflehnens oder Klammerns wird die Lösung gesucht. Versuche, den Konflikt zu verschieben, sind an der Tagesordnung in Organisationen, die stark unter Druck stehen, und zeigen sich in verstrittenen Teams, die ihre aggressive Trauerenergie gegeneinander richten und diese damit nicht produktiv wenden können (vgl. Möller, 2001). Grundsätzlich gilt, dass in sich wandelnden Institutionen die individuellen Resonanzen zu den Themen Abschied, Trennung, Tod evoziert und damit bearbeitbar werden. Die Mitarbeiter brauchen häufig zunächst Hilfe beim Gewahrwerden der Krise. Dem Berater kommt die Aufgabe zu, die oft chaotisch-springenden und affektiv aufgeladenen Gruppenprozesse zu »entschleunigen«. Die Haltung des Beraters gleicht dabei einem respektvollen Erkunden des Ist-Zustandes, Plädoyers (»Wir alle hier sind doch keine Bremser und wollen die neue Abteilungsstruktur!«)

sollten begrenzt bzw. als Ausdruck der Entwicklungsdynamik gedeutet werden. In der Krisenintervention ist es für Berater oft vonnöten, ein höheres Aktivitätsniveau als üblich zu zeigen, emotional zu stützen und Zuwendung zu zeigen. Je nach affektivem Zustand der Beteiligten gilt es, kathartische Reaktionen zu ermöglichen und zu unterstützen: Trauer, Wut, Schmerz, Schuldgefühle und Gefühle der Überlebensschuld zu zeigen. Bei drohender affektiver Überschwemmung kommt es hingegen darauf an, Möglichkeiten der Eindämmung und Steuerung zu vermitteln. In dieser ersten Phase der Beratung geht es nicht um Interpretieren oder Deuten, sondern um das Stützen des Teams in der Konfrontation mit der Realität, um Verleugnungen, Realitätsverzerrungen und schädlicher Regression entgegenzuwirken. Die »Opfer« brauchen zunächst Raum zur Klage. Auch Schuldzuschreibungen sollten begrenzt zugelassen werden, wenngleich der Berater sich im Klaren sein muss, dass sich die Organisationsmitglieder mit diesem Modus noch in einem alten Bezugssystem befinden, das als eher anklammernd und festhaltend beschrieben werden kann. Krisensituationen sind immer gekennzeichnet von emotional kognitiver Einengung. Schwarz-Weiß-Denken herrscht vor und die Antizipation von Zukunft gelingt ebenso wenig wie das Lernen aus der Vergangenheit. Hier ist die exzentrische Position des Beraters gefragt, um emotional und kognitiv in die Weitung zu gelangen.

Fazit

Die Einbeziehung des *Unbewussten* in der supervisorischen oder beraterischen Arbeit mit Institutionen dient nicht nur dazu, Fehlleistungen und »blinde Flecken« der Organisation erkennen zu können – sie ist auch eine wichtige *Ressource* für kreative Lösungen. Eine psychoanalytisch orientierte Beratungssituation wird in bestimmten Arbeitsphasen immer versuchen, durch Förderung eines assoziativen Arbeitens und ein Verstehen der »Szene« den Zugang zum Unbewussten zu erleichtern. Eine solche Regression im Dienste des Ich ermöglicht, dass die inneren Wirklichkeiten der einzelnen Gruppenmitglieder angeregt werden und in Kontakt miteinander treten können. Die psychodramatische Inszenierung im Hier und Jetzt der

Gruppensituation fördert somit die kreative Erhellung auch organisationaler Zusammenhänge, die durch rationales Überlegen allein nicht evident werden würden.

Literatur

Bauriedl, T. (1998). Abstinenz in der Supervision. Freie Assoziation, 1/2, 134 – 160.

Bion, W. R. (1990). Erfahrungen in Gruppen und andere Schriften. Frankfurt a. M.: Fischer.

Brocher, T. (1984). Diagnosis of organisations, communities und political units. In M. F. R. Kets de Vries (Ed.), The irrational executive. psychoanalytical explorations in management (p. 373–392). New York: International Universities Press.

Buchholz, M. B. (1990). Die Rotation der Triade. Forum der Psychoanalyse, 6, 116 – 134.

Deuerlein, I. (2001). Von der Organisationsberatung zur Organisationsentwicklung. In T. Giernalczyk (Hrsg.), Supervision und Organisationsentwicklung (S. 80 – 93). Göttingen: Vandenhoeck & Ruprecht.

Eisenbach-Stangl, I., Ertl, M. (Hrsg.) (1997). Unbewusstes in Organisationen. Zur Psychoanalyse von sozialen Systemen. Wien: Facultas-Universitäts Verlag.

Fatzer, G. (1996). Organisationsentwicklung und Supervision. Erfolgsfaktoren von Veränderungsprozessen. Trias Kompass 1. Köln: Edition Humanistische Psychologie.

Freud, S. (1895): Studien über Hysterie (S. 75 – 132), GW I. Frankfurt a. M.: Suhrkamp.

Freud, S. (1915): Bemerkungen über die Übertragungsliebe (S. 306 – 321), GW X. Frankfurt a. M.: Suhrkamp.

Fürstenau, P. (1992). Entwicklungsförderung durch Therapie – Grundlagen psychoanalytisch-systemischer Psychotherapie. München: Pfeiffer.

Fürstenau, P. (1998). Psychoanalytisch-systemische Teamsupervision im psychiatrisch-psychosomatischen Bereich zwecks Förderung der Teamentwicklung. In C. Hennch, A. Werner, G. Bergmann (Hrsg.), Formen der Supervision. Supervisionskonzepte und Praxis im Klinikkontext (S. 71 – 82). Frankfurt a. M.: VAS.

Gaertner, A. (1998). Professionalismus und Dequalifizierung der Supervision. Forum Supervision, 12, 86 – 114.

Giernalczyk, T. (Hrsg.) (2001). Supervision und Organisationsentwicklung. Göttingen: Vandenhoeck & Ruprecht.

Graf-Derserno, S., Deserno, H. (1998). Entwicklungschancen in der Institution – Psychoanalytische Teamsupervision. Frankfurt a. M.: Fischer.

Jaques, E. (1955). Social systems as defence against persecutory and depressive anxiety. In M. Klein, P. Heimann, A. Money-Kyrle (Eds.), New directions in psychoanalysis (pp. 478–498). London: Tavistock Publications.

Klein, M. (1946) Bemerkungen über einige schizoide Mechanismen. In M. Klein, Das Seelenleben des Kleinkindes (S. 101–125). Reinbek: Rowohlt.

Lazar, R. A. (1994). W. R. Bions Modell »Container-Contained« als eine (psychoanalytische) Leitidee in der Supervision. In H. Pühl (Hrsg.), Handbuch der Supervision II (S. 380–402) Berlin: Edition Marhold.

Lazar, R. A. (1998). Das Individuum, das Unbewusste und die Organisation. Ein Bion-Tavistock-Modell von Beratung und Supervision in Organisationen. In R. Eckes-Lapp, J. Körner (Hrsg.), Psychoanalyse im sozialen Feld. Gießen: Psychosozial Verlag.

Levinson, H. (1972). Organizational diagnosis. Cambridge: Harvard University Press.

Lewin, K. (1963). Feldtheorie in den Sozialwissenschaften. Bern: Huber.

Lohmer, M. (Hrsg.) (2000). Psychodynamische Organisationsberatung. Stuttgart: Klett-Cotta.

Ludwig-Körner, C. (1991). Übertragung und Gegenübertragung in der Psychoanalyse, Gestalttherapie und Integrativen Therapie. Integrative Therapie 17, 466–489.

Meltzer, D. (1979). Sexual states of mind. Pertshire: Clunie Press.

Mentzos, S. (1990). Interpersonale und institutionelle Abwehr. Frankfurt a. M.: Suhrkamp.

Menzies-Lyth, I. (1960). Die Angstabwehr-Funktion sozialer Systeme – Ein Fallbericht. Gruppendynamik, 5, 183–216.

Möller, H. (2001). Teamsupervision in sterbenden Organisationen. Organisationsberatung, Supervision, Coaching, 3, 283–289.

Oberhoff, B. (2000). Übertragung und Gegenübertragung in der Supervision. Münster: Daedalus.

Obholzer, A., Roberts, V. Z. (Eds.) (1994). The Unconscious at Work. Individual and organizational stress in the human services. London u. New York: Routledge.

Pühl, H. (1998). Teamsupervision. Von der Subversion zur Institutionsanalyse. Göttingen: Vandenhoeck & Ruprecht.

Sievers, B., Ohlmeier, D., Oberhoff, B., Beumer, U. (Hrsg.) (2003). Das Unbewusste in Organisationen. Gießen: Psychosozial-Verlag.

Tietel, E. (2003). Emotion und Anerkennung in Organisationen. Wege zu einer triangulären Organisationskultur. Münster: Lit-Verlag.

Weber, M. (1921). Wirtschaft und Gesellschaft. Grundriss der verstehenden Soziologie, 2. Halbband. Tübingen: Paul Mohr.

Erstabdruck:
Psychodynamische Organisationsberatung. In M. B. Buchholz, G. Gödde (Hrsg.) (2006), Das Unbewusste in der Praxis. Erfahrungen unterschiedlicher Professionen. Bd. III (S. 455–479). Gießen: Psychosozial Verlag.

Heidi Möller

Stolpersteine weiblicher Karrieren

Was Frauen hindert, erfolgreich zu sein

Ausgehend von zahlreichen Coachings mit weiblichen Führungskräften und vor allem mit Frauen, die in den Startlöchern standen und Führungskräfte werden wollten (oder vielleicht doch lieber nicht?), versuche ich einige systematische Überlegungen anzustellen, die als »innere Erfolgsverhinderer« weiblicher Karrieren ursächlich erscheinen. In Coachingprozessen tauchen sie immer wieder auf und sollten einer Lösung zugeführt werden. Der psychoanalytische Hintergrund ist dabei durchaus hilfreich in der Diagnostik bestimmter »typischer Stolpersteine«, wenngleich im Coaching natürlich anders interveniert wird als in der »analytischen Kur«.

Mit objektiven Faktoren und gesellschaftlichen Dimensionen, die das Ungleichgewicht zwischen Männern und Frauen befördern, haben sich vermutlich alle Leser und Leserinnen hinlänglich beschäftigt. Das ist auch gut so – sicherlich nie genug und immer ausbaufähig. Dennoch möchte ich den Schwerpunkt dieses Beitrags auf die *inneren* Dimensionen von Karrierehemmung bei Frauen legen. Das ist kein Widerspruch oder Rückzug ins Psychische, denn – so meine Ausgangsbasis – unsere psychische Verfasstheit ist immer Ausdruck gesellschaftlicher Verhältnisse. Wir sind soziale Wesen, und mit der Objektbeziehungstheorie möchte ich sagen: Unser »So-geworden-Sein« ist Niederschlag von Interaktionserfahrung. Eltern als erste bedeutsame Andere, die »caring persons«, sind auch immer Repräsentanten unserer gesellschaftlichen Verfasstheit. Ich werde im Folgenden Themen der Konkurrenz, der Scham, der kaptativen Hemmung und der Einschränkung weiblichen Wünschens, Wollens und Begehrens aufgreifen.

Zum Konkurrenzverhalten von Frauen

Ich fordere die geneigten Leserinnen zu folgendem Gedankenexperiment auf: Denken Sie an das letzte soziale Event, dem Sie beiwohnten, und stellen Sie sich bitte in der Imagination eine Rangreihe der Partygäste unter dem Kriterium ihres Erfolgs auf! Betrachten Sie nun Ihre die Imagination begleitenden Kognitionen!

Die Aufforderung zur Erstellung einer »Hackordnung« wird von Männer und Frauen üblicherweise völlig unterschiedlich aufgenommen. Frauen denken nur zu oft: »Was soll das denn? Das darf man doch nicht machen! Erfolg – was ist das schon? Die anderen sind doch auch gut etc.« Unter den Lesern und Leserinnen dieses Artikels wird das Phänomen nicht ganz so ausgeprägt sein wie unter den Kunden und Kundinnen der Beratungsbranche. Leser und Leserinnen solcher Artikel haben ja zumeist selbst schon einen weiten Weg beruflicher Entwicklung hinter sich. Dennoch haben sich vermutlich alle auf der erinnerten Party unter unterschiedlichsten Dimensionen implizit oder explizit verglichen. Wir sondieren in sozialen Situationen: »Wer ist schöner und schlanker? Wer gottlob hässlicher? Wie stehe ich da? Wer ist wichtiger? Wer redet mit den bedeutenderen Menschen?«

Direkt die Konkurrenz zu suchen, das haben Frauen nicht gelernt. Buben lernen das »Sich-ins-Verhältnis-Setzen« wie selbstverständlich auf dem Schulhof. In der Konkurrenz mitzuspielen, die Konkurrenz gar aktiv zu suchen, ist aber einer unter vielen anderen Faktoren, der Erfolg ausmacht. Wir Frauen konkurrieren selbstverständlich auch, aber zumeist sehr viel indirekter, versteckter, und das ist oft nicht zielführend. Frauen konkurrieren oft mit viel Angst: »Darf ich mehr Geld verdienen, mehr gute Aufträge haben als meine Freundin? Was geschieht mir dann? Verliere ich gegebenenfalls ihre Unterstützung, ihre Zuneigung?« Die Angst vor Einsamkeit ist es, die viele Frauen lieber gedrosselt und gebunden lässt. »Friedfertig aus Angst vor Liebesverlust« hat Margarete Mitscherlich (1985) dieses Phänomen genannt. Für Autoverkäufer ist der Wettbewerb selbstverständlich, wer mehr Autos verkauft, bekommt mehr Geld. Das gilt auch für viele andere Branchen wie Banken, Versicherungen, Einzelhandel etc.

Erfolgreich sein heißt, anderen überlegen zu sein. Es entsteht eine Differenz zu anderen Frauen und Männern, die für viele Frauen nicht einfach zu ertragen ist. Männer entwickeln ihre Identität aber vor allem über das »Sich-Unterscheiden«, Frauen eher über die Ähnlichkeit und Bindung. Wir Frauen wollen oft etwas Widersprüchliches und befinden uns damit in einem Dilemma zwischen Partnerschaft und Ungleichheit. Der Schritt zum »Sowohl-als-auch« gelingt häufig nicht.

> »Männer haben es da einfacher: Sie wollen Ungleichheit und können daher offen konkurrieren; sie kommen nicht in innere Konflikte, wenn sie Spielregeln machen und auch durchsetzen; Konflikte mit anderen riskieren sie« (Edding, 2001, S. 125).

Männer arbeiten im beruflichen Kontext (leider oft auch privat) mit der Dimension Überlegenheit und Unterlegenheit, also mit Gefälle. Frauen hingegen geraten bei empfundener Überlegenheiten schnell in große innere Not. Ein kleines Eigenbeispiel in einem unbedeutenden Zusammenhang mag diesen Mechanismus erläutern.

Zu Beginn meiner Tätigkeit an der Universität Innsbruck startete ich eine Vortragsreihe: »Kommunikation – Management – Organisation« in Kooperation mit der Industriellenvereinigung Tirol. Ich war entsprechend nervös, ob dieses Angebot wohl angenommen würde. Zur Spannungsabfuhr und zum allgemeinen Amüsement meiner Mitarbeiter/-innen schlug ich eine Wette vor: Jeder gab einen kleinen Wetteinsatz und eine vermutete Zuhörer/-innenzahl an. Wer am nächsten an der entsprechenden Zahl war, sollte den Gesamtbetrag bekommen. Dummerweise gewann ich selbst und wand mich wie ein Aal: »Was tun mit dem Betrag?« Ich könnte für die nächste Teambesprechung Kuchen für alle kaufen … und andere prosoziale Gedanken trieben mich um – bis ein Mitarbeiter schlicht und einfach sagte: »Wer Wetten vorschlägt, muss auch gewinnen können!«

Kompetenzscham

Angesichts großen Lobs oder Erfolgs geraten viele Frauen in heftige Affekte. Kompetenzscham spielt dabei eine große Rolle. Diese löst in vielen Frauen soviel Spannung aus, dass sie oft ihren mühsam erarbeiteten erfolgreichen Selbstentwurf gleichsam freiwillig wieder einreißen. Dabei liegt oft ein Missverständnis vor, das aufzuklären manchmal schon den Weg im Coaching öffnet, da er einen Ausweg aus dem Dilemma für viele Frauen weist: »Concurrere« (lat.) heißt zunächst einmal nichts anderes als »zusammenlaufen«. Es meint, dass wenn zwei sich verabreden: »Wer ist als Erstes an dem Baum dort hinten?«, beide schneller laufen, als wenn jede für sich den Spurt gewagt hätte. Aufgefangen ist dieses Phänomen in dem Sprichwort: »Konkurrenz belebt das Geschäft.« »Zusammenlaufen« kann somit Spaß machen, die eigene Leistung steigern und ungeahnte Ressourcen aktivieren.

Bei vielen Frauen ist die Freude am Wettbewerb allerdings gebremst, auch deshalb, weil sie Konkurrenz mit Rivalität gleichsetzen. Rivalität aber ist eine destruktive Form der Auseinandersetzung, die die Zerstörung des Gegenübers, deren Beschämung, Verhöhnung oder Herabsetzung der Leistung zum Ziel hat. Wie »böse« das Konkurrieren sei, ist allerdings auch eine recht übliche Rationalisierung von Frauen, erst gar nicht in die Auseinandersetzung, den Wettbewerb zu treten. Diesen Abwehrmechanismus gilt es im Coaching aufzuspüren, zu konfrontieren und zur Auseinandersetzung zu ermutigen. Rivalitäten sind entgleiste Formen produktiven Konkurrenzverhaltens.

Der Hauptfaktor, der solche Entgleisungen fördert, ist der Neid. Im Stadium des Neidens stelle ich die anderen in den Status der Glückseligkeit, male sie in leuchtenden Farben aus und weise mir selbst den Platz bei den Verliererinnen zu. »Das, was wir nicht besitzen, nicht haben, erregt unseren Neid« (Kutter, 1994, S. 67). Neid folgt einem Gefühl von Minderwertigkeit, das im Sprichwort »Neid der Besitzlosen« erfasst ist. Neid ist zunächst einmal ein ubiquitäres Phänomen, denn eine Person neidet einer anderen etwas, das sie selbst nicht hat, und es wird immer andere geben, die mehr oder anderes haben als ich selbst. Eigenschaften wie Gesundheit, Schönheit, Intelligenz, Charme oder aber Besitz wird von dem Neider oder der Neiderin entsprechend hoch bewertet. Neidische Menschen sind viel mit dem oder der Beneideten und deren realen oder fantasierten Vorzügen beschäftigt. Er oder sie misst sich an ihm oder ihr und ist im Ergebnis immer schlechter dran. Die Folge sind selbstquälende, missgünstige und selbstzerstörerische Vorstellungen. »Neid vergiftet innerlich« (S. 69). Die Diskrepanz zwischen Neider und Beneideter erzeugt Spannung, wer will schon herabgesetzt sein, und diese

Spannung kann ich auf zweierlei Weise nutzen. Ich ziehe den anderen durch Zerstörung und Miesmacherei zu mir herunter, oder ich nutze die Spannung produktiv, um das, was ich so begehre, auch zu bekommen. Wir können beginnen »zu erwerben, um zu besitzen« (Goethe, 1967).

Wieder ein Eigenbeispiel: Meine Ausbilderin für Supervision, die von mir hoch geschätzte Frau Prof. Sabine Scheffler, war mir ein Objekt des Neides. So prima wie sie wollte ich immer mit Gruppen umgehen können. Ich fasste mir ein Herz und fragte: »Was muss ich tun, damit ich genauso viel von Gruppendynamik verstehe wie Sie?« Frau Scheffler gab mir ganz konkrete Ratschläge zur Weiterbildung, und ich sollte mich doch bei ihr melden, wenn ich diese absolviert hätte und dann einmal mit ihr gemeinsam ein Seminar leiten. Ich tat wie empfohlen und war bei der ersten gemeinsamen Arbeit sicherlich verzagt und voller unaufgelöster Übertragung. Heute sind wir erstens befreundet, und zweitens kann ich inzwischen auch gut mit Gruppen.

Von der Bosheit der Frau

Verständlich sind diese inneren Erfolgsverhinderer nur dann, wenn wir uns das Triebschicksal anschauen, das die weibliche Aggression erfährt. Die Frauenbewegung hat sich in den 1970er Jahren intensiv mit weiblicher Unterdrückung und männlicher Herrschaft beschäftigt. Es gelang ihr, zahlreiche Unterdrückungsmechanismen gegen Frauen differenziert herauszuarbeiten, jedoch erkannte sie damit indirekt den Dualismus von männlichem, schuldigem Täter versus weiblichem, unschuldigem Opfer an (vgl. Hamburger Arbeitskreis für Psychoanalyse und Feminismus, 1995). Schilderungen der Frau als passiv, friedfertig und ausgeliefert lassen sich selbst als repressiv ansehen, da sie mit der Leugnung der Möglichkeiten weiblicher Einflussnahme einhergehen und Frauen erneut als Mängelwesen darstellen (Gambaroff, 1995). Frauen sind häufig Opfer, sie sind es aber nicht nur. Seit Ende der 1980er Jahre machen sich feministische Ansätze (vgl. Becker u. Stillke, 1987) auf den steinigen Weg, weder weibliche Unterdrückung zu bagatellisieren noch in eine kollektive Abwehrbewegung zu geraten und Frauen als die besseren Menschen zu feiern. Die Anerkennung weiblicher Macht bedeutet auch, sich mörderischen und verfolgenden Impulsen von Frauen zuzuwenden und sich mit ihrem Hass, Neid und Sadismus auseinanderzusetzen. Frauen handeln nicht nur reaktiv aggressiv. Aber Frauen erleben ihr aggressives Potenzial häufig als ihnen äußerlich, fremd und böse. Sie entwickeln ihren aggressiven Regungen gegenüber weitaus mehr Schuldgefühle, als Männer dies tun. Versuchen sie, ihre aggressiven Impulse zu verleugnen, kostet es sie oft den Preis der Vitalität, Kreativität und letztlich auch der Liebesfähigkeit (vgl. Christlieb, 1995). Aggression ist ein unabdingbarer Faktor, das Leben bedürfnisgerecht zu gestalten. Ein Verharren in der Opferperspektive weiblichen Verhaltens und Erlebens verkürzt die Wirklichkeit. Zudem bedeutet die Opferrolle immer Handlungsunfähigkeit, während die Täterinnenschaft Handlungsoptionen bereit hält, wozu unter Umständen auch der Verzicht auf Destruktivität gehören kann (Schmidt-Honsberg, 2000, mündl. Mitteilung). Emanzipation bedeutet, den männlich gestalteten öffentlichen Raum zu verändern und zu erobern. Die »Hälfte des Himmels« für sich zu beanspruchen, kann nicht friedlich vonstatten gehen. Das »Edelmuts-Paradigma« hat den Verlust der Lebendigkeit und gesellschaftlichen Wirksamkeit von Frauen zur Folge. Mit der Idee vom friedlichen weiblichen Opfer wird weibliche Kraft tabuisiert und das Bild eines schwachen Wesens und der selbstlosen Helferin perpetuiert.

Männliche Vorstellungen von Aggression machen es Frauen oft schwer, ihr weiblich aggressives Potenzial als ihnen zugehörig zu erachten. Folgen wir Dorsch (1994, S, 9) in seinen Definitionen: »Als Aggression bezeichnet man einen körperlichen oder symbolischen Angriff mit dem Ziel, Schaden zuzufügen« oder »jedes Angriffsverhalten, das die Steigerung der Macht des Angreifers und die Minderung des Angegriffenen zum Ziele hat«, so lässt sich eine Gleichsetzung von Aggression mit Destruktivität, Gewalt und Übergriff feststellen. Der ursprünglichen Wortbedeutung von »aggredi« (lat.) nach heißt Aggression aber zunächst einmal »herangehen, etwas unternehmen, beginnen, auf jemanden zugehen«. Ein Aggressionsbegriff, der den Drang nach Erkenntnis beinhaltet, aggressiv sein als neugierig sein, beharrlich sein, begehrlich und widerspenstig sein fasst, macht es Frauen im Coaching sicher leichter, sich ihrer Aggressivität bewusst zu werden und diese konstruktiv zu nutzen. Eine solche Vorstellung von Aggressivität beinhaltet auch den Wunsch, sich zu unterscheiden, etwas in Angriff zu nehmen. Beide Verstehensweisen von Aggressivität schließen sich nahezu aus: Geht es in der ersten Definition um die Ausschaltung des anderen, geht es im ursprünglichen Wortsinn von Aggressivität um das Lebenlassen des anderen. Von Braun (1988) sieht hierin die unterschiedliche Bewertung männlicher und weiblicher Aggression.

Seit den 1980er Jahren rückte zunehmend die Frage der weiblichen Mittäterschaft an der Etablierung des Geschlechterverhältnisses (Thümer-Rohr, 1985) in den Vordergrund. Weiblichkeit und Aggressivität sollten keine Antagonismen bleiben. Eine kleine Seitenbemerkung: Ein autoplastischer Modus der Aggressionswendung bei Frauen ist auch heute noch immer vorherrschend. Sucht, psychosomatische Erkrankung und Depression gelten als die typisch weiblichen inadäquaten Copingstrategien. Den alloplastischen Verarbeitungsmodus weiblicher Aggression gilt es noch zu entwickeln, indem wir Einfluss nehmen und unsere Karriere gestalten. Im autoplastischen Modus der Selbstabwertung wird deutlich, wie Frauen sich selbst schinden und schädigen. Beide Verarbeitungsstrategien zeigen exemplarisch auf, welche Bedeutung der Aggressionsentwicklung bei der Frage der Gesundheit oder Pathologie von Frauen, aber auch bei der Etablierung und Aufrechterhaltung der Geschlechtsrollenstereotypien zukommt.

Empirische Untersuchungen von Björquist, Österman und Kaukiainen (1992) zeigen differenziert die Aggressionsentwicklung von Mädchen und Jungen auf. Während Jungen den Mädchen in der physischen Aggression überlegen sind, sind es die Mädchen ab dem Alter von elf Jahren im Bereich der verbalen Aggression und indirekten Aggressionsäußerung (gemessen am Klatsch). Die Zurückhaltung der Frauen bei direkten Auseinandersetzungen wird einerseits der antizipierten Schwäche und Unterlegenheit zugeschrieben, andererseits ist sie weniger sozial akzeptiert, sodass Frauen das sicherheitsstiftende Areal der indirekten Aggression aufsuchen. Diese gilt als weniger berechenbar, als »unverhofft«, weshalb »weibliche Aggression oft als hinterhältig erlebt wird« (Rohde-Dachser u. Menge-Herrmann, 1995, S. 77). Längsschnittuntersuchungen über zehn Jahre zeigen jedoch eine Zunahme aggressiven Ausdrucks bei adoleszenten Mädchen (Viemerö, 1992) in der Selbst- und Fremdwahrnehmung, die als erste Befreiungsschritte aus dem fortbestehenden weiblichen

Geschlechtsrollenstereotyp gewertet werden können. Frauen berichten aber immer noch mit weniger Stolz und mehr Angst- und Schuldgefühlen (Eagly u. Steffen, 1992) von ihrem Bedürfnis nach Selbstbehauptung. Noch immer sind ihre Phantasien und Überzeugungen zur Fremd- und Selbstgefährdung bei aggressivem Verhalten überwertig. Das Selbstbehauptungsstreben von jungen Mädchen und Frauen wird weniger ermutigt und schlägt nach wie vor rasch in Schuld- und Insuffizienzgefühle um.

Die Bindung an die Mutter

Warum nun sind Frauen soviel bindungsorientierter? Der Unterschied zwischen Mädchen und Buben ist banal, aber wichtig: Wir Frauen kommen als gleiche Geschlechtsgenossinnen wie die Mutter auf die Welt, und damit stellt sich eine andere Ablöseaufgabe, mit ihr einhergehend zwei vorherrschende Affekte: *Scham*, sich zu weit zu entfernen, *Schuld*, sich zu trennen. Die meisten von uns haben Mütter, die zugunsten der Familie auf eine eigene Karriere verzichtet haben. Was bedeutet es nun, sich den Anspruch auf Erfolg und Glück zu nehmen?

Es macht den »Muttermord« erforderlich, sagt die Psychoanalyse dazu. Wir müssen innerlich bereit sein zum symbolischen »Muttermord«, das heißt, wir müssen die inneren Bilder in uns töten und damit bereit werden, Glück und Erfolg zu beanspruchen, auch wenn wir wissen, dass wir damit unseren Müttern ihren Lebensentwurf »um die Ohren hauen«. Zitat einer Kollegin: »Ich wollte keine vergrätzte Professorin werden und bin lieber niedergelassene Ärztin geblieben.« Die Aggression mir (der Professorin) gegenüber vernachlässigen wir an dieser Stelle, die Bemerkung zeigt aber dominante weibliche kognitive Schemata. Viele Frauen lösen das Dilemma, indem sie sich auf eine Seite stellen: Entweder ich bin erfolgreich, dann muss ich dafür den Preis privaten Unglücks zahlen – oder ich bin persönlich glücklich mit Familie, Mann und Kindern, dann darf ich dieses Glück nicht gefährden, ich verzichte und bleibe daheim. Es stellt einen ersten wichtigen Schritt zur Veränderung dar, beides für sich beanspruchen zu dürfen. Dieses Dilemma kennen Männer nicht, sie sehen eher ein Recht auf Zufriedenheit in beiden Bereichen. Da können wir lernen!

Den Ergebnissen einer großen Alkoholismusstudie in Deutschland im Ost-West-Vergleich zufolge stellen heute Karrierefrauen um die vierzig die Hauptrisikogruppe zur Neuerkrankung dar (vgl. Franke u. Winkler, 2001). Hier wird der Loyalitätskonflikt mit dem Preis autoaggressiven Agierens nachts, allein im Hotelzimmer, auf dem Weg von Termin A nach Meeting B bezahlt.

Psychoanalytische Perspektiven und Folgerungen für das Coaching

Wichtiger Ausgangspunkt Freuds zur Frage der Identitätsentwicklung ist der Wechsel vom Mutter- zum Vaterobjekt in der ödipalen Phase. Der Weg zum weiblichen Erfolg lässt sich auch damit erklären, dass viele Frauen in der ursprünglichen Mutterbindung stecken bleiben und keine richtige Wendung zum Mann, der immer noch – wenn auch eher symbolisch – als Repräsentant der Außenwelt, also auch des Berufs, zu sehen ist, stattfindet. Aufgrund der Angst, das mütterliche Objekt zu verlieren, unterbleibt die notwendige Wendung zum Vater (nach außen), und diese Verlustangst erhält sich oft lebenslang. Die Folge davon ist eine größere Mühsal bei dem Erreichen von Individuation und Autonomie. Im Vergleich dazu gewinnen die Jungen nur dazu, wenn sie sich neben Mutter auch noch dem Vater zuwenden. Die Psychoanalyse erklärt damit die Spannung zwischen aktiver männlicher Libido und passiver Feminität. Heute hat selbst die orthodoxe Psychoanalyse begriffen, dass feminine Passivität nicht mehr als genuin weiblich anzusehen ist, sondern die beschriebene Passivität als Folge unglücklicher Trieb- und Beziehungsschicksale zu fassen ist. Weibliches Karrierestreben wird im psychotherapeutischen Diskurs jedoch noch immer schnell pathologisiert, im Dienste des alten Triebschicksals gesehen, nur den anderen gefallen zu wollen.

Es ist ein ebenfalls aus der Wurzel der Gleichgeschlechtlichkeit zwischen Mutter und Tochter stammendes Phänomen: Frauen nehmen Wünsche, Absichten, Willen und Sichtweisen anderer eher wahr als ihre eigenen. In der Berufswelt führt dies dazu, dass weibliche Aktivität in Unternehmen schnell in den Dienst männlicher Ziele gestellt wird (freiwillig und unfreiwillig). Es ließe sich die Literatur, die Frauen als die besseren Führungskräfte belobigt, auch im Lichte einer Sekundär-Stigmatisierung sehen. Eine Gefahr von Frauen in höheren Positionen ist mir in aktuellen Beratungsprozessen gehäuft aufgefallen: Aufgrund dieser höheren Bindungs- und Beziehungsorientierung bieten sich Frauen unbewusst zu projektiven Identifikationen gerade in recht narzisstisch anmutenden Unternehmen an. Was ist eine projektive Identifikation? Zur Illustration ein drastisches Beispiel: Zwei Reisende sitzen sich im Zug gegenüber: Der eine döst, dem anderen wird übel und er speit dem Schlafenden auf den Schoß. Als dieser erwacht und die Bescherung sieht, fragt ihn der andere voller Besorgtheit: »Ist Ihnen wieder gut?«

Narzissmus im Unternehmen wird hier als Kompensationsmechanismus begriffen. Volkan (1994) spricht davon, wie das hungrige, entwertete, abgespaltene Selbst mit dem Gewand der Großartigkeit daher kommt. Die zunehmende Anspannung, der Arbeitsdruck in Zeiten knapper werdender materieller Ressourcen tut ihr Übriges dazu, dass Bedürftigkeit, Unsicherheit und Angst in solchen Organisationen nicht wahrgenommen werden. Sensibilität und Sensitivität von den wenigen Frauen in Führungspositionen solcher Unternehmen nun bilden eine Art Container dieser abgewehrten Empfindungen. Das Abgewehrte, Unbewusste der Organisation, die wirtschaftliche Bedrohung, der gesteigerte Arbeitsdruck und vieles mehr finden sich im Gefühlsleben dieser Frauen wieder. Als projektive Identifikation repräsentiert sich das Abgewehrte der Organisation im Seelenleben der Führungsfrauen als eigene Insuffizienz, in stetigen Selbstzweifeln und Kompetenzzweifeln. Sado-masochistische Kollusionen (Willi, 1976) bilden sich zwischen Frauen im mittleren Management und ihren männlichen Führungskräften, aber auch auf der Peerebene. Hier gilt es im Coaching, zunächst diesen Mechanismus deutlich zu machen, die Affekte zu entindividualisieren und schließlich im Sinne des »zurück an den Absender« zu wenden.

Die Rolle des Vaters

Für die Auflösung der ödipalen Dynamik braucht es eine vollständige reife Triade: Vater, Mutter und Kind, als ganze und voneinander getrennte Objekte, die variable Beziehungen untereinander gestalten und affektiv überwiegend positiv besetzt sind. Gelingt dies gut, so hat die Lösung dieser Entwicklungsaufgabe unmittelbare Auswirkungen auf das Denken. Es kann als Hauptverdienst Bions (1961) angesehen werden, dass er neben der Fundierung erster gruppenanalytischer Ansätze wichtige Beiträge zur Struktur und Entwicklung des Denkens entwickelt hat. Die ödipale Phase ist für ihn nicht nur von großer Bedeutung für die Entwicklung der Geschlechtsidentität der Kinder; sondern die adäquate Verarbeitung der »ödipalen Niederlage«, nämlich die Akzeptanz des Ausgeschlossenseins aus der Intimität des elterlichen Paares, ermöglicht den Kindern das triadische Denken. Neben der Entwicklungsaufgabe, sich aus der dyadischen Beziehung zur Mutter zu lösen, was den Verzicht auf Allmachtsfantasien und weitgreifende Ansprüche zur Folge hat und zunächst Neid und Schmerz auslöst, ermöglicht die Akzeptanz der Entität des elterlichen Paares auch die Rotation der Triade (Buchholz, 1990).

Die wechselnde Identifikation mit Vater und Mutter, das Erlebnis, dann wieder außerhalb zu stehen, macht den Weg frei, verschiedene Perspektiven einzunehmen und die unterschiedlichen Paarkonstellationen und variierenden Bezüge wahrzunehmen. Über die äußerlich bleibende Welt der Eltern denkt das Kind nach, es kann die »dritte Position« einnehmen, es kann beobachten und beginnt zu symbolisieren. Es kann Zusammenhänge herstellen, Verbindungen aktiv suchen, Neugierverhalten entwickeln, kurz, nach Wissen suchen. »Die Anerkennung der elterlichen Basis ist einerseits schmerzlich, andererseits stellt sie aber die Basis für Reflexion und Beobachtung dar« (Diem-Wille, 1996, S. 91).

Diese Qualitäten gelten – wie unschwer zu erkennen ist – als unabdingbare Voraussetzungen, um eine gute Führungskraft zu werden oder zu sein. Das Kind denkt nach, und es wird über es nachgedacht, damit ist erstmalig eine Distanzierungsmöglichkeit geschaffen, die Voraussetzung zur Selbstreflexion ist. Als Voraussetzung gelungener Ödipalität kann die sichere Gebundenheit des Kindes gelten. Mädchen brauchen zum ödipalen Objektwechsel eine repräsentierte Vaterbeziehung, die auch in der Mutter vorhanden sein kann. Es geht nicht nur um Präsenz, Bezogenheit, Aufmerksamkeit und Einfühlung des realen Vaters. Die Säuglingsforschung (Dornes, 2001) zeigt, dass ab der dritten Lebenswoche die Aufmerksamkeit des Babys auf mehr als die Mutter gerichtet ist. Geschwister, Übergangsobjekte, Vater etc. gewinnen an Bedeutung. Wenn Beziehungen triadisch angelegt sind, entsteht hier ein wesentliches Entwicklungsmovens: Eine Dyade mit Öffnung, denn es gibt nur pathologisch geschlossene Systeme.

Die neue Entwicklungspsychologie zeigt uns: Babys profitieren von mehreren Beziehungen gleichzeitig (vgl. Honneth, 2000, zur Entstehung postmoderner Identität). Not entsteht, wenn die Leerstelle Vater durch das Eingesponnensein mit der Mutter gefüllt werden muss. Es braucht handelnde und reagierende Väter, um zur »Strahlkraft« einer Objektrepräsentanz zu gelangen. Sonst stellt sich für das Mädchen die Frage: »Warum sollte ein nicht sinnliches Objekt überhaupt locken, ein anderes vielleicht sinnliches wie die Mutter aufzugeben?« Die eigene positive affektive Bindung der Mutter an den Vater fördert die Ausprägung einer Vaterrepräsentanz. Ein Vater, der allein nach außen stark ist, führt trotzdem zu schwacher Interaktionserfahrung. Dann wird das innere Dreieck mutterlastig. Die Mutter selbst muss etwas wollen und den Vater und hoffentlich noch anderes begehren und finden. Es braucht eine wollende Mutter, um wollende Kinder zu erziehen. Nur dann können Wünsche an die eigene Entwicklung lebendig und differenziert erlebt werden. Wenig präsente Väter lassen die Mutter nur auf das Baby bezogen erscheinen. Aktiv wünschende Mütter sind eine große Hilfe bei der Ablösung der Mädchen in der Adoleszenz. Nicht der Vater oder spätere Partner müssen dann Retter aus der ambivalenten und verstrickten Tochter-Mutter-Dyade sein. Mütter müssen ihre eigene Welt haben. Sonst findet eine ungute Identifikation mit der Mutter statt, die oft eine masochistische Färbung annimmt. Da der Status der Frauen immer noch als ein machtloser, entwerteter gelten kann (vgl. Benjamin, 1988), bedeutet die Identifikation mit der entmachteten Mutter, sich nie als vollwertig oder gleichwertig zu empfinden. An dieser Stelle schlägt sich die objektive Unterdrückung der Frau als subjektives Gefühl der eigenen Minderwertigkeit nieder (vgl. Hagemann-White, 1978).

Margarete Mitscherlich (1978) fragt, wie es Müttern aufgrund eigener entwertender Einstellung dem Frausein gegenüber eigentlich gelingen soll, die Idealisierungsbedürfnisse des kleinen Mädchens zu befriedigen. Mädchen werden aufgrund der Gleichgeschlechtlichkeit von Mutter und Tochter nicht in der Weise narzisstisch bestätigt wie Jungen und werden aufgrund der oft negativen mütterlichen Einstellung zur eigenen Weiblichkeit nur ambivalent geliebt. Das infantile Omnipotenzgefühl wird beim Jungen weitaus mehr gefördert und stößt im Laufe der Entwicklung weniger auf Widerstände (Rohde-Dachser, 1987). Deshalb finden sich bei Frauen zahllose Versuche, durch Überanpassung, Leistung und Attraktivität die subjektiv empfundene Schwäche zu kompensieren. Das Aufgehen im Anderen, das empathische Mitfühlen bis zur Übernahme fremder Gefühle, die Wahl eines Partners als idealisiertes Ersatzselbst, die passive Form der Aggressivität in Form der Verweigerung, des Trotzes und der inneren Abwertung (vgl. Wardetzki, 1991) sind die Folge. Wenn der Versuch, sich selbst narzisstisch zu bestätigen, scheitert, bleibt die Abhängigkeit von der Anerkennung von außen (z. B. durch den Mann) erhalten. Dadurch bleiben Frauen deutlich kränkbarer und sind schneller enttäuscht, wenn diese Zuwendung ausbleibt. Coaching heißt für mich, auch als Beraterin/Berater für die zahllosen vaterdeprivierten Töchter die Vaterposition einzunehmen, die fehlende Triangulierung nachzuholen und die berufliche Welt des Erfolgs als etwas Lustvolles zu besetzen, ebenso wie auch Modellfunktion zu übernehmen.

Im Coaching und noch mehr in der Psychotherapie finden wir ein weiteres weibliches Dilemma vor: Oft ist es schwer, den Kinderwunsch lustvoll zu besetzen und sich zugleich anderen Lebenszielen zu widmen. Die Frage der sozialen Konsolidierung der Geschlechtsrollenidentität ist oft von dem Konflikt gezeichnet, einen zugunsten der beruflichen Entwicklung nicht eingelösten Kinderwunsch zu haben oder zugunsten der Kinder auf berufliches Fortkommen zu verzichten. Diese Konstellation kann als wichtiger Krisenauslöser für die Frau »um die Vierzig« gelten (vgl. Gerisch, 1998). Die Familienministerin der Bundesrepublik Deutschland schlug vor kurzem noch Alarm: In Deutschland haben 40 % der Akademikerinnen keine Kinder. Diese Zahlen haben unmittelbare Auswirkung auf eine Nation in Zeiten der Entwicklung hin zur Wissensgesellschaft, wenn vorwiegend weniger gut ausgebildete Frauen Kinder bekommen.

Zur Phänomenologie der Scham

Scham ist ein heftiger, oftmals in seiner Massivität als überwältigend erlebter Affekt. Beschämung erzeugt gleichsam den Wunsch, »im Erdboden zu versinken«. Der oder die sich Schämende will nicht mehr sehen und vor allem nicht mehr gesehen werden. Im Boden versinken zu wollen, hat im Wesentlichen die Funktion, den Blicken der Anderen ausweichen zu können. Der Affekt erzeugt den Wunsch, zu verschwinden, sich zu verbergen. Etwas Peinliches ist gesehen worden, man fühlt sich ertappt, erwischt. Der phantasierte oder reale Blick der Anderen aktiviert den eigenen inneren Blick.

»Scham führt zu einer gewissen Verunsicherung über das aktuelle Identitätskonzept« (Hilgers, 1996, S. 16). Frauen kommen in beruflichen Kontexten häufig in Berührung mit ihrer Kompetenzscham: Wie schätze ich meine Kompetenz im Vergleich zu anderen ein? Sie vergessen, was sie der jeweiligen Institution zu geben hätten, geraten erneut in Selbstzweifel und in eine überwunden geglaubte Neigung, andere Personen zu idealisieren. Diese Scham wiederum führt zu Exhibitionshemmung, einer Schwierigkeit, sich zu zeigen und Freude daran zu entwickeln. Die eigene Körperlichkeit wird beispielsweise bei einer Präsentation sichtbar und eventuell auch Selbstanteile, die ich lieber verhüllt gehalten hätte. Antizipierend könnte sich eine Diskrepanz zwischen meinem Selbst und meinem Ideal über mich zeigen. Diese ist zwar zumeist ein Fantasieprodukt, aber sie hat immens blockierende Wirkung. Exhibitionshemmung heißt auch, sich nicht ins Gespräch zu bringen: »Das ist ja peinlich.« Viele Frauen meinen, sie könnten sich auf einer soliden Fachlichkeit ausruhen und leugnen, dass diese auch verkauft und sichtbar gemacht werden muss. Wir wollen am liebsten nichts dafür tun, dass unsere Verdienste sichtbar werden; wenn sie aber unsichtbar bleiben, sind wir gekränkt und lamentieren.

Akquisegespräche von Beraterinnen finden immer in einer größeren oder auch kleineren Öffentlichkeit statt. Es kann viel von mir deutlich werden durch mein Erscheinen bei einem Träger, einem Leiter der Personalentwicklung, dem Leiter der Fort- und Weiterbildung etc., nämlich dass ich etwas will, den Auftrag. Allein dieses nonverbal kommunizierte Faktum reicht vielen Frauen schon, vor Akquisegesprächen zurückzuschrecken: »Niemand soll merken, dass ich etwas nötig habe oder gar etwas brauche.«

Schulz-Hencke (1940) beschreibt in seiner Charakterologie den Bereich der Hemmung des oral-kaptativen Antriebserlebens. Er skizziert damit das Besitzstreben, das Haben-Wollen im globalen Sinne. Er umschließt sowohl materielle als auch geistige Wissbegierde, wie beispielsweise den Lesehunger. Zugreifen zu können, den Markt zu penetrieren, da stellen wir Frauen unsere Kompetenz noch immer in den Schatten. Um dies zu ändern, braucht es meines Erachtens:

1. Eine Grundsatzentscheidung: »Will ich mich am Erfolgsgeschäft beteiligen oder nicht?« Wenn nicht, stellt dies eine respektable Entscheidung dar, die aber zur Konsequenz hat, nicht ständig beleidigt sein zu dürfen, weil »frau nicht mitspielen darf«.
2. Eine Rollenerfindung: Wenn weder die Tochterrolle noch die der sorgenden Mutter trägt, um erfolgreich zu sein, stellt sich die Herausforderung: »Welche Rolle will ich spielen?« Hier stoßen wir auf ein großes Defizit an guten, tragenden und reizvollen Vorbildern.

Eine Möglichkeit, sich diesen Fragen zu stellen, ist das Einzel- und Gruppencoaching. Allein oder in einer Gruppe von Mitstreiterinnen können wir lernen, innere Erfolgsverhinderer zu bewältigen. Durch Imaginationsübungen und Probehandeln, durch Rückerinnerung und Vorwärtswendung finden sich Antworten auf die Fragen: Woher kommen die Affekte von Angst, Scham, Neid und Kränkung? Und was für ein Kraut mag dagegen gewachsen sein?

Literatur

Becker, S., Stillke, C. (1987). Von der Bosheit der Frau. In K. Brede (Hrsg.), Befreiung zum Widerstand (S. 13–23). Frankfurt a. M.: Fischer.
Benjamin, J. (1990). Die Fesseln der Liebe. Psychoanalyse, Feminismus und das Problem der Macht. Basel: Stroemfeld/Roter Stern.
Bion, W. R. (1961). Erfahrungen in Gruppen und andere Schriften. Stuttgart: Fischer.
Björquist, K., Österman, K., Kaukiainen, A. (1992). The developement of direct and indirect aggressive strategies in males and females. In K. Björkqvist, P. Niemela (Eds.), Of mice and woman (S. 51–64). San Diego: Academic Press.

Braun, C. von (1988). Nicht Ich. Logik Lüge Libido. Frankfurt a. M.: Neue Kritik.

Buchholz, M. B. (1990). Die Rotation der Triade. Forum der Psychoanalyse, 6, 116–134.

Christlieb, M. (1995). Damenringkämpfe im Behandlungszimmer. In Hamburger Arbeitskreis für Psychoanalyse und Feminismus (Hrsg.), Evas Biss: weibliche Aggressivität und ihre Wirklichkeiten (S. 129–172). Freiburg i. Br.: Kore.

Diem-Wille, G. (1996). Karrierefrauen und Karrieremänner. Opladen: Westdeutscher Verlag.

Dornes, M. (2001). Die emotionale Welt des Kindes. Frankfurt a. M.: Fischer.

Dorsch, F. (1994). Psychologisches Wörterbuch. Bern u. a.: Huber.

Eagly, A. H., Steffen, V. J. (1992). Gender and aggressive behavior: a meta-analytic review of social psychological literature. In C. N. Jacklin (Ed.), The psychology of gender. Vol. III (S. 280–301). Vermont: Bookfield.

Edding, C. (2001). Einflussreicher werden. Ein Bericht aus der Coaching-Werkstatt. OSC, 8 (2), 121–134.

Franke, A., Winkler, K. (2001). Störungen im Zusammenhang mit psychotropen Substanzen. In A. Franke, A. Kämmerer (Hrsg.), Klinische Psychologie der Frau. Ein Lehrbuch (S. 91–139). Göttingen: Hogrefe.

Gambaroff, M. (1995). Psychoanalytische Überlegungen zu einem verschlossenen Bereich weiblicher Macht. Frauen und Destruktivität. In Hamburger Arbeitskreis für Psychoanalyse und Feminismus (Hrsg.), Evas Biss: weibliche Aggressivität und ihre Wirklichkeiten (S. 111–128). Freiburg i.Br.: Kore.

Gerisch, B. (1998). Suizidalität bei Frauen. Mythos und Realität – eine kritische Analyse. Tübingen: edition discord.

Goethe, J. W. (1967). Die Leiden des jungen W. Goethes Werk BD. III. Berlin: Deutsche Buchgemeinschaft.

Hamburger Arbeitskreis für Psychoanalyse und Feminismus (1995). Evas Biss: weibliche Aggressivität und ihre Wirklichkeiten. Freiburg i. Br.: Kore.

Hagemann-White, C. (1978). Die Kontroverse um die Psychoanalyse in der Frauenbewegung. Psyche – Z. Psychoanal., 32, 732–763.

Hilgers, M. (1996). Scham – Gesichter eines Affekts. Göttingen: Vandenhoeck & Ruprecht.

Honneth, A. (2000). Objektbeziehungstheorie und postmoderne Identität. Über das vermeintliche Veralten der Psychoanalyse. Psyche – Z. Psychoanal., 54, 1087–1109.

Kutter, P. (1994). Liebe, Hass, Neid, Eifersucht. Eine Psychoanalyse der Leidenschaften. Göttingen: Vandenhoeck & Ruprecht.

Mitscherlich, M. (1985). Die friedfertige Frau. Frankfurt a. M.: Fischer.

Rohde-Dachser, C. (1987). Die Ausformung der ödipalen Dreieckskonstellation bei narzisstischen und Borderline-Störungen. Psyche – Z. Psychoanal., 9, 773–799.

Rohde-Dachser, C., Menge-Herrmann, K. (1995). Weibliche Aggression aus psychoanalytischer Sicht. In Hamburger Arbeitskreis für Psychoanalyse und Feminismus (Hrsg.), Evas Biss: weibliche Aggressivität und ihre Wirklichkeiten (S. 73–96). Freiburg i.Br.: Kore.

Schulz-Hencke, H. (1940). Der gehemmte Mensch. Leipzig: Thieme.

Thümer-Rohr, C. (1985). Hassverbot für Frauen. Friedfertigkeit als therapeutische Aktion. Psychologie heute, 9, 64–67.

Volkan, V. D., Ast, G. (1994). Spektrum des Narzissmus. Göttingen: Vandenhoeck & Ruprecht.

Viemerö, V. (1992). Changes in pattern of aggressiveness among finish girls over an decade. In K. Björkqvist, P. Niemela (Eds.), Of mice and woman (S. 99–106). San Diego: Academic Press.

Wardetzki, B. (1991). Weiblicher Narzissmus. Der Hunger nach Anerkennung. München: Kösel.

Willi, J. (1976). Die Zweierbeziehung. Reinbek: Rowohlt.

Erstabdruck:

Möller, H. (2005). Stolpersteine weiblicher Karrieren. Organisationsberatung, Supervision, Coaching, 3, 333–343.

Heidi Möller

Wege aus der Selbstständigkeit

Das Statistische Bundesamt meldete für das Jahr 2008 insgesamt 29.291 Insolvenzen von Unternehmen (einschließlich Kleingewerbe). Im Vergleich zum Schlussquartal 2008 gab es im Mai 2009 in Deutschland mehr als 900.000 Beschäftigte weniger, viele der Freisetzungen stehen im Zusammenhang mit den Insolvenzen und die Prognose für 2010 ist steigend. Auf der anderen Seite wird bei weiter ansteigenden Arbeitslosenzahlen und damit knapper werdender Ressourcen in den Sozialkassen massiv Wert auf Existenzgründung gelegt. »Sich-selbstständig-Machen« gilt als wirksamer Ausweg für das Dilemma. Die Regierung, die Banken, die Industrie- und Handelskammern, die Universitäten etc., alle legen diesen Lösungsweg nahe, verlocken zum Teil mit erheblichen Förderungen und Unterstützungen. Für von Arbeitslosigkeit Betroffene und Menschen, die keine Möglichkeit der Erwerbsarbeit als Arbeitnehmer sehen, ist die Selbstständigkeit auch ein Ausweg aus der narzisstischen Kränkung. Selbstständig zu sein, sich selbstständig zu machen, ist gesellschaftlich recht gut konnotiert. Ganz gegenteilig ist das Image der gescheiterten Unternehmer, die gesellschaftlich eher gemieden werden. Die Initiativen, die auf Selbstständigkeit drängen, haben allerdings auch eine Schattenseite: Es wird nur jeder zweite Betrieb älter als fünf Jahre. Die Förderung von Firmengründungen hat nur geringe Arbeitsmarkteffekte: »Je mehr Unternehmen gegründet werden, desto größer die Konkurrenz und desto weniger von ihnen überleben« (Grotz, 2003). Denn wer soll bei schwindenden materiellen Ressourcen die Vielzahl neuer Produkte und Dienstleistungen in Anspruch nehmen?

Fallbeispiel aus meiner Beratungspraxis

In den 1990er Jahren wurde vom Senat in Berlin viel Geld investiert, um Langzeitarbeitslosen eine berufliche Reintegration zu ermöglichen. In Folge dessen gründeten sich zahlreiche Beschäftigungsfirmen. Die Lohnkosten wurden von der öffentlichen Hand zunächst in der vollen Höhe übernommen. Nach drei Jahren – so war das Ziel – sollten die Betriebe sich selbst tragen. Der Firmengründer, eine richtige Erfinderpersönlichkeit mit äußerst kreativen Ideen, warf sich voller Engagement in das Risiko der Selbstständigkeit, konstruierte Siebmaschinen für Baubetriebe und die Garten- und Landschaftspflege. Es gelang ihm, diese in ganz Europa zu vertreiben. Dabei fehlte ihm sicher betriebswirtschaftliches Know-how, so standen die Kosten für die Arbeitskräfte in keinerlei sinnvollem Verhältnis zur Preiskalkulation. Die großzügige öffentliche Unterstützung verstärkte sicherlich die Euphorie des Beginns. Die Unmöglichkeit des Auftrags, mit Mitte 50-jährigen, zum Teil suchterkrankten Mitarbeitern in drei Jahren in die Unabhängigkeit zu kommen, zeigt sich daran, dass heute keine der damals gegründeten Beschäftigungsfirmen mehr existiert. Die risikofreudigen Gründer stehen zum Teil mit horrenden Schuldenbergen da und hoffen auf das neue Insolvenzgesetz für Privatpersonen, das sie in sieben Jahren wieder schuldenfrei werden lässt – sollten sie sich wohl verhalten und im Rahmen ihrer Möglichkeiten die Verpflichtungen tilgen. Die Industrie- und Handelskammer zeigte sich sehr unterstützend, richtete einen runden Tisch ein, beauftragte externe Unternehmensberater, um die wirtschaftliche Situation und die weiteren Marktchancen durchzurechnen. Das deutliche Wort, es hat keinen Sinn, musste von außen kommen – in diesem Fall von mir. Jungen Existenzgründern ist es fast unmöglich, ihr Scheitern vor sich selbst einzugestehen. Ohne die persönlichen Fehler des Firmeneigners zu leugnen, scheint es mir dennoch überdenkenswert, ob initiative Menschen mit zunächst verlockend erscheinenden Förderungsangeboten nicht auch systematisch »verheizt« und dann allein gelassen werden, wenn sie geholfen haben, die Arbeitslosenstatistik ein wenig günstiger aussehen zu lassen.

Geburt und Tod von Unternehmen

Diese immer schneller werdenden Wandlungsprozesse des Gebärens und Sterbens von Neugründungen stellen auch ein Beratungssegment für uns Berater dar. Firmengründer und ihre Angestellte sind häufig einer großen Einsamkeit ausgesetzt, so dass sie Unterstützung von außen brauchen, die zum Teil auch durch das Land, die jeweilige Industrie- und Handelskammer oder die Kreditanstalt für Wiederaufbau (KfW) finanziell getragen werden kann. Zunehmend mehr wird die Kompetenz von Beratern gefragt, die »Sterbeprozesse« explizit zu begleiten. Als Berater sind wir zumeist an Entwicklung und Progression der Organisationen, in denen wir tätig sind, orientiert. Der Abschied, das Ende von Projekten, Unternehmen und Institutionen, ihr Scheitern, die damit verbundenen Abschiede, das Sterben von Systemen bzw. Subsystemen sind noch immer tabuisiert. In diesem Aufsatz soll der Frage nachgegangen werden, wie Berater diese Prozesse konstruktiv begleiten können. Welche emotionale Arbeit ist vonnöten? Welches Aufgabenprofil ergibt sich für zum Beispiel Supervisoren in der Beratung vom Sterben bedrohter Organisationen? Was sind unsere ethischen Implikationen? Der gezielte Einsatz von Beratern in der »Sterbebegleitung« von Organisationen hat individuell psychohygienische Funktion für den einzelnen Mitarbeiter. Es geht um das Durcharbeiten von Trauer, Wut, Ohnmacht, Empörung, Überlebensschuld etc. Daneben finden wir interaktionelle und gruppendynamische Spezifika: Wer geht? Wer bleibt? Wie kann verhindert werden, dass die Krise destruktiv gegeneinander gerichtet wird? Gelungene Trennungsarbeit kann Vorbildfunktion auf der systemischen Ebene haben und Supervisoren verfügen über die größte Expertise für diese Arbeit.

Gesellschaftspolitische Schlaglichter

Sennett (1998) zeigt in »Der flexible Mensch« Folgendes auf: Die postmoderne Arbeitswelt verlangt von Menschen schnelle Veränderungen und zunehmend das Eingehen von persönlichen und ökonomischen Risiken. Die berufliche Welt wird zunehmend dominiert von kurzfristigen Arbeitsverhältnissen (analog: das Privatleben wird von Lebensabschnittsbegleitern geteilt). Statt der geraden Linie einer Berufslaufbahn, einer Bindungs- und Familiengeschichte, überwiegen heute Fragmente. Diese postmodernen, modernen oder nachmodernen Lebensformen (je nach Autor) bieten auf der einen Seite mehr Freiheit. Auf der anderen Seite werden Werte wie Treue, gegenseitige Verpflichtung, das Verfolgen langfristiger Ziele und der Aufschub von Befriedigung zugunsten zukünftiger Zwecke schwierig. Immer wieder und zunehmend mehr wird von Organisationsmitgliedern Trauerarbeit abverlangt, Abschied und Neubeginn sind zum integralen Bestandteil von beruflichen Laufbahnen geworden.

Das zunehmende Zerbrechen von Institutionen führt dazu, dass sich manche Menschen nicht mehr als Autoren ihres Lebens verstehen. Es gibt kaum noch Langfristiges, so trägt beispielsweise eine Berufsausbildung nicht mehr das ganze Leben. Junge Amerikaner wechseln im Laufe ihres Lebens durchschnittlich elfmal die Stelle und tauschen ihre Kenntnisbasis dreimal komplett aus. Es gibt bald mehr Projekte als Stellen. Die Anzahl der Dauerarbeitsplätze ist in Deutschland in den letzten zehn Jahren zurückgegangen. Die Linearität des Berufslebens ist dahin. Der Beruf ist nicht mehr der Fels in der Brandung. Abzulesen ist diese Veränderung an der Frage junger Menschen: »Was soll ich machen?«, während sie zuvor fragten: »Was soll ich werden?« Wie können unter diesen Bedingungen bedeutsame Werte wie Vertrauen, Loyalität und gegenseitige Verpflichtung aufrechterhalten werden, da soziale Bindungen Zeit brauchen, um sich zu entwickeln und sich wieder aufzulösen. Es geht heute viel um Übergangskompetenzen: Beruf, Partner, Wohnort und Qualifikation sind keine festen Eckpfeiler mehr. Übergänge, Brüche und Zäsuren sind das Übliche. Es braucht viel Selbstdisziplin, um das innere und äußere Chaos zu bändigen. Salman Rushdie skizziert in dem Zusammenhang das moderne Ich als ein

»schwankendes Bauwerk, das wir aus Fetzen, Dogmen, Kindheitsverletzungen, Zeitungsartikeln, Zufallsbemerkungen, alten Filmen, kleinen Siegen, Menschen, die wir hassen und Menschen, die wir lieben, zusammensetzen. Die Lebenserzählung ist eine Collage, eine Sammlung von Zufälligem und Beliebigen, aus Vorgefundenen und Improvisiertem« (zit. nach Sennet, 1998, S. 35).

Es herrschen demnach Diskontinuitäten vor. Die Psyche befindet sich im Zustand endlosen Werdens – ein Selbst, das nie vollendet wird. Es existiert keine zusammenhängende Lebensgeschichte mehr, die das Ganze erleuchtet und klärt. Wir haben es mit einem »nachgiebigen Ich« zu tun, das mit kurzfristigen Arbeitserfahrungen, flexiblen Institutionen und ständigen Risiken kompatibel ist. Autonomie ist gefragt wie nie zuvor, auch der Arbeitnehmer regiert sich selbst. Arbeitnehmer verstehen sich als Unternehmer ihrer eigenen Arbeitskraft (vgl. Voß u. Pongratz, 1998). Wie können Mitglieder von Organisationen trotz immensen Wandels ihrem Handeln und ihren Erfahrungen Bedeutung verleihen und ihre Identität konstruieren? Supervision kann helfen, Erinnerungen, Erfahrungen, Absichten, Suchbewegungen, Ängste und Hoffnungen zu ventilieren.

Der Wandel des Aufgabenprofils von Beratern

Nach de Geus (1988) beträgt die durchschnittliche Lebenserwartung aller in Japan und Europa untersuchten Firmen 12,5 Jahre. Daran zeigt sich, dass die Arbeit in sterbenden Organisationen ein hochaktuelles Thema für Berater ist und sich aus dieser Problemlage ein wachsender Markt ergibt. Dieser ist jedoch in Beraterkreisen nicht allzu beliebt, viel lieber sind wir an Systembildung als an Systemverfall beteiligt. Da die beraterische Beteiligung am Aufbau von Systemen sicherlich viel mehr narzisstische Gratifikation verspricht, erleben wir häufig blinde Flecken bei Beratern, die unter Umständen ebenso irrtümlich wie die Systemmitglieder selbst an der Strategie: »Erhalt um jeden Preis« festhalten. Stabile Organisationen binden Angst, Geschehnisse sind berechenbar und ich weiß, was ich zu erwarten habe. Deshalb wirkt die Arbeit am Systemerhalt häufig wie ein Selbsterhaltungstrieb (vgl. Rappe-Giesecke, 2000a). Immer mehr Energie wird in die Sicherung der Finanzierung gesteckt, in den Erhalt der Arbeitsplätze investiert, ohne die grundsätzliche Frage der Sinnhaftigkeit diesen Tuns zu stellen. Gelingt dies dann nicht mehr, so ist es oft schon zu spät, innovative, eventuell das System erhaltende Strategien zu ergreifen. Da oben beschriebene Prozesse oft stark emotionalisiert sind, ist es oft nur dem externen Berater möglich, diese unangenehmen Fragen zu stellen. Bei der Suche nach Optimierungsmöglichkeiten ist es die Aufgabe zum Beispiel von Supervisoren, die zwischenmenschliche Ebene dieser bedrohlichen Prozesse zu bearbeiten und destruktive interaktive Prozesse einzudämmen. Sie können dafür sorgen, dass die Kommunikation nicht abbricht und dass eventuell Maßnahmen der Organisationsentwicklung mit dem Ziel grundlegender Neuerung in Angriff genommen werden.

Auch Berater und Beraterinnen entwickeln Veränderungswiderstand, auch ihnen stellt sich die Frage: Stecke ich meine beraterische Energie in die Reparatur eines maroden Systems oder begleite ich den Verfall, der ja auch meinen Kontrakt ändert oder sogar obsolet macht? Vielleicht mag der Leser oder die Leserin sich an dieser Stelle eigene Trennungserfahrungen im Arbeitsbereich vor das innere Auge holen. Es wird vermutlich schnell deutlich, wie schwer der Abschied oft fällt, wie wesentlich auch die Frage der Freiwilligkeit des Ausscheidens ist. Für die Begleitung sterbender Organisationen ist die persönliche Sensibilisierung für das Thema Abschied ebenso vonnöten wie die Systematisierung von Trennungserfahrungen im Kleinen: Stellenabbau, Arbeit in Arbeitsbeschaffungsmaßnahme-Projekten, die immer nur auf Zeit angelegt sind. Der Leser mag sich gelungene Sterbeprozesse anschauen (Welche Bedingungen haben dies möglich gemacht?) und misslungene Prozesse analysieren (Was ist schiefgelaufen?). Wie habe ich eigene Abschiede aus Institutionen erlebt? Was war förderlich? Was hinderlich? Was hätte zu welchem Zeitpunkt anders laufen können, wenn ein externer Berater/eine externe Beraterin hinzugezogen worden wäre? Wie fasse ich selbst die Kontraktierung auf: Ist die individuelle Karriereplanung über den Sterbeprozess des gesamten Teams hinaus Aufgabe externer Berater? Sieht meine Arbeit eher einer Outplacement-Beratung ähnlich? Welche affektive Grundstimmung beschleicht mich und vor allem wie sieht meine persönliche Ethik zur Frage der Begleitung sterbender Organisationen aus?

Emotionale Prozesse

Die Belastung, die auf den Berater, der sich einer solchen Aufgabe stellt, zukommt, lässt sich wie folgt skizzieren:

- In Krisen von Organisationen flackert oft ein Kampf der Geschlechter wieder auf, den wir als aufgeklärte Menschen gern als bewältigt betrachten würden. Geschlechterneid auf beiden Seiten beginnt erneut zu toben. Die fantasierten und/oder realen besseren Chancen der Männer in der Arbeitswelt werden von den Frauen unter Umständen ebenso beklagt, wie von den Männern ihre »Benachteiligung« im öffentlichen Dienst durch Frauenquote und Frauenförderungsgesetz. An Gebärneid erinnern manche Vorwurfsstrukturen, die bei den Frauen den Rückzug in das Private, zu Kindern und gut verdienendem Ehemann wähnen und diese Möglichkeit missgönnen.
- Es entsteht oft Wut über die nun abverlangten Veränderungen. Wut entsteht auch als Antwort auf die Kränkung, die die Konfrontation mit dem Realitätsprinzip oftmals bedeutet. Gefühle von Zurücksetzung und Ohnmacht verschaffen sich durch Zorn und mitunter Hass Ausdruck. Im Prozess des Sich-Auflehnens oder Klammerns wird die Lösung gesucht. Versuche, den Konflikt zu verschieben, sind an der Tagesordnung, und zeigen sich in verstrittenen Teams, die ihre aggressive Trauerenergie gegeneinander richten und diese damit nicht produktiv wenden können.
- Neben Trauerreaktionen finden sich paranoid-schizoide Atmosphären in Teams, die sich auflösen müssen. Nicht selten sind wahnhafte Verarbeitungsmodi zu finden, die sich in Verarmungsideen und übersteigert wahrgenommener existentieller Bedrohung äußern. Manchmal herrscht Realitätsverleugnung, Erstarren und Vermeidung der Auseinandersetzung mit der sich wandelnden Systemumwelt vor. Auf der anderen Seite finden wir auch Phänomene, die sich als »Flucht in den Aktivismus« beschreiben lassen, die Krise wird beispielsweise durch schnellen Leitungswechsel zu bewältigen versucht.

Psychodynamische Hintergründe der Selbstständigkeit

Der Beratung der Gründerfiguren neuer Unternehmen kommt dabei besondere Bedeutung zu. Wir haben es häufig mit sehr energiegeladenen, risikofreudigen Menschen zu tun, die mit viel Durchsetzungsvermögen und einer starken visionären Vorstellungskraft ausgestattet sind. Ihnen fällt es besonders schwer, das Scheitern ihres Projektes realitätsadäquat wahrzunehmen. Anzuerkennen, dass sich ihre Unternehmensideen in einer Krise befinden oder gar dem Scheitern überantwortet sind, ist auch deshalb so schwer, da die Entscheidung, sich selbstständig zu machen, psychodynamisch auch den Hintergrund hat, sich selbst zurückzunehmen und nicht bescheiden in eine bestehende Organisation zu integrieren. Selbstständig werden heißt immer auch, seine phallisch-narzisstischen Persönlichkeitsanteile ausleben zu wollen. Somit meint das Scheitern dieses Unterfangens auch die Konfrontation damit, erneut Teil eines Ganzen werden zu müssen, sich nach Möglichkeiten der Beschäftigung unter anderer Leitung umzusehen. Die Möglichkeit, selbst zu gestalten und zu kontrollieren, entfällt. Psychodynamisch lässt sich zudem häufig ein Persönlichkeitsprofil eines Unternehmensgründers finden, das auch von negativer Vaterübertragung dominiert ist. Nicht gelöste Autoritätskonflikte motivieren oft die Selbstständigkeit und dieser Konflikt flackert wieder auf, die negativen Erfahrungen mit Autoritäten, denen man mit einer grundsätzlichen Skepsis begegnet, tritt erneut in den Vordergrund, wenn das Scheitern des Eigenen droht. Die Konfrontation mit dieser ödipalen Konfliktkonstellation wird so sehr gefürchtet, dass die Abwehrmechanismen der Verleugnung (sich die dramatisch zuspitzende finanzielle Situation nicht vor Augen führen zu können) und der Bagatellisierung greifen. Die Problemlage wird nur allzu oft verschoben: Die »bösen Banken« geben kein weiteres Geld, die Freunde sind geizig und springen nicht ein. An dieser Stelle mag einleuchten, dass der Etablierung einer tragfähigen Berater-Klienten-Beziehung besondere Obacht zukommt. Der narzisstische Modus der Lebensgestaltung steht der Hilfesuche, der Akzeptanz von Unterstützung von außen, nur allzu oft entgegen.

Der Führungsstil mancher junger Unternehmer lässt sich nach Kets de Vries (1996) als »Führung durch Verführung« skizzieren. Dieser Verführungskraft sind wir auch als Berater ausgesetzt. Die Gefahr, gemeinsam in Verdrängung der prekären Situation zu gehen, ist somit groß. Aber gerade deshalb müssen wir Berater es sein, die gegen das Motto »Es gibt kein Zurück« anarbeiten. Es ist den Lebensgefährten der Firmeneigner nicht zuzumuten und zuzutrauen, an dieser Stelle mit der »Wahrheit« zu konfrontieren. Diese sind bei Selbstständigen oft genug genauso hoch identifiziert mit der Gründungsidee, sie haben oft auch eigenes Geld in nicht unbeträchtlicher Höhe als finanzielle Einlage in die Firma gesteckt, so dass sie den gleichen Abwehrmechanismen unterliegen wie die Gründer selbst.

Leitideen zur Prozessbegleitung

Zentral scheint die Unterscheidung zwischen expliziten beraterischen Trennungsaufträgen und dem Sterben im Laufe eines Beratungsauftrages. Erstere sind viel einfacher planbar und damit weniger irritierend. Der Berater hat die Chance, sich für oder gegen einen solchen Kontrakt zu entscheiden.

Grundsätzlich gilt, dass in sterbenden Institutionen die individuellen Resonanzen zu den Themen Abschied, Trennung, Tod evoziert werden und damit beraterisch bearbeitbar sind. Die Unternehmer und ihre Mitarbeiter brauchen häufig zunächst *Hilfe beim Gewahrwerden der Krise.* Dem Berater kommt die Aufgabe zu, die oft recht affektiv aufgeladenen Gruppenprozesse zu »entschleunigen«. Es gilt, mit maximalem Respekt zuzuhören und ein Containment bereitzustellen (Lazar, 1994). Die Haltung des Beraters gleicht einem Erkunden des Ist-Zustandes, er sollte so wenig Plädoyers wie möglich zulassen. In der Krisenintervention ist es für den Berater oft vonnöten, ein höheres Aktivitätsniveau zu zeigen als üblich, emotional zu stützen und Zuwendung zu zeigen. Je nach affektivem Zustand der Beteiligten, gilt es, katharische Reaktionen zu ermöglichen und zu unterstützen: Trauer, Wut, Schmerz, Schuldgefühle und Gefühle der Überlebensschuld zu zeigen. Bei drohender affektiver Überschwemmung hingegen gilt es, Möglichkeiten der Eindämmung und Steuerung zu vermitteln (vgl. Möller u. Bruns, 2001). In dieser ersten Phase der Beratung geht es nicht um Interpretieren oder Deuten, sondern um das Stützen des Teams in der Konfrontation mit der Realität, um Verleugnungen, Realitätsverzerrungen und schädlicher Regression entgegenzuwirken. Die »Opfer« brauchen zunächst Raum zur Klage. Auch Schuldzuschreibungen sollten begrenzt zugelassen werden, wenngleich der Berater sich im Klaren sein muss, das sich die Organisationsmitglieder mit diesem Modus noch in einem alten Bezugssystem befinden, das als eher anklammernd und festhaltend beschrieben werden kann. Der Berater kann derweil Team- und Institutionskulturmerkmale im Umgang mit Abschied diagnostizieren und gegebenenfalls Vorschläge zur Veränderung machen. Krisensituationen sind immer gekennzeichnet von emotional-kognitiver Einengung. Schwarz-Weiß-Denken herrscht vor und die Antizipation von Zukunft gelingt ebenso wenig wie das Lernen aus der Vergangenheit. Hier ist die exzentrische Position des Beraters gefragt, um emotional und kognitiv in die Weitung zu gelangen.

In der Arbeit mit sterbenden Organisationen wird die *persönliche Geschichte* der Organisationsmitglieder mit Verlust, Abschied, Trennung nahezu automatisch evoziert. Unbearbeitete Beendigungen beruflicher und persönlicher Art tauchen auf, Abbrüche statt Abschiede werden erneut wach. Dabei bietet eine gute beraterische Begleitung solcher Prozesse im Hier und Jetzt durchaus die Chance emotional korrigierender Erfahrung im Dort und Damals. Gelungene Trennungsarbeit kann retrospektiv heilsam wirken, da durch die Verarbeitung heutiger Abschiede auch frühere Trennungen im Nachhinein verarbeitbar sind. Gelungene Trennungserfahrung heute kann zu einer Krisenimmunisierung führen, die Bewältigung aktueller Abschiede antizipatorisch wirksam sein. Die Konfrontation mit der eigenen Endlichkeit, der Komplementäraffekt zu Wachstumsorientierung und einem Leben nach dem Motto »höher, schneller, weiter«, das Erleben des Endes der Machbarkeit kann durchaus zu persönlichem Wachstum führen, die notwendige Abwehrformation für die moderne Arbeitswelt stärken.

Der Supervisor *begleitet die Trauerprozesse,* spürt auf, welche Hoffnungen, Erwartungen und Wünsche enttäuscht worden sind. Obacht sollte dabei immer darauf liegen, fruchtlose Kommunikation als solche zu deuten und andere Kommunikationsmuster dagegenzusetzen. Entscheidend ist dabei, die Dialogarbeit aufrechtzuerhalten, dafür zu sorgen, dass *die Verständigung nicht abbricht.* Das kann auch dadurch geschehen, dass *verschobene Konflikte* als eben solche benannt werden. In der Supervision geht es des Weiteren darum, *Übertragungen ausfindig zu machen* (vgl. Becker-Kontio, 2000). Die für die Supervision typische Arbeit an der Übertragung kann es den Organisationsmitgliedern – gleich welcher Hierarchieebene – ermöglichen, das Hier und Jetzt vom Dort und Damals zu unterscheiden und damit Souveränität in der aktuellen Situation zurückzuerobern. Erst dann wird es möglich sein, *Ambiguitätstoleranz zu entwickeln.* Das

Team kann sich der Frage zunehmend rationaler stellen, was es wirklich verloren hat und welcher Verlust unter Umständen eine Erleichterung, eine Entlastung oder Erlösung eigener Mühsal bedeutet (Weigand, 2000).

Für die konstruktive Verarbeitung von organisatorischem Sterben ist es für die Unternehmen vor dem Hintergrund der *Würdigung des Geleisteten* unabdingbar, sich auch den *eigenen Anteilen am Niedergang* mitsamt den begleitenden Scham- und Schuldgefühlen (vgl. Möller, 1998) zu stellen. Enttäuschung über nicht eingelöste Visionen und Phantasien müssen ausgedrückt werden, *das Unvollendete benannt werden:* Ungesagtes und Ungetanes, verpasste Möglichkeiten müssen angeschaut und die Unmöglichkeit der Wiedergutmachung gemeinsam ausgehalten werden. Die Phase der Arbeit ist gekennzeichnet vom *Aushalten depressiver Phasen aller Beteiligten* (vgl. Redding Mersky, 1999).

Erst dann kann *Perspektivenentwicklung, individuell und/oder auf Organisations- oder Unternehmenssubsystemebene* erfolgen: Die Gründung von Auffanggesellschaften kann erwogen, die Suche nach neuen Trägern aufgenommen oder nach neuen Aufgaben Ausschau gehalten werden, wie beispielsweise Konzeptentwicklung in Angriff genommen werden, um neue Kunden zu gewinnen. Die Beteiligten beginnen allmählich, eine *neue Geschichte über sich selbst zu schreiben.* Ist diese Wendung vollzogen, ändert sich die Rolle des Beraters. Er kann nun *Hilfe bei der Entscheidungsfindung anbieten.* Gelingt dieser konstruktive Wandel nicht, gleichgültig, ob nun interne oder externe Gründe dafür verantwortlich zu machen sind, wird es darum gehen, das *Sterben bzw. die radikale Veränderung in einen größeren Sinnzusammenhang einzuordnen* (Mintzberg, 1991) und dadurch zu *Akzeptanz* der veränderten Situation zu kommen.

Die ökologische Perspektive

Rappe-Giesecke und Giesecke (2000b) schlagen beim Thema des Werden oder Vergehen von Organisationen vor, sich das Lebenszyklusmodell von Mintzberg (1991) vor Augen zu führen: Organisationen formieren sich, entwickeln sich, reifen und gehen nieder. Beide Autoren betonen vor allem die Wichtigkeit des Mutes, den Berater brauchen, um zu benennen, dass eine Dienstleistung oder ein Produkt nicht mehr gebraucht wird, weil das Klientel/der Markt sich geändert hat. Vor Jahren wurden zum Beispiel zahllose Pädagogen »freigesetzt«, da Deutschkurse für Aussiedler nicht mehr gebraucht wurden. Immer wieder werden Servicefunktionen überflüssig und Ressourcen umverteilt. Viele humanistisch orientierte Weiterbildungsstätten wurden nach dem Inkrafttreten des PTG 1999 nicht mehr in ihrer ursprünglichen Funktion gebraucht. Entweder ist das Geld nicht mehr vorhanden (s. die Förderung West-Berlins vor der Wende) oder wird, weil es politisch so entschieden wurde, für andere Zwecke verwendet. Dabei stellt sich zunehmend die Frage, wie viel Subvention gesamtgesellschaftlich zu verantworten ist. Rappe-Giesecke und Giesecke halten es für entscheidend, dass Berater folgende Perspektive einnehmen: Zerstörung und Entwicklung gehören zusammen. Es braucht immer wieder neue Ordnungen, wie wir aus sich selbst organisierenden Prozessen innerhalb der Chaostheorie gelernt haben, ob nun auf der globalen Ebene kultureller Ökosysteme oder der Mikroebene der Senatsfinanzierung in Berlin. Sie berufen sich auf Mintzberg, der die Unterscheidung zwischen Art- und Individuumserhalt vorschlägt. Geburt und Tod sind demnach notwendige Voraussetzungen für den Erhalt der Art. Nur durch Zerfall oder Abtreten ist zum Beispiel ein Generationswechsel möglich. Rappe-Giesecke und Giesecke empfehlen die Haltung des Beraters, den Zerfall der Organisation bzw. Gruppe als eine wahrscheinliche Entwicklung zu betrachten. Aus der Grundhaltung lässt sich die Frage: Was investiere ich in den Erhalt? Was in die Veränderung? sowohl für externe Berater als auch für die Systemmitglieder souveräner beantworten. Durch die Entwicklung einer Metatheorie, die als gattungsorientiert und ökologisch beschrieben werden kann, entstehen neue Perspektiven, die die Möglichkeit schaffen, *Vertrauen in das Neue, das kommt*, zu entwickeln.

Für die Beratungsprozesse scheint es wichtig, dass die Konfrontation mit der Realität dann leichter geschieht, wenn durch die Einordnung in größere Zusammenhänge eine Umwertung der zuvor bestehenden Bewertung des eigenen Scheiterns geschieht. Als Beispiel dafür kann die recht freundliche Perspektive in den USA auf das Scheitern eines Projektes dienen: »Er hat es versucht.« In den deutschsprachigen Ländern ist das Stigma des Versagens und Scheiterns eine zusätzliche Belastung für die Selbstständigen, die sich nicht langfristig auf dem Markt behaupten können.

Abschließende Gedanken

Dieses Neue muss nicht zwangsläufig der Weg nach Afrika sein, den der erwähnte Siebmaschinenhersteller einschlug, um als Koordinator Entwicklungshilfe (DED) für »micro and small enterprises« zu betreiben. Er hat dort eine ihn fordernde Aufgabe gefunden, die ihn erfüllt. Er konnte an alte Erfahrungen als Entwicklungshelfer in den 1980er Jahren anknüpfen und seine – auch schmerzlichen – Erlebnisse als Unternehmer mit einbringen.

Andere werden ihnen gemäße Wege finden. Der Appell des Beitrages ist der, dass es für die Neuorientierung der Triangulierung eines abstinenten Beraters von außen bedarf. Abstinenz in der Beratung definiert sich nach Bauriedl (1998, S. 134) »als Versuch, Grenzen zu ›halten‹«. In der »Entbehrung« (Freud, 1915) zu arbeiten, heißt für Berater, »der psychischen Ansteckung zu widerstehen« (Bauriedl, 1998, S. 134), beispielsweise weder in die Resignation mit einem gescheiterten Selbstständigen zu verfallen noch in eine Euphorie der Neuorientierung zu gehen. Aktive Abstinenz bedeutet in ihrem Sinne, dass es dem Berater gelingen muss, innerlich die Getrenntheit von Auftraggeber der Beratung und dem Selbstständigen mitsamt seiner Zukunft aufrechtzuerhalten, d. h. seine Unterscheidungsfähigkeit in der Rolle zu bewahren, ohne Polarisierungen vornehmen zu müssen. Abstinenz bedeutet, die Fähigkeit zu haben, das Ineinanderwirken personaler und organisatorischer Strukturen wahrzunehmen und dennoch die beiden Perspektiven gesondert voneinander zu halten. Nur dann kann die Unterstützung in der so mühsamen psychischen Arbeit der Verarbeitung des Scheiterns sinnvoll begleitet werden. Fengler (1998) belegt das gleiche Phänomen mit dem Begriff der allseitigen Parteilichkeit und Fürstenau (1998) nennt es Allparteilichkeit. »Abstinere« bedeutet »sich enthalten«, frei sein von eigenen Triebwünschen, wenn wir aktiv in intrapsychische, interaktionale und organisatorische Prozesse eingreifen, dürfen wir nicht schon zuvor wissen, was die »richtige Lösung« ist.

Diese ethische Orientierung mag auch ein Auswahlkriterium für diejenigen Unternehmer sein, die in der Krisensituation ihrer Organisation auf die Hilfe eines Beraters hoffen. Nur allzu gern verdienen sich windige Unternehmensberater an der Krise kreativer Neugründer eine goldene Nase, indem sie schnell fehlende materielle Ressourcen bereitstellen und die Selbstständigen mit Knebelverträgen in eine Ausbeutungssituation bringen. Nur zu häufig geschieht es, dass jungen Unternehmern mit großartigen Ideen von »Firmenjägern« (Sedlmaier, 2003) ihre ureigensten Erfindungen und Produkte geraubt werden, weil sie unbeholfen in der Vermarktung sind und sich nicht vorstellen können, dass solche auch international angelegten üblen Strategien der systematischen Zerschlagung und Verschacherung überhaupt existieren. Hier sind wir als »Aufklärer« gefragt, fehlende Informationen, die der persönlichen Abwehr unterliegen, zuzuspeisen und den Klienten bei der Suche nach geeigneten Bündnispartnern für eine eventuelle Rettung zur Seite zu stehen.

Literatur

Bauriedl, T. (1998). Abstinenz in der Supervision. Freie Assoziation, 134–160.
Becker-Kontio, M. (2000). Abschied als Thema in Supervisionsprozessen. Supervision, 1, 8–13.
De Geus, A. (1988). Jenseits der Ökonomie – Die Verantwortung der Unternehmen. Stuttgart: Klett-Cotta.
Fengler, J. (1998). Supervision aus gruppendynamischer Sicht. In C. Hennch, A. Werner, G. Bergmann (Hrsg.), Formen der Supervision. Supervisionskonzepte und Praxis im Klinikkontext (S. 42–57). Frankfurt a. M.: VAS.
Freud, S. (1915). Bemerkungen über Übertragungsliebe (S. 306–321), GW X. Frankfurt a. M.: Suhrkamp.
Fürstenau, P. (1998). Psychoanalytisch-systemische Teamsupervision im psychiatrisch-psychosomatischen Bereich zwecks Förderung der Teamentwicklung. In C. Hennch, A. Werner, G. Bergmann (Hrsg.), Formen der Supervision. Supervisionskonzepte und Praxis im Klinikkontext (S. 71–82). Frankfurt a. M.: VAS.
Grotz, Reinhold (2003). Betriebsgründungen in der Bundesrepublik Deutschland – Überlebenschancen und Arbeitsmarkteffekt. DFG-Schlussbericht.
Kets de Vries, M. F. R. (1996). Family business: human dilemmas in the family firm. London u. Boston: International Thomson Business Press.
Lazar, R. A. (1994). W. R. Bions Modell »Container-Contained« als eine (psy-

choanalytische) Leitidee in der Supervision. In H. Pühl (Hrsg.), Handbuch der Supervision II (S. 380–402). Berlin: Edition Marhold.

Mintzberg, H. (1991). Mintzberg über Management – Führung und Organisation – Mythos und Realität. Wiesbaden: Gabler.

Möller, H. (1998). Schamerleben in Supervisionsgruppen. Gruppendynamik, 29 (4), 403–419.

Möller, H., Bruns, M. (2001). Suizid und Suizidgefährdung. In A. Franke, A. Kämmerer (Hrsg.), Klinische Psychologie der Frau. Ein Lehrbuch. Göttingen: Hogrefe.

Rappe-Giesecke, K., Giesecke, M. (2000a). Werden und Vergehen von Organisationen – Die Begleitung der Auflösung von Organisationen als Aufgabe der Supervision. Supervision, 1, 19–22.

Rappe-Giesecke, K. (2000b). Lernen, Zwang und Niedergang in der Organisationsentwicklung – Ein Plädoyer für komplexe mentale Modelle. Gruppendynamik und Organisationsentwicklung, 31 (1), 69–80.

Redding Mersky, R. (1999). Die trauernde Beraterin und die Beendigung einer längerfristigen Beratung – und was ich daraus gelernt habe. Freie Assoziation, 2 (1), 53–72.

Sedlmaier, H. (2003). Firmenjäger – Wie Raider Unternehmen kaufen, zerschlagen und verschachern. Frankfurt a. M.: Campus.

Sennett, R. (1998). Der flexible Mensch. Die Kultur des neuen Kapitalismus. Berlin: Berlin Verlag.

Voß, G. G. , Pongratz, H. J. (1998). Der Arbeitskraftunternehmer. Eine neue Grundform der Ware Arbeitskraft? Kölner Zeitschrift für Soziologie und Sozialpsychologie, 50 (1), 131–168.

Weigand, W. (2000). Jedem Anfang wohnt ein Ende inne ... Supervision, 1, 3–4.

Erstabdruck:
Möller, H. (2004). Wege aus der Selbstständigkeit. Forum Supervision, 70–81.

Heidi Möller und Melene Bahner

Der Börsengang als Krise

Zur Psychodynamik zwischen Gründerpersonen

Ausgehend von unserer langjährigen Beraterinnentätigkeit in unterschiedlichen Startup-Unternehmen aus dem Bereich der New Economy, des IT-Bereichs und bei medizintechnologischen Firmen sehen wir den Börsengang als »kritisches Lebensereignis« in Unternehmen. Vordergründige Phänomene sind Triumph, Erfolg, Reichtum. Erfahrungsgemäß stellen sich jedoch schon nach kurzer Zeit erhebliche Kommunikationsschwierigkeiten in der Führungsebene ein – mit oftmals ruinösen Folgen. Ziel dieses Beitrages ist es, dem affektiven Geschehen in Zusammenhang mit dem Gang an die Börse systematisch auf den Grund zu gehen und Konsequenzen für die beraterische Begleitung von Börsengängen zu entwickeln. Unsere Erfahrungen reflektierend wollen wir Hilfe zur Solidisierung von Unternehmen in der sensiblen Phase nach dem Börsengang zur Verfügung stellen.

Wir beschreiben zunächst den Weg eines Unternehmens in die Welt der Börse, um auch dem weniger börsengewandten Leser einen Eindruck über die Spannungsfelder zu vermitteln, die ein Börsengang für ein solches Unternehmen mit sich bringt. Die Belastungen der Ausdifferenzierung, sowie die Anforderungen an die Persönlichkeit der Akteure können dabei nicht hoch genug eingeschätzt werden.

Phasen des Börsenganges

Das Prozedere des Börsenganges, auch Going Public genannt, teilt sich in verschiedene regelhafte Verläufe auf, die mit dem Begriff des Initiationsritus am besten charakterisiert werden können. Zu unterscheiden sind die

- Unternehmensentwicklung bis hin zur Börsenreife,
- der Börsengang (Emission) selbst und
- die Phase nach der Emission.

Mittels der Beschreibung der einzelnen Phasen mit dem Schwerpunkt auf dem zweiten Abschnitt soll die Grundlage gelegt werden, die Veränderung des affektiv-kommunikativen Geschehens in der Unternehmenskultur und besonders auf der Führungsebene verständlich werden zu lassen. Unsere Erfahrungen beziehen sich auf das Segment »Neuer Markt«, das nicht ohne Grund im Jahr 2003 geschlossen wurde. Den börsenwilligen Unternehmen wurden anschließend strengere Kriterien auferlegt:

- Mindestens dreijährige Existenz.
- Mindestens 1,5 Millionen Euro Emissionsvolumen.
- Mindestens zu 50 Prozent aus einer Kapitalerhöhung.
- Aktien müssen Stammaktien sein.
- Wenigstens 20 Prozent der neuen Aktien müssen von einem breiten Anlegerkreis erworben werden.
- Das Unternehmen ist zur Erstellung von Quartalsberichten sowie zur Erstellung von Jahresabschlüssen nach IAS oder US-GAAP verpflichtet.
- Die Gesellschaft muss einen Unternehmenskalender mit den wichtigsten Terminen veröffentlichen.
- Mindestens einmal im Jahr findet eine Hauptversammlung statt, die über die Entwicklung des Unternehmens informiert.
- Es besteht die Pflicht zu Ad-hoc-Mitteilungen und zur Prospekterstellung.

Um Missverständnisse zu vermeiden: Diese Ausführungen beziehen sich eindeutig nicht auf den Börsengang »altehrwürdiger« Firmen wie der Telekom, Deutsche Post etc.

Unternehmensentwicklung bis zur Börsenreife

Diese Phase subsumiert den gesamten Prozess, der im Wesentlichen zum Aufbau einer Firma führt und einen Börsengang wünschenswert macht. In der Regel sind die Kapitalgeber, die den Firmenaufbau

Der Börsengang als Krise

begleitet haben, auch diejenigen, die den Börsengang initiieren. Die Firma muss über ein darstellbares wirtschaftliches Potential sowie über eine Vision für die Zukunft verfügen. In der jüngeren Zeit waren hauptsächlich Firmen mit innovativem Zuschnitt gefragt.

Der erwartete Börsengang soll dann in der Regel Kapital für Produktverbesserung oder Expansion einbringen (einspielen). Hier werden bewusst Formulierungen gebraucht, die dem Glücksspielmilieu entlehnt sind (Börsenpoker, Coup landen, Börsengang wagen). Hat sich auf dem Kapitalmarkt eine gewisse Begehrlichkeit entwickelt, wird der Kandidat (das Unternehmen) für die Geldinstitute attraktiv und es kommt zur Phase der Vorbereitung der Börsennotierung. Diese Phase unterteilt sich in Beauty Contest, Road Show und Emission.

Beauty Contest

Jetzt werden die eigentlichen Partner für den Börsengang gesucht. Die Braut ist da und sucht nach adäquaten Bewerbern. Geldinstitute dürfen sich um ihre Rolle bewerben. Sie sind die ersten und manchmal auch die einzigen, die an dem Börsengang gewinnen werden. Die Banken stellen – einmal ausgewählt – ihre erprobten Mannschaften (die Teams) zur Verfügung, die die Braut für die Öffentlichkeit schmücken. Die Geldinstitute geben Schätzungen des aktuell zu erreichenden Börsenwertes anhand einer Unternehmensbewertung ab. Aus der Differenz der Unternehmensbewertung vor dem Börsengang sowie des voraussichtlich einzuspielenden Kapitals errechnet sich der erhoffte Gewinn für die Geldinstitute. Die Gründer wählen in der Regel die Geldinstitute einerseits nach Qualität und Höhe der Unternehmensbewertung, andererseits nach der persönlichen Erfahrung mit den Teams der Geldinstitute, die für den Börsengang bereitgestellt werden sollen, aus. Aus einer Kombination dieser beiden Kriterien wird in der Regel die Wahl getroffen. Um die dargestellten Schätzungen zu erreichen, müssen die Vorstände meist eine Erweiterung des Vorstandes akzeptieren. Die Geldinstitute wollen einen Finanzvorstand in dem Unternehmen sehen, dem sie vertrauen können.

Road Show

Auf der sogenannten Road Show (die Bezeichnung erinnert an einen Tross Gaukler) wird nun alles gezeigt, was den Visionen der geschätzten Geldvermehrung entspricht. Die Gründer und Vorstände sind nun in der Notwendigkeit gefangen, gewachsene interne Kommunikationsstrukturen zu verändern. Ziel ist die Anwerbung weiterer Investoren, die den geschätzten Börsenwert realisieren helfen. Die Braut (das Unternehmen) wird hinsichtlich ihrer Mitgift und der zukünftigen Produktivität ausgewiesen und für das Going Public zusätzlich aufgerüstet. Für die spätere Unternehmenskommunikation ist es von entscheidender Bedeutung, welche Interessenslage unter den Investoren vorherrscht. Es können drei Typisierungen vorgenommen werden:

– die Emissionsspekulanten, die kurz nach Platzierung wieder verkaufen.
– die Exit-Spekulanten, die eine schnelle Firmenveräußerung oder -fusion im Sinn haben.
– diejenigen, die eine gemeinsame Unternehmenszukunft im klassischen Stil generieren wollen.

Die Road Show (auch Marketing-Phase genannt) dauert in der Regel drei bis vier Monate. Der Unternehmensprospekt wird vorgestellt, der rechtsverbindlich die Unternehmensplanung beschreibt und auf den sich später die Aktionäre beziehen können. Dort werden die Börsenerwartungen mit Zahlen und Fakten untermauert. Der Börsenprospekt ist somit der Kristallisationspunkt der unternehmerischen Selbstdarstellung. Gleichzeitig wird die Verantwortung für den Börsengang wieder von den Geldinstituten an die Vorstände des Unternehmens zurückgegeben, da die Vorstände für die im Prospekt dargestellten Angaben verantwortlich sind. Die Unternehmenszukunft wird an die Unwägbarkeiten des Aktienmarktes gebunden, da die Höhe des Gewinnes aus der Emission den dortigen Gesetzmäßigkeiten unterliegt. Die Risiken dabei sind erheblich. Ein marktdeprimierendes Ereignis (zum Beispiel ein Wirbelsturm) verändert die Höhe des durch die Emission einzusammelnden Kapitals und damit auch die Möglichkeit, die im Prospekt dargestellten unternehmerischen Ziele zu verwirklichen. In der Regel kommt es zu ersten Kon-

Der Börsengang als Krise 79

flikten auf der Führungsebene, geht es doch zunehmend auch um das Erscheinen in der Öffentlichkeit (Going Public). Es kommen Fragen der besseren Präsentationsfähigkeit im Kontakt mit den Medien auf. Veränderungen in der informellen Struktur zeigen sich. Gewachsene Beziehungen brechen auf.

Emission

Ist die Road Show erfolgreich abgeschlossen, beginnt die Bookbuilding-Phase. Die Zeichenspanne, in die der erwartete Preis der Aktie fällt, wird festgelegt, außerdem die Zuteilung (wer bekommt wie viel). Der Preis wird durch die zeichnungswilligen Geldinstitute festgelegt. Manchmal rettet nur eine kurzfristige Verschiebung des Going Public die geschätzten Möglichkeiten. Nach der Emission ist der Börsengang abgeschlossen und das Unternehmen gelistet. Unternehmer und Investoren sind nun den Aktienmarktgesetzen unterworfen. Spätestens jetzt wird den Vorständen auch emotional die Unkontrollierbarkeit der äußeren Einflüsse deutlich. Nach der Listung lassen sich dann schnell die Veränderungen ablesen. Der Vorstand (vormals relativ eigenständig) ist nicht mehr Herr des Unternehmens. Er ist vielmehr Teil eines engen Regulariums. Die Organe sind Vorstand, Aufsichtsrat und Hauptversammlung.

Organe

Der Vorstand ist für das operative Geschäft zuständig. Über die Umsetzung wacht der Aufsichtsrat, der die Mitglieder des Vorstandes auch beruft. Er wird oft anlässlich des Börsenganges neu besetzt, will man doch anzeigen, mit welcher Solidität gerechnet werden kann. Der Aufsichtsrat wird von den Aktionären auf der Hauptversammlung bestimmt. Er soll über den Umgang mit ihrem Eigentum wachen. Den Vorständen wird in der Regel von den begleitenden Banken ein Finanzvorstand zugeordnet. Dieser soll die Gewährleistung für die unternehmerische Sorgfalt darstellen. Bei jeder Handlung durch die Vorstände muss die Gleichbehandlungspflicht der Aktionäre beachtet werden. Sogenannte Insiderkenntnisse bei Ungleichbehandlung der

Aktionäre können zum Entstehen von Schadensersatzansprüchen führen. Weiter müssen kursrelevante Ereignisse ad hoc mitgeteilt werden. Die Hauptversammlung, das Organ der Kapitalgeber, wacht (mindestens einmal jährlich) über das Eigentum der Investoren. Vorstand und Aufsichtsrat müssen dort durch den Lagebericht Rechenschaft leisten. Gleichzeitig müssen die Vorstände die normale Geschäftsführung und die Umsetzung der im Börsenprospekt angegebenen Planung betreiben.

Zu den psychischen Phänomenen, die den Börsengang nahezu regelhaft begleiten

Der Verhaltenskodex für die Führungskräfte ist stark ritualisiert und von einem elaborierten ineinandergreifenden Regularium geprägt, in das sich die Mitglieder der Organe einzufinden haben. Dies betrifft die Handlungs- sowie die Kommunikationsebene und muss in kurzer Zeit erlernt werden. Die unternehmerische Realität wird mit der Realität der Börsengesetzmäßigkeiten verbunden. Viel hängt nun davon ab, wie solide der Börsengang geplant war, aber auch von den Möglichkeiten der Einbettung der Veränderungen in die Kommunikationsstruktur des Unternehmens. Dabei ist ein zusätzliches, für den unternehmerischen Alltag gewaltiges Arbeitspensum zu leisten. Gleichzeitig muss eine transparente Kommunikation der Unternehmensentwicklung an der Börse geleistet werden, die die Investoren und die Medien gleichermaßen befriedigt.

Im Zusammenhang mit der Börsendotierung kommt es zu charakteristischen Verläufen. Die Neuemission ist zunächst sehr gut platziert und versorgt das Unternehmen mit einer Menge finanzieller Ressourcen. Fast regelhaft jedoch schließen sich an den Börsengang Kommunikationsschwierigkeiten auf der Vorstandsebene an, auf die keiner der Beteiligten vorbereitet ist. Die Aufbau und Platzierungsarbeit wird häufig als euphorisierend erlebt, desto mehr nimmt die krisenhafte Entwicklung die Beteiligten wunder. Gelingt die Konsolidierung auf der Ebene der Kommunikation nicht, so verschwinden solche Unternehmen recht schnell vom Markt. Erwartungen wie »Jetzt ist es endgültig geschafft!« seitens der Mitarbeiter, der Geld-

Der Börsengang als Krise 81

geber, des Aufsichtsrates und der Öffentlichkeit zerplatzen wie Seifenblasen.

Die Gründerfiguren, das Gründungspaar

Entscheidend für den langfristigen Erfolg eines börsennotierten Unternehmens ist die Frage, welche Persönlichkeiten den Mut zur Firmengründung bis hin zum Börsengang aufbringen. Mit welchen Menschen haben wir es zu tun und was für einen Typus von Mitarbeitern haben sie sich zugeordnet? Vor dem Hintergrund der Personenspezifität ist nämlich in Folge die zu erwartende Dynamik im Subsystem der Gründerfiguren abzusehen und die sich ausprägende Unternehmenskultur des Gesamtsystems – neben den Einflüssen der Branchenspezifität – vorauszusehen.

Wer gründet nun eine solch zukunftsträchtige, mit viel Innovationskraft und vielversprechenden Ideen versehene Firma? Überzufällig finden wir sogenannte »Gründerpaare«. Es gilt nicht nur für später börsennotierte Unternehmen, dass sich zumeist zwei Personen mit oft recht unterschiedlicher Persönlichkeitsstruktur zum Wagnis des Unternehmertums finden. Die Unterschiedlichkeit erweist sich oft als komplementär zu einander und – so scheint es – macht das Geheimnis des Anfangserfolges aus. Beide Partner arbeiten oft ganz eng beieinander, mögen sich auch persönlich sehr, entwickeln eine starke libidinöse Bindung aneinander. Sie haben sich »gesucht und gefunden«, fühlen sich wie »Deckel auf Topf«. Die gemeinsame Arbeit macht Spaß, man ist gern zusammen und entwickelt in dieser Zweierkonstellation ein ungeheuer kreatives Potential, von dem jeder der beiden vorbewusst weiß, dass er es allein nicht aufbrächte. Nur in dieser einzigartigen Kooperation wächst ein jeder der beiden über sich selbst hinaus. Die Komplementarität der Rollen (z. B. Forschung und Entwicklung versus Marketing) findet in der Dyade statt, es besteht keine Not zur rationalen Differenzierung der Aufgabenbereiche. Es entsteht eine nahezu symbiotische Anziehung, die die Defizite des jeweils einzelnen scheinbar wie von selbst ausgleichen kann und zu einer narzisstischen Aufwertung beider Partner führt. Alles läuft »wie geschmiert«, das einander Zuarbeiten erfährt eine Leichtigkeit, die an Verliebtheitserleben erinnert. Die typische Konstellation, die wir in unseren Beratungsprozessen vorfanden, zeichnet folgendes Bild: Eine begabte Ausnahmepersönlichkeit in Hinsicht auf eine spezifische Intelligenz findet »wie von selbst« komplementär jemanden, der die eigene Begabung ergänzt. So mag es jemand sein, der mit der Kompetenz ausgestattet ist, die Ideenflut des einen steuernd zu begleiten und sie gewinnbringend zu positionieren. Es entsteht oft auch Spiegelfunktionen von »Zwei« für »Eins«. Es finden sich recht unterschiedliche Charaktere in einer nahezu idealen Ergänzung: die Gründliche und der Überflieger, der Mutige und die Sorgsame, der Akquisiteur, der kühle Rechner, der Unbewegliche, der Bewegliche, etc.

An dieser Stelle möchten wir auf eine erste Gefahrenstelle hinweisen, denn Zwei wählt Eins unter Umständen unter ausbeuterischen (oralen) Motiven, denen Eins aufgrund der euphorisierenden Pionierphase nicht gewahr wird. Das ausbeuterische Motiv muss dabei nicht von Anbeginn der Paarkonstellation gegeben sein. Die Unterschiedlichkeit des Hochbegabten zum eher operationalisierenden Partner erzeugt Spannung, die nicht immer in der Anerkenntnis der Differenz seinen Ausdruck findet. Häufig neidet der Pragmatischere beider Gründer dem »Genie« seine Begabung und wird durch die Unmöglichkeit, der Diskrepanz mit Wertschätzung zu begegnen, zum sekundär Ausbeutenden. Der Kreative/Produzent/Ideengeber ist zunächst der Mittelpunkt des Unternehmens und wird sowohl mit Daten als auch sprichwörtlich mit Gummibärchen gefüttert. Der andere nimmt an dem narzisstischen Höhenflug des Ideengebers teil. Er bedient sich captativ-eigennützig dann, wenn die Diskrepanz der beiden zu offensichtlich wird. Durch Raub kann in der Folge dessen narzisstisches Gleichgewicht wieder aufrechterhalten werden.

In der New-Ecomomy-Szene dominierten häufig Männerpaare die Gründerszene. Mit zunehmender Gleichstellung der Geschlechter werden auch verschiedengeschlechtliche oder rein weibliche Paarkonstellationen eine Rolle spielen. Das Hochgefühl der Pionierphase kann auch damit erklärt werden, dass homoerotische Phantasien zugleich gelebt und abgewehrt werden. Das Beieinandersein der beiden Männer, oft auf engstem Raum in Doppelschichten, wird das einzig Bedeutsame im Leben beider. Liebespartner der jeweiligen Gründer außerhalb des Betriebes spielen in dieser Phase der Unternehmensgründung eine untergeordnete Rolle. Fragen der sogenannten Work-

Life-Balance, also einen gesunden Ausgleich zwischen Privatleben und Unternehmen zu finden, werden als spießige Vorstellung abgewertet, verlacht. Die Lebensäußerungen von Gründerfiguren finden komplett in der Firma statt. Man schläft zum Teil dort, die Ernährung wird durch telefonisch geordertes Catering gewährleistet (Pizzaservice um 23 Uhr). Entsprechend der Konstellation in der Ursprungsfamilie haben Frauen hier kaum Bedeutung. Anders als damals vermisst man sie auch nicht, man ist sich selbst genug. Die Gründer sind in submanischer Verfassung, ihre Befindlichkeit gleicht einem immerwährenden Kokainrausch. Sie fühlen sich großartig, ihre Produkte sind großartig und die Außenwelt tritt an die Stelle der entwerteten Objektrepräsentanten. Die empfundenen Kraftreserven muten schier unerschöpflich an.

Ein weiterer Grund des vermeintlich paradiesischen miteinander Arbeitens ist die Wiederherstellung früherer symbiotische Geschwisterbeziehungen, die dereinst kompensatorische Funktion in nicht gelungener familiärer Konstellation hatte. Fehlende elterliche Entität und mangelnde Fürsorge wird durch eine übermäßig libidinöse Bindung an die Geschwister ausgeglichen. Es kann vorkommen, dass unaufgelöste Familienbeziehungen in die Firmengründung direkt eingehen (zwei Brüder, zwei Schwestern, Mutter und Tochter, Vater und Sohn etc.). Die Gründung eines Unternehmens erfolgt in der vorbewussten Hoffnung auf die zweite und damit bessere Chance: Man werde einander alles sein. Auch die Wahl der neuen Mitarbeiter im Sinne von Selbstobjekten ermöglicht eine externe Steuerung der eigenen Selbstunsicherheit und der häufig vorhandenen, nicht deutlich ausgebildeten Wahrnehmung der anderen Personen auf das eigene Selbst. Die hinzukommenden Mitarbeiter werden vielfach wie Kinder gesehen, die in der Regel ohne deutliche Reglementierung in der Gründerphase »adoptiert« werden. Genaue Absprachen, Regeln und Aufgabendifferenzierung werden als überflüssig erachtet. Die Mitarbeiter werden gleichzeitig mit Riesenerwartungen besetzt. Selbstverständlich haben auch sie Spiegelfunktion und haben ebenso unermüdlich, begabt und erfolgreich zu sein. Häufig sind sie es zunächst auch, denn sie partizipieren aufgrund eigener narzisstischer Bedürftigkeit am aufsteigenden Unternehmen. Die narzisstische Aufladung des Unternehmens in der Gründungsphase hat ihre Grundlagen auch darin, dass die Männer der Gründungsphase das

Unternehmen nicht wirklich führen. Es finden kaum enttäuschende Erlebnisse statt, es gibt kaum Grenzen des Kompetenzbereichs einzelner Mitarbeiter: Jeder, der sich zuordnet, findet auch seinen Platz. Hierarchie wird im Wesentlichen verleugnet, die Zugehörigkeit zur Organisation wird nur als stabilisierend oder Ich-erweiternd, nicht als bedrängend erlebt.

Biographische Anmerkungen

Wir fanden bei Vorständen börsennotierter Unternehmen oft Menschen als Gründerfiguren vor, die von der sozialen Herkunft höchst unterschiedlich waren, zum Beispiel stammte einer der Vorstände eines Unternehmens, das wir berieten, aus dem Großbürgertum und hatte sicherlich den bewussten Auftrag und die unbewusste Delegation, den Familienstatus zu erhalten. Der andere Vorstand war eher aus der geflohenen Armut heraus motiviert, überaus erfolgreich zu sein.

Eine weitere Beobachtung ist die, dass die beschriebene Gründungsdynamik Aspekte eines Wiederholungszwangs trägt. Frühere Familienkonstellationen und Familiendynamiken werden wiederhergestellt: großer Bruder mit kleiner Schwester, zwei Brüder, die unkompliziert kooperieren, da sie sich Vertrautes rekonstruiert haben. Diese für Außenstehende überdeutliche Aufteilung ist für die Betroffenen selten bewusstseinsfähig. Strukturen und/oder Position in einer früheren biografisch erlebten Formation werden in der Gründerphase rekonstruiert. Wenn der Börsengang erfolgreich ist, kann eine solche Konstellation in dieser Weise nicht aufrechterhalten werden. Die Illusion »Gleiche unter Gleichen« zu sein, in quasi anarchistischer Manier ein Unternehmen mit flacher Hierarchie und wenig Verregelung zu führen, zerplatzt notwendigerweise. Daraus resultiert nicht selten eine emotional hoch belastende psychische Situation, eine Krise, die zur Explosion oder zur Implosion – je nach lebensgeschichtlichem So-geworden-Sein – Anlass gibt. Defizite fachlicher und persönlicher Art wurden zuvor gelungen kompensiert und nun droht die Gefahr der Dekompensation.

Beide Partner sind ehrgeizig und erfolgsorientiert. Sie haben ein gutes Gefühl für zukunftsweisende Produkte, eine erfolgverspre-

Der Börsengang als Krise 85

chende Zukunftsorientierung. Beide basteln mit hohem Engagement daran, eine Geschäftsidee sinnvoll und kalkuliert zu Geld zu machen. Die Firma ist zunächst klein. 8–30 Mitarbeiter sind mit Elan bei der Sache, ohne dass viel Wert darauf gelegt wird, Organisationsstrukturen zu schaffen. Wir haben es mit typischen Merkmalen der Pionierphase von Unternehmen zu tun. Alle Beteiligten haben recht viel Spaß miteinander. Mit dem Kapitalzufluss ist die symbiotische Phase dann allerdings vorüber. Es beginnt eine andere Übertragungs- und Gegenübertragungsbelegung der Pioniere. Es kommt etwas Neues, etwas Drittes hinzu.

Die Paarbildung in der Pionierphase ist ja zunächst einmal als ein Abwehrmechanismus in Gruppen bekannt. Auch ein Unternehmen stellt ein soziales Gruppengebilde dar. Folgen wir Bion (1971), gibt diese Paarbildung Sicherheit und mindert die Angst. In der Zweisamkeit wird auch eine messianische Fantasie geboren, die Hoffnung auf das Dritte. Diese Funktion des Dritten übernimmt an dieser Stelle die Erwartung des Börsenganges und diese Erwartung kann recht lange Zeit die gemeinsamen operativen Unternehmungen tragen. Bricht diese Paarbildung durch den tatsächlichen Börsengang schließlich auf, so werden die im Paar gebundenen Ängste virulent. Als Folge davon sind Gefühle existentieller Einsamkeit unvermeidbar und diese sind schwer zu bewältigen. Im Übergang von der Dyade zur Triade wird zunächst vor allem das Verlorengegangene erlebt. Das Trennende, Dissoziierende wird gespürt, denn zum Dritten gibt es kein so inniges Verhältnis. Er wird vor allem als Eindringling erlebt. Denn – so Simmel: »Jedes sensitive Verbundensein von zweien wird dadurch irritiert, dass es einen Zuschauer hat« (1992, S. 115). Mit dem Schritt zur Triade öffnet sich ein sozialer, interaktiver Raum und die Beziehungen werden mehrdeutig und ambivalent.

Die persönlichen und strukturellen Anforderungen ändern sich nach dem Börsengang. Die Außenwelt in Form von Gesetzen und Verordnungen, Aufsichtsräten, also Kontrollinstanzen, macht dem kreativen Treiben zunächst ein Ende. Auch auf der Leitungsebene ist nun ein Dritter, der Finanzvorstand, notwendig. Ein Dritter tritt hinzu, der aus der Erfahrung des »wunderbaren Kooperierens« zu zweit nicht gewollt ist. Manchmal scheitern diese Dritten schon zu einem frühen Zeitpunkt. Zum einen gelingt es dem Dazukommenden oft nicht, in die eingeschworene und gut funktionierende Dyade einzudringen. Zum anderen lassen die Gründungsfiguren es auch nicht zu, dass der Dritte seinen Platz findet. Die frühere Kollusion muss sich während des Börsengangs auflösen, die Rollen beginnen sich zu differenzieren. So muss zum Beispiel einer des früheren Paares stärker nach Außen treten. Der andere muss forschen, die Firmenidee oder Forschungsidee vorantreiben, das heißt weniger von außen bewunderte Innenpolitik betreiben. Der Wissenschaftler, oft ein wenig schizoid strukturiert, steht sehr viel isolierter da. Einige Internetfirmen, die wir kennenlernen durften, mussten mit Herstellung der Öffentlichkeit liebgewordene Rituale aufgeben, wie zum Beispiel sich unkonventionell zu kleiden und sich gegenseitig mit Marsriegeln zu füttern, eine zärtliche Geste, die zuvor viel Inspiration zur Folge hatte und die lebbar war, solange die Außenwelt nicht spiegelnd hinzukam.

Viele Aspekte des früheren Wohlbefindens bereiten nun Probleme in der Außendarstellung, denn kreative Zombies sind nicht medientauglich. Diese müssen die Grenzen ihrer Möglichkeiten erkennen, sich zum Beispiel selbstreflexiv eingestehen: »Ich beherrsche die Präsentationsarbeit in der Außenwelt nicht.« In diesem Veränderungsprozess sieht auch der Gründungspartner den anderen plötzlich mit anderen Augen. So wie private Partner sich bei offiziellen Einladungen plötzlich von anderen Seiten wahrnehmen, identifiziert sich einer der beiden vielleicht mehr mit dem von außen geforderten Verhaltensnormen.

Eine nicht triangulierte Perspektive zu zweit ist an dieser Stelle der Herstellung von Öffentlichkeit nicht mehr aufrechtzuerhalten. Nichts ist mehr wie früher und unter Umständen machen sich auch paranoide Vorstellungen breit. Der eine, der die öffentlichen Auftritte beherrscht, wird narzisstisch aufgewertet und es entsteht Rivalität. Fragen werden aufgeworfen wie: »Wer kriegt wie viel vom großen Kuchen? Wer bekommt mehr Reputation und Aufmerksamkeit?« Die eigenen Grenzen und Möglichkeiten wurden in der Startphase nicht bemerkt, unternehmerisches Handeln lief einander ergänzend: Der eine hat eine gute Idee, der andere führt sie aus, wie selbstverständlich. Diese Harmonie ist nun obsolet geworden. Mit dem Eintritt des »Dritten« in das Unternehmen sind nun andere Koalitionsbildungen möglich: Aufsichtsrat und Vorstand gegen die Mitarbeiter, die Mitarbeiter und Teile des Vorstandes gegen den Aufsichtsrat etc. Durch mögliche Koalitionsbildungen wächst auch die Angst vor dem eigenen Ausgeschlossenwerden. Denn sobald ein Dritter im Bunde ist, ändert sich der soziale Konflikt grundlegend. Konkurrenz um die Bündnisbildung beginnt, man ködert einander mit Angeboten, wirbt um Gemeinsamkeiten und verhandelt über Bedingungen der Koalition. Eine Konkurrenz entsteht, die eine Menge Zwist und Neid zur Folge hat. Der scheinbare oder wirkliche Rivale wird ausgestochen, in Misskredit gebracht, denunziert oder ausgegrenzt (vgl. Sofsky u. Paris, 1994). Im ungünstigen Fall entsteht eine Dynamik von Dissoziation und Assoziation, die bis in den Ruin führen kann. Die libidinös gefärbte Arbeitsbeziehung weicht strategischen Kooperationen, primär gegen jemanden und nicht mehr für die gemeinsame Sache. Bündnisse werden ausschließlich nach dem Aspekt der eigenen Macht- und Gewinnmaximierung gesucht. Damit ist das emotionale Paradies der Gründerzeit verloren. Zweckbündnisse weichen emotional bedeutsamen Bindungen. Diese sind auch weniger überdauernd, da schon morgen meine Zweckbindung an anderer Stelle mehr Benefit versprechen kann und ich die Fronten wechsle. Es ist oft auch die Angst als motivierender Faktor für sich schnell ändernde Loyalitäten zu sehen. Bevor ich allein dastehe, klammere ich mich an einen vermeintlich oder real Mächtigen als Bündnispartner. Die Angst, der ausgeschlossene Dritte zu werden, ist in dieser Phase besonders groß, da in der Gründerzeit eine unabgegrenzte Nähe herrschte, die Regression auf ein dyadisches Niveau. Die Gefahr, dass dem Unternehmen der triangulierende Schritt misslingt und die Organisation in zwei sich bekämpfende feindliche Lager zerfällt, ist immens.

Durch die nun gültige Rechtsform braucht es einen »Dritten«. Der innere Kern wächst von zwei auf drei an, ein qualitativer Sprung, dessen brisante Dynamik aus der griechischen Mythologie hinlänglich bekannt ist (Ödipus). Simmel (1992) zeigt anschaulich, dass der Sprung von Zwei zu Drei nicht nur einen quantitativen Zuwachs, sondern seinerseits eine neue Qualität darstellt. Der Dritte schaut nun auch recht kritisch auf die Gründerfiguren, oft muten sie ihn leidlich naiv an. Er erhält durch die neue Organisationsform eine hohe Machtposition. Wenn dieser Dritte nicht mit unabhängigem Standing ausgestattet ist, wird er durch die Goldgräberstimmung im Betrieb angesteckt und Neid auf das viele Geld entwickeln, das zur Verfügung steht und von dem der Dritte in der Regel nicht so partizipiert wie die Gründerpersonen. Diese Fakten bergen ein hohes

Gefahrenpotenzial: Der Dritte kann verführt werden, »zu zocken«, die externen Großinvestoren versuchen, über diesen Dritten Einfluss zu bekommen etc. Ein schwieriges System der gegenseitigen Einflussnahme beginnt, das in Teilen auch von der Persönlichkeitsstruktur der Beteiligten und deren Fähigkeit zur Ausdifferenzierung unterschiedlicher Rollen abhängig ist.

Die veränderten Anforderungen an die Gründerfiguren

Der Börsengang bedeutet für die Vorstände, dass sie sich präsentieren müssen, zum Teil wie Schauspieler agieren und damit auch eine neue Perspektive auf ihr Unternehmen entwickeln. Die Träume und Vorstellungen, die jeder der Beteiligten mit dem Börsengang verknüpft, werden durch reales Erleben konterkariert. Der Börsengang ist auf der einen Seite öffentlichkeitswirksam und spektakulär, das heißt narzisstisch ungeheuer gratifizierend. Auf der anderen Seite wird den Gründerfiguren sprichwörtlich auf »die Finger geschaut und/oder gehauen« – also Kontrolle ausgeübt. Die hohen Freiheitsgrade in Pionierzeiten weichen einer immensen Reglementierung von außen. Dieses Spannungsfeld findet sich sowohl auf der emotionalen als auch auf der organisationalen Ebene wieder.

Der Rausch des plötzlich zur Verfügung stehenden Geldes setzt archaische affektive Reaktionen frei. Es geschieht etwas, woran zahlreiche Profi-Fußballer und Lottomillionäre schon gescheitert sind: Es befinden sich € 30.000.000 auf dem Konto, die Idee des Schlaraffenlandes greift und die Phantasie entsteht, nun genug getan zu haben. Eine psychisch schwierige Situation, die zu Regression verführt. Die Erschöpfung an Seele und Leib nach einem Börsengang ist immens. Die Beteiligten sind oft völlig erledigt, so anstrengend und so energieraubend waren die Monate, die hinter ihnen liegen. Einige der psychischen Phänomene nach dem Börsengang zeigen deutliche Analogien zur »postnatalen Depression«. Die innere Erwartung, die sich an den Börsengang knüpft, ist die, es nun endgültig geschafft zu haben. Die Enttäuschung folgt auf dem Fuße, denn auf die völlig erschöpften Vorstände wartet noch mehr faktische Arbeit.

Im Kontrast dazu erscheint anderes nahezu kinderleicht: »Eben mal einen Schein ausfüllen und um 30 Millionen Euro reicher zu sein.« Es

Der Börsengang als Krise

entsteht ein rauschhafter Zustand, der oft zu übertriebenen Investitionen reizt, einhergehend mit dem Eindruck, sich nun alles und jedes leisten zu können. Diese psychische Verfasstheit suggeriert nun, mit unendlicher Macht ausgestattet zu sein, alles tun zu können, Alleinherrscher zu sein, was auch bedeutet, nahezu jeden der Mitarbeiter heranholen und beliebig wieder wegschicken zu können. Ein Beispiel aus dieser Zeit ist der Kinowelt-Gründer Michael Kölmel. Nachdem er 1998 mit seiner Firma »Kinowelt« an die Börse gegangen war, begann er eine exzessive Einkaufstour. Neben dem Kerngeschäft »Rechtehandel« träumte er von einem eigenen TV-Sender, wollte sich die Bundesliga-Fernsehrechte sichern und Konkurrenten wie Kirch und RTL ausstechen. Dann verkalkulierte er sich im Poker um ein Filmpaket des US-Konzerns Time-Warner, und Kinowelt machte 600 Millionen Euro Schulden. Ein anderes Beispiel waren die Haffa-Brüder, die EM-TV-Gründer, über die vor einiger Zeit viel berichtet wurde.

Begleitet wird dieses Erleben durch die beschriebene Trennungsphantasie aus der Symbiose der Gründerzeit. Hinzu kommt der Druck der Investoren, die ihr Geld am liebsten schnell verdoppelt sehen wollen. Das zielgerichtete konstruktive Weiterarbeiten, Weiterentwickeln der Produkte kann darunter leiden. Denn statt des »immerwährenden Glücks« erleben die Beteiligten eine immense psychische Strapaze. Fragen wie: »Wie die vielen Interessen der Beteiligten unter einen Hut bringen? Wie ist der Aufsichtsrat einzuschätzen? Vertritt er auch Investoreninteressen und zwar welche? Will er auch Geld verdienen? Wie unabhängig und wie fürsorglich stellt er sich dar?« rauben unter Umständen so manchem die Nachtruhe.

Es ist die Aufgabe der Banken, auf korrektes Wirtschaften zu achten. Nur hinterlässt die Vielzahl kontrollierender Augen ein Gefühl maßloser Depotenzierung. Die Erfolgskurve nach dem Börsengang geht zunächst quasi naturgemäß herunter. Oft wird gerade in medizintechnologischen Firmen folgende Kränkung erlebt: »Ich persönlich bin nicht gemeint, meine wissenschaftliche Ehre interessiert niemanden, denn alle wollen nur Geld von mir.«

Die Erwartungshaltung an den Börsengang kehrt sich um, die bittere Erkenntnis greift Raum, dass Geld bedient werden muss. Wer Geld hat oder erbt, weiß, dass man für den Erhalt oder gar die Vermehrung recht viel arbeiten muss. Eine weitere narzisstische Phantasie platzt.

Die Wünsche der Investoren sind auch nicht ruckzuck in bare Münze und sofort umsetzbar. Es folgt eine weitere, breit angelegte Enttäuschung, nämlich da, wo Gewinne erst prolongiert zu erwarten sind. Es gilt, knallhart zu kalkulieren und hart zu arbeiten. Wenn das Geld zur Verfügung steht, müssten die Vorstände eigentlich sofort zu sparen beginnen. Es muss im Grunde eine orale Verzichtsleistung gebracht werden, die das ganze Gegenteil von Rausch und narzisstischer Aufwertung darstellt. Die Vielzahl heftig greifender Affekte ist den Beteiligten selbst höchst unverständlich. Die erlebte Spannbreite zwischen körperlicher und seelischer Erschöpfung und Euphorie, narzisstischem Triumph, Trennungserleben und erweiterter Pflichten ist ohne Beratung und/oder gute Vorbereitung nicht zu leisten. Wir sehen hier einen massiven Bedarf, der nach Abschluss unserer Studie, die dann eine sehr viel breitere Datenbasis als unsere bisherigen Beraterinnenerfahrungen zur Grundlage hat, systematisch angeboten werden kann. Die Einsamkeit von Vorständen während und nach dem Börsengang ist unserer Erfahrung nach unübertroffen. Sie verstehen sich nicht und fühlen sich von niemandem verstanden. Vor allem wissen sie nicht mehr, wem sie trauen können.

Beratungsstrategien

Erfolgreich zu sein, das ist nun psychodynamisch arbeitenden Beratern klar, ist unter Umständen auch aus einer recht neurotischen Persönlichkeitsstruktur resultierend. Verwiesen sei an dieser Stelle nur auf den Zwang zum Erfolg, der nicht immer aus »gesunder Quelle« gespeist ist. Diese explosive Kraft muss mit Hilfe von Beratern produktiv kanalisiert werden und die Psychodynamik des »Erfolgreichsein-Müssens« bearbeitet werden. Fragen, die zu klären sind, lauten etwa: »Für wen müssen Sie erfolgreich sein?«, »Welche Sinnstiftungen kann es jenseits des Arbeitens geben?« Sehr unterschiedliche Motivlagen zur Frage des Erfolgszwangs innerhalb des Gründungspaars können Anlass für Konflikthaftigkeit sein.

Wichtig scheint es für den Beratungsprozess zu sein, recht frühzeitig die Fantasien zu erheben, die sich um den Börsengang ranken. Je vertrauensvoller die Beziehung zum Berater, desto eher ist davon auszugehen, dass die Zensur der Fantasien so gering wie möglich

Der Börsengang als Krise

bleibt. Da die Fantasien zumeist stark narzisstisch anmuten, sind sie im Dialog mit einem signifikant Anderen von Schamaffekten begleitet. Deshalb bleiben üblicherweise diese Ideen im Dunkeln der einsamen Träumerei. Fantasien, die wir vorfanden, lauten in etwa folgendermaßen:

- Wir beide (das Gründerpaar) sitzen auf dem Thron und herrschen über unser Volk.
- Ich werde den anderen (das Geschwister) endlich los und behalte den Vater (z. B. Aufsichtsratvorsitzender) für mich allein.
- Ich werde für immer im Schlaraffenland leben.

Zumeist bleiben diese Fantasien unkommuniziert, aber ihre Enttäuschung zeitigt durchaus Wirkung. Wut und Hass tritt auf, wenn die Ruhe, Grandiosität, die Harmonie, die Stabilität oder die Nirwanafantasie enttäuscht werden. Diese heftigen Gefühle gilt es wiederum in eine produktive, soll heißen den Unternehmenszielen dienende, Handlungsaktivität zu überführen. Bis zum Zeitpunkt der Emission erhalten sich diese Illusionen, bis zu dem Zeitpunkt, an dem das Baby laufen kann. Denn statt eines Schlaraffenlandes wartet dann ein Konfliktpool auf die Beteiligten, dessen Ausmaß sie nie für möglich gehalten haben. Die neu zu leistenden Anpassungsbewegungen an die veränderte Situation fordern tagtäglich heraus und sie scheinen aus unserer Sicht nur mit Hilfe eines externen Beraters zu leisten zu sein. Gleiches gilt für die Aufarbeitung der zahlreichen Enttäuschungen. Es braucht stabile äußere Begleitung. So wünschten sich die Yahoo-Brüder so sehr einen väterlichen Begleiter, von dem sich beide akzeptiert sehen und bei dem sie sich ausweinen können. Die entscheidende psychische Bewegung, um die es in dieser Phase geht, ist, den Gründungsfiguren zu helfen, aus der frühkindlichen Fantasiebildung auszusteigen. Sie müssen lernen, weder den nun unliebsam gewordenen Partner zu vereinnahmen noch den anderen nach eigenem Bilde zu modellieren. Die Abwesenheit oder größere Distanz des anderen gilt es zu ertragen und nicht in den Abwehrmechanismus der Verkehrung ins Gegenteil zu geraten und den anderen qua Gegenphantasie überzuversorgen oder zu zerstören. Die psychische Leistung ist, sich auf die eigenen Beine zu stellen und den eigenen Spielraum zu vergrößern. Die Lösung der Symbiose mitsamt der Öffnung beider Gründer nach außen stellt einen gangbaren Weg dar. Die Konkurrenz gilt es fair zu beleben, denn dann wissen beide hinterher auch wirklich, mit wem sie es als Mitstreiter und Partner zu tun haben. Sie wissen besser, wer sie sind und was sie können und nicht können und die Differenzierung wird aussprechbar und aushaltbar. Die beteiligten Personen müssen alle ihre Kompetenzen und Rollen neu formieren und in eine erneute Aufbruchstimmung, die Spaß machen und eine produktive Herausforderung darstellen kann, lenken. Wenn das Destruktive des Gründerpaares gebannt und damit die psychische Trennung vollzogen ist, öffnet sich der Weg für konstruktive Dialoge. Die gegenseitigen Idealisierungen müssen jedoch aufgegeben sein, sonst findet keine reale Konfrontation mit sich selbst und dem anderen statt. An dieser Stelle ist die Analogie zum Wandel vom Status des Verliebtseins in eine tragfähige Liebesbeziehung augenscheinlich. Die Pionierphase ähnelt der Verliebtheit eines Paares und ein anstehender Börsengang der Wandlung hin zu reifer Beziehung und der Entwicklung zu reifer Liebe.

Wir konnten beobachten, dass in dieser zwar nach außen sich machtvoll darstellenden Situation des Börsengangs, die vom inneren Erleben jedoch von maximaler Hilflosigkeit begleitet ist, auf Entscheidungsstrategien zurückgegriffen oder aber regrediert wird, wie sie in der Herkunftsfamilie Usus waren. Für den Beratungsprozess ist es wichtig, frühzeitig herauszufinden, wie diese Strategien aussahen. Erhebt man diese impliziten Strategien, dann weiß der Berater schon, wie die Vorstände vermutlich in einer solchen Situation handeln werden. In der Situation maximaler Hilflosigkeit werden archaische Überlebens- und Übertragungsmechanismen mobilisiert. Die Überforderung wird wie ein Schockzustand erlebt: »Um Himmels willen, die Kurve geht nach unten.« Es trifft die frisch börsennotierten Unternehmen wie mit »dem Hammer auf den Kopf«. Die Beteiligten kommen in dieser Situation, die affektiv massiv überlagert ist, selten zu rationalen Entscheidungen. Sie haben viele unterschiedliche Ideen und kommen nicht zu einem gemeinsamen Konzept der Regulierung der Krise. Es besteht die Gefahr, dass die aggressive Energie, die jede Krise mobilisiert, gegeneinander gerichtet wird und in der unproduktiven Frage mündet: »Wer ist schuld? Wer hat was falsch gemacht?« Dies sind jedoch wenig zielführende Fragen, die bisweilen auch von kurzsichtigen Aufsichtsräten gestellt werden. Die richtige Frage jedoch lautet: »Wie können wir das, was an kreativer Energie vorhanden war, wieder aktivieren und eine sinnvolle Schadensbegrenzung gemeinsam vornehmen?« Entscheidend ist an dieser Stelle die Eindämmung der psychischen und physischen Dekompensationsmechanismen. Diese Notwendigkeit ist umso mehr gegeben, als dass die ungeheure Kreativität, die die Gründerfiguren an den Tag legten, jetzt umso mehr gebraucht wird. Hier gerät die Balance zwischen lustvoller Produktion des Kreativen und normativer Umsetzung aus dem Ruder und es kann zu einer Stagnation innovativer Impulse kommen.

Der Börsengang kann sinnvollerweise als kritisches Lebensereignis verstanden werden, dessen Bewältigung mit persönlichen Wachstum einhergeht. Damit dies gelingt, müssen die typischen, regelhaft ablaufenden Krisendynamiken durch die Berater den am Börsengang Beteiligten auch kognitiv zugänglich gemacht werden. Zur Prävention einer destruktiv eskalierenden Konfliktdynamik hilft es, typische Entwicklungen antizipativ zu erklären, die Betroffenen somit vorzubereiten und die Geschehnisse damit zu entindividualisieren. Vor allem hat es sich als hilfreich herausgestellt, auch die Aufsichtsräte in diesen Prozess mit einzubeziehen. Sind diese vertraut mit unterschiedlichen Modi der Krisenbewältigung »Börsengang«, können sie ihren Beitrag dazu leisten, die Destruktivität, die in diesem Geschehen potenziell freigesetzt werden kann, zu begrenzen. Die Rolle der Aufsichtsräte ließe sich am günstigsten (wollen wir eine Familienanalogie benutzen) als die der Großeltern beschreiben. Gelassenheit, Souveränität, Fürsorge und Zutrauen sind die emotional bedeutsamen Haltungen, die junge Vorstände bei den Aufsichtsräten suchen und bekommen sollten. Sind diese erfahren und wenig aufgeregt, so ist es möglich, Konfliktdynamiken sinnvoll zu befrieden. In einzelnen Fällen macht es auch Sinn, dass die Aufsichtsräte konfliktstimulierend wirken, um den Entwicklungsprozess anzuregen. Die Veränderungsprozesse innerhalb des Gründerpaars sind unabdingbar und können mit Weitblick begleitet werden.

Wenn der Aufsichtsrat seine triangulierende Aufgabe wahrnimmt, kann das Unternehmen ein Ort werden, an dem um »gute Arbeit« gerungen wird (vgl. Senghaas-Knobloch, 2001). Unternehmen können dann Orte gelingender Kooperation, sachorientierten Dialogs und gegenseitiger Anerkennung werden, wenn Organisationsmitglieder bei der Vertretung ihrer individuellen und kollektiven Interessen, »beim Einnehmen ihrer jeweiligen Perspektiven eine produktive Spannung zu den Aufgaben und Zielen, zur Struktur und Kultur ihrer Organisation herstellen und aufrechterhalten« (Tietel, 2003, S. 215). Pühl (1997) und Bauriedl (1994) sprechen an dieser Stelle von der Fähigkeit, den »Winkel zu halten«, und meinen damit eine psychische Beweglichkeit, mit dem einen und dem anderen der Beteiligten in Kontakt zu bleiben und eben nicht in ein Bündnis zu treten. Nur auf diese Weise kann gewährleistet werden, dass in einem jungen Unternehmen die Dialogfähigkeit aufrechterhalten bleibt. Die Beziehungen untereinander müssen, wie Honneth (2000) es nennt, kommunikativ verflüssigt werden. Möglichst »viele Stimmen der unterschiedlichen Interaktionsbeziehungen« (S. 1106 f.) müssen im Inneren des Aufsichtsrates oder zumindest im Inneren des begleitenden Beraters gehört werden und in Wechselwirkung treten, damit die Beweglichkeit zwischen den Akteuren erhalten bleibt. Die Entwicklung der inneren Pluralität heißt Öffnung: Anerkennung der unterschiedlichen Perspektiven, Interessen und Interaktionsangebote, damit ein vertrauensvolles und anerkennungsbasiertes Beziehungsgefüge (wieder) entstehen kann. Auf Aufsichtsrat und/oder Berater kommt ein hohes Maß an Integrationsarbeit zu. In dieser Dreierbeziehung kann im gelungenen Fall die Beziehung des Gründerpaares geklärt, interaktionale Aspekte aufgezeigt werden, die den beiden nicht zugänglich sind und damit die notwendige passagere Entzweiung wieder einer Verbindung zugeführt werden. Die Aufgabe der Aufsichtsräte und/oder Berater ist an dieser Stelle mit Bion gesprochen die, unverdaulichen Affekte in sich aufzunehmen und diese zu entgiften und somit transformiert zurückzufüttern. Beratern und /oder Aufsichtsräten kommt die Funktion eines Containers zu, in dem Sachfragen, Interessen und Perspektiven in einem modifizierten Erfahrungskontext verhandelt werden können und in einen depressiven Modus anstelle des paranoid-schizoiden Modus überführt werden. Dann ist der Übergang von einer Linie zum Dreieck (Tietel, 2003, S. 224) gelungen. Die Schließung der Triade ist erfolgt, wenn die Anerkennung des Dritten gelingt. Der Dritte im Vorstand, der Dritte in Form des Aufsichtsrats, der Dritte als Reglement (Aktiengesetz, Anteilseigner, Banken etc.) unterhalten auch wechselseitig zueinander Beziehungen, von denen die einzelne Gründerfigur ausgeschlossen ist. Dies zulassen zu können, ohne vertrauensselig oder paranoid zu reagieren, beweglich zu bleiben in einem Wechselspiel von Bewegungen aufeinander zu und voneinander weg, kann als Zielvorgabe von Beratung gelten. Dazu ist es eine unverzichtbare psychische Aufgabe, den Verlust ehemals symbiotischen Arbeitens zu betrauern und den Verzicht auf vermeintlich paradiesische Anfangsbedingungen zu akzeptieren. Reife Triangulierung mündet in wechselseitige Anerkennung in »Zusammenhalt, Ertragen und Fruchtbarmachen von Differenzen« (Krejci, 1999, S. 31). Abschließend sei davor gewarnt, eine weitere Illusion zu schüren. Die trianguläre Kultur in Unternehmen aufrechtzuerhalten, muss einhergehen mit der nüchternen Erkenntnis, dass man »bestenfalls mit sich und mit Anderen immer wieder darum ringen kann, auf dem Weg zu einer triangulären Kultur zu sein« (Tietel, 2003, S. 268).

Literatur

Bauriedl, T. (1994). Auch ohne Couch. Stuttgart: Verlag Internationale Psychoanalyse.
Bion, Winfried R. (1971). Erfahrungen in Gruppen. Frankfurt a. M.: Fischer.
Honneth, A. (2000). Objektbeziehungstheorie und postmoderne Identität. Über das vermeintliche Veralten der Psychoanalyse. Psyche – Zeitschrift für Psychoanalyse und ihre Anwendungen., 54, 1087–1109.
Krejci, E. (1999). Zusammenkommen und Zerfallen: Das Modell des Behälters und die PS↔D-Bewegung als Brennpunkt von Bions Theorie des Geistes. Forum der Psychoanalyse, 15, 25–41.
Pühl, H. (1997). Von der Gruppenmatrix zur Institutionsmatrix. In I. Eisenbach-Stangl, M. Ertl (Hrsg.), Unbewußtes in Organisationen (S. 39–53). Wien: Facultas-Universitätsverlag.
Senghaas-Knobloch, E. (2001). Neue Organisationskonzepte und das Problem entgrenzter Arbeit. Zum Konzept der Arbeitsrolle als Schutzmantel. In E. Senghaas-Knobloch (Hrsg.), Macht, Kooperation und Subjektivität in betrieblichen Veränderungsprozessen (S. 171–194). Münster: Lit-Verlag.
Simmel, G. (1992). Soziologie. Frankfurt a. M.: Suhrkamp.
Sofsky, W., Paris, R. (1994). Figurationen sozialer Macht. Frankfurt a.M.: Suhrkamp.
Tietel, E. (2003). Emotion und Anerkennung in Organisationen. Wege zu einer triangulären Organisationskultur. Münster: Lit-Verlag.

Erstabdruck:
Bahner, M., Möller, H. (2004). Der Börsengang als Krise – Zur Psychodynamik zwischen Gründerpersonen. Gruppendynamik & Organisationsberatung, 3, 275–289.

Heidi Möller und Uwe Volkmer

Das Karriereplateau

Herausforderungen für Unternehmen, Mitarbeiterinnen und Beraterinnen

Mit der Verknüpfung von Entwicklungspsychologie (»life-span-psychology«) und der Karriereforschung wird der Versuch unternommen, das Phänomen des Karriereplateaus zu beleuchten und Lösungsmöglichkeiten seitens des Individuums und der Organisation aufzuzeigen. Menschen ziehen in der Mitte ihres Lebens Bilanz im Hinblick auf die Erreichung spezifischer beruflicher Ziele bzw. von Lebenszielen. Diese Bilanzierung ist häufig mit persönlichen Krisen verbunden, wenn »beruflicher Erfolg« im Selbstkonzept des Einzelnen eine zentrale Rolle spielt und gleichzeitig wahrgenommen wird, dass mit großer Wahrscheinlichkeit die hierarchische Weiterentwicklung abgeschlossen ist. Gleichzeitig bleiben die Wünsche und Bedürfnisse nach Karriere wach, und die Tatsache, noch circa zwanzig Jahre Berufsleben vor sich zu haben, wiegt auch im Hinblick auf die demographische Entwicklung umso schwerer. Wir gehen davon aus, dass die Bewältigung der Krise entscheidende Auswirkungen auf die Leistungsmotivation der Mitarbeiter/-innen hat, und konstatieren, dass eine gelungene lebensphasenbezogene Personalentwicklung des Unternehmens helfen kann, die Krise produktiv zu meistern oder sogar zu verhindern.

> »Im Grunde wissen in den Jahren der Lebensmitte wenig Menschen, wie sie eigentlich zu sich selbst gekommen sind, zu ihren Vergnügungen, ihrer Weltanschauung, ihrer Frau, ihrem Charakter, ihrem Beruf und ihren Erfolgen, aber sie haben das Gefühl, dass sich nun nicht mehr viel verändern kann. Es ließe sich sogar behaupten, dass sie betrogen worden seien, denn man kann nirgends einen zureichenden Grund dafür entdecken, dass alles gerade so kam, wie es gekommen ist; es hätte auch anders kommen können; die Ereignisse sind ja zum wenigsten von ihnen selbst ausgegangen, meistens hingen sie von allerhand Umständen ab, von der

Laune, dem Leben, dem Tod ganz anderer Menschen und sind bloß im gegebenen Zeitpunkt auf sie zugeeilt« (Musil, 1978, S. 130).

Ein Fallbeispiel

Die Personalleiterin eines Unternehmens ruft bei dem Autor des Beitrages an und kündigt an, sie würde ihm Herrn P. zum Coachen schicken. Zum Arbeitsauftrag umreißt sie Folgendes: Herr P. sei schon länger im Unternehmen und leite dort eine große Abteilung. Insbesondere in der letzten Zeit sei der Vorstand zunehmend unzufrieden mit ihm. Seine Leistungen seien zwar nicht schlecht, aber auch nicht optimal. Arbeitsaufwand und Ergebnis stünden in keinem guten Verhältnis. Herr P. arbeite viel zu lange ohne entsprechende Effizienz. Auch sein Sozialverhalten gebe Anlass zur Sorge, er verhalte sich oft »stinkig«, aufsässig, aggressiv und sei für niemanden mehr so richtig zugänglich.

Im Diagnosegespräch mit Herrn P. stellt sich die Situation aus seiner Sicht folgendermaßen dar: Sein Vater hatte ihm mitgegeben, das Leben sei nur gelungen, wenn er ganz nach oben komme. Er hatte ihm sozusagen den Marshallstab in den Tornister gelegt. In seiner jetzigen Firma sei es all die Jahre immer weiter nach oben gegangen, aber in den letzten Jahren hätte sich nichts mehr in Richtung Aufstieg bewegt. Als Vorstand komme er nicht in Frage, wie man ihm nachdrücklich zu verstehen gegeben habe. Daraufhin habe er sich extern beworben, sei mehrfach in die Endauswahl gekommen, aber letztlich habe es nie geklappt. Die Beziehung zu seiner Frau sei auch schwierig geworden. Jetzt, wo die Kinder größer seien, würde seine Frau wieder arbeiten und ihm abverlangen, sich mehr an der Erziehung zu beteiligen. Und aus all dem Frust mit seiner Frau habe er seit kurzem eine jüngere Freundin, zwar nichts auf Dauer, aber besser als die ständig nörgelnde und fordernde Ehefrau daheim. Irgendwie falle seine Lebensbilanz jetzt, wo er Anfang vierzig sei, traurig aus, als habe er etwas versäumt oder verkehrt gemacht. Das mache ihn auch anfälliger für Stimmungsschwankungen. Er könne sich überhaupt nicht vorstellen, noch weitere zwanzig Jahre in dieser Firma so zu arbeiten – andererseits hätte er aber auch keine Idee, etwas anderes zu machen. Er sei alles in allem ratlos und frustriert.

Der Karriere-Begriff

Herr P. ist ein typischer Vertreter derjenigen, die unfreiwillig im Karriereplateau »stecken geblieben« sind. Im Alltagsverständnis wird unter dem Begriff Karriere fast immer eine rasche Abfolge von Aufwärtsbewegungen in einem Unternehmen gefasst: »Er macht Karriere«, das heißt er bekommt mehr Status, mehr Prestige, dokumentiert durch die entsprechenden Statussymbole wie zum Beispiel: größerer Dienstwagen, größeres Büro, mehr Macht und mehr Einkommen. Ein Karriereversprechen wird zudem als elementarer Bestandteil eines psychologischen Vertrags zwischen den Mitarbeiter/-innen und der Organisation verstanden, sodass Karriereaussichten für besondere Belastungen (Überstunden zu Lasten der Familie, Urlaubsverkürzungen) oder auch ungeliebte Aufgaben (Sanierung in Ostpolen) entschädigen: »Die höchste Form der sozialen Validierung von Selbstwertgefühl und Selbstanerkennung, die die Organisation zu vergeben hat, bleibt der hierarchische Aufstieg« (Popitz, 1992, S. 113).

In der wissenschaftlichen Diskussion ist der Karrierebegriff deutlich erweitert. Schein (1995, S. 20 f.) nennt drei mögliche Karrierekonzepte:

1. *Vertikale Karriereverläufe:* Im Rahmen der formalen Hierarchie erfolgt der Aufstieg nach oben – unabhängig davon, ob es sich um eine Fach- oder Führungslaufbahn handelt.
2. *Funktionale oder kreisförmige Karriereverläufe:* Es wechselt der Inhalt der Funktion, die formale Rangposition und Zentralität bleiben gleich. Ein Mitarbeiter, eine Mitarbeiterin verändert sich alle drei bis fünf Jahre von einem Bereich in ein völlig anderes Gebiet, zum Beispiel um Abwechslung und Unabhängigkeit zu erhalten.
3. *Radiale Karriereverläufe:* Bewegung auf der Dimension der Zentralität (von der Peripherie zur Mitte der Organisation). Damit gewinnt der Mitarbeiter, die Mitarbeiterin einen besseren Zugang zu wichtigen Gremien, wichtigen Informationen, wichtigen Personen.

Eine vierte Karrierebewegung ist die von Brousseau, Driver, Eneroth und Larsson (1996) beschriebene spiralförmig verlaufende, die

Kombination von vertikalen und funktionalen Verläufen: Größeren vertikalen Karriereschritten folgt der Wechsel in ein anderes Spezialgebiet oder Disziplin. Krieger (2004, S. 42), der unter dem Aspekt notwendiger Reformen der Alterssicherungssysteme eine »neue Architektur der Zeitverteilung im Lebenslauf« empfiehlt, beschreibt fünf unterschiedliche Berufsbiografien, die das Konzept von Schein gut ergänzen:

- die traditionell sequenzielle Berufsbiografie (Arbeit und Nicht-Arbeit sind strikt getrennt),
- die Kombinationsbiografie (mehrere Aktivitäten parallel tun),
- die Wahl-Biografie (größere Verfügbarkeit über individuelle Optionen),
- die Patchwork-Biografie (Abwechslung von Phasen der Arbeit und anderen Aktivitäten, wie Weiterbildung, Kindererziehungszeiten, Weltumseglung etc.),
- die Verhandlungsbiografie (längere Lebensarbeitszeit im Tausch gegen Auszeiten während der Stressphasen).

Das Karriereplateau

Die Karriereplateau-Forschung hatte ihren Startschuss 1977 in den USA (Ference, Stoner u. Warren, 1977). Mitarbeiter/-innen haben dann ein Karriereplateau erreicht, wenn eine weitere Beförderung unwahrscheinlich ist, sie eine lange Stehzeit in ihrer Position aufweisen und/oder ihre Tätigkeit keine Herausforderung und Lernchance mehr darstellt (Eckhardstein, Elsik u. Nachbagauer, 1997, S. 7). Für die Entstehung von Karriereplateaus spielen unterschiedliche Faktoren eine Rolle, die vier unterschiedlichen Ebenen zuzuordnen sind (vgl. S. 8 f.):

Umwelt:

a) Niedriges Wirtschaftswachstum: Unternehmen bauen nicht aus und stellen nicht ein.
b) Baby-Boomer-Generation (zwischen 1955 und 1965 Geborene) erzeugt eine stärkere gleichzeitige Nachfrage nach Arbeitsplätzen.
c) Steigende Ansprüche an hoch- und höherqualifizierte Arbeitsfel-

der durch das seit den 1970er Jahren ansteigende Bildungsniveau und der damit verbundene Anstieg der »Nachfrage« nach Karriere.

Organisation:

a) Lean-Management: Verringerung der Anzahl der Hierarchieebenen.
b) Wettbewerbsstrategie: Strategie des »Verteidigers«, also einer defensiven, nur auf das Halten von Marktanteilen ausgerichteten Strategie, schafft empirisch betrachtet mehr Karriereplateaus.
c) Personalentwicklung: Nur High-Potentials und allenfalls noch Problemfälle werden berücksichtigt und eben nicht all jene, die schon länger in einer Hierarchieebene sind und ihren Job bisher ganz gut ausfüllen.
d) Personalpolitik: Führungskräfte werden nach anderen Kriterien ausgewählt. Frühere wichtige Anforderungskriterien wie Fachlichkeit, Loyalität und Betriebszugehörigkeit verlieren an Bedeutung zugunsten stärkerer Leistungs- und Ergebnisorientierung; Reformeifer (wer macht am besten bei den anstehenden Reorganisationen mit), Mobilität, Auslandseinsatz und generelle Managementkompetenz werden geschätzt. Unter dieser Veränderung der Selektionskriterien »leiden« tendenziell eher die älteren, länger in der Position beschäftigten und nach alten Anforderungen ausgewählten Führungskräfte.
e) Strukturelles Plateau: Die Fachkraft soll auf dieser Ebene nicht verloren gehen.

Position:

a) Die Bedingungen einer bestimmten Position können die Entstehung von Karriereplateaus fördern, zum Beispiel Vorgesetzte, die wenig Feedback geben und insgesamt wenig zur Weiterentwicklung der Mitarbeiter/-innen beitragen.
b) Die beigemessene Bedeutung einer Position: Wie fern liegt sie von der Zentrale, wie werden deren Stelleninhaber von den maßgeblichen Entscheidungsträgern wahrgenommen (»Unser Mann in Timbuktu«) – Positionen, aus denen heraus sich zu entwickeln schwer fällt.
c) Die Anforderungen eines Arbeitsfeldes, die die Wahrschein-

keit von Burnout erhöhen und damit die Karrierefähigkeit des Einzelnen objektiv durch dauernde Überlastung beeinträchtigen.

Person:

a) Keine Motivation zu weiterem Aufstieg (s. Work-Life-Balance).
b) Ungeeignete Qualifikationen für die Stelle.
c) Schlecht ausgebildete Fähigkeiten der Mitarbeiter/-innen zur Förderung ihrer eigenen Karriere, zum Beispiel Anwendung mikropolitischer Taktiken wie »sich sichtbar machen«.

Regnet (2004) hat in ihrer Untersuchung zeigen können, dass circa 40 % der Führungskräfte zwischen Ende dreißig und Anfang fünfzig den Wunsch haben, einen größeren Freiraum und mehr Verantwortung zu bekommen und zudem ihr Wissen an andere weiterzugeben. Die Chancen, bis zum Ende ihrer beruflichen Laufbahn diese Veränderungsbedürfnisse zu realisieren, wurden bei knapp 20 % gesehen. Sollten sie den Arbeitgeber wechseln, äußerten immerhin 50 % der Führungskräfte dieser Altersgruppe den Wunsch nach weiterem beruflichen Aufstieg. Es findet sich also bei den Bedürfnissen der Manager in der Mid-Career-Phase tendenziell viel von dem bisher Gewohnten: »höher, weiter, schneller«, einhergehend mit der Einsicht zunehmender Schwierigkeiten, diese Ansprüche auch Realität werden zu lassen.

Insbesondere Menschen, deren Identitätspfeiler primär der Beruf darstellt, die viel Energie und Zeit in ihre Karriere »investiert« haben und Erfolgserlebnisse und Selbstbestätigung erfahren haben, ist ein Plateau (d. h. die Erfahrung von Stillstand) eine Abweichung von ihrem bisherigen Lebens- und Berufsscript: Sie trifft der Eindruck, erstmals in einer Sackgasse zu stecken. Manager haben ihr Karriereplateau im Durchschnitt mit 45 Jahren erreicht (Regnet, 2004, S. 58) oder sie gehen subjektiv davon aus.

Über 60 % der Führungskräfte zwischen 46 und 50 Jahren erwarten in den nächsten fünf Jahren keine Veränderung ihrer gegenwärtigen Position (vgl. Regnet, 2004). Die Arbeit wird zunehmend als Routine erlebt, mit wenig Herausforderungen, Spannung und Abwechslung angereichert. Zusammenfassend lässt sich über alle Studien hinweg sagen: »Plateaued performers« (Mitarbeiter/-innen auf einem Plateau) sind älter, weniger zufrieden mit ihren Vorgesetzten, berichten über geringe Aufstiegschancen, fehlen öfter, schätzen ihre

Marktfähigkeit geringer ein und fühlen sich weniger gesund (Eckhardstein et al., 1997, S. 14). Demgegenüber sind die »non-plateaued performers« deutlich zufriedener mit ihrer Tätigkeit, ihrer persönlichen Entwicklung und haben weniger stark innerlich gekündigt. Die Aussagen über Leistung und Arbeitsergebnisse der »plateaued performers« versus »non-plateaued performers« sind uneinheitlich und nicht signifikant. Die Unzufriedenheit mit dem Beruf, die Einschätzung des beruflichen Lebenswegs als eine Misserfolgsgeschichte gilt insbesondere als Belastung für Führungskräfte in der mittleren Hierarchieebene.

Der demographische Faktor

Gegenwärtig finden wir noch die Tendenz in der Personalpolitik, die Belegschaft weiter zu verjüngen (Vorruhestand, Entlassung älterer Arbeitnehmer/-innen). So arbeiten in circa 60 % der deutschen Unternehmen heute keine Mitarbeiter/-innen über fünfzig mehr. Diese Verjüngung der Belegschaft wird mit Sicherheit in naher Zukunft abgelöst werden von der Frage, wie die Leistungsfähigkeit und -bereitschaft, also Kompetenz und Motivation, älterer Arbeitnehmer/-innen (und das sind nach einer Definition der Bundesagentur für Arbeit Arbeitnehmer/-innen ab 45 Jahren) ausgebaut oder zumindest erhalten bleiben kann (vgl. auch Möller u. Laschalt in diesem Band). Personalentwicklung, die sich darauf eingerichtet hatte, Mitarbeiter/-innen auf dem Weg zum Karrierehöhepunkt zu begleiten, wird sich stärker darauf einstellen müssen, Konzepte zu erstellen, wie Mitarbeiter/-innen und Führungskräfte nach Erreichen des Karrierezenits weiterzuentwickeln sind: Wie ist lebenslanges Lernen über das bloße Schlagwort hinaus seitens der Organisation zu gewährleisten?

Arbeit und Lebensspanne

Arbeit hat neben der Einkommenssicherung bekanntermaßen weit darüber hinausgehende Funktionen. Sie ist statusbestimmend (»Herr Prokurist«), hat Einfluss auf das Selbstwertgefühl, ist für die sozialen Kontakte bedeutsam und bestimmt weitgehend die sich bietenden

Lebenschancen. Mit der Integration des Lebenszyklus-Ansatzes in die Arbeitswelt, konkret in die Personalentwicklung, erhält die Förderung von Mitarbeiter/-innen eine dynamische Komponente: Jede Mitarbeiter/in eines Unternehmens besitzt einen individuellen Lebenszyklus und befindet sich, je nach Alter, Lebens-, Berufs- und Karriereposition, in einer anderen Phase des jeweiligen Teil-Lebenszyklus. Diese verschiedenen Teil-Lebenszyklen (biosozialer, familiärer, beruflicher, betrieblicher und stellenbezogener) sind gleichzeitig wirksam und beeinflussen die Bedürfnisse, das Verhalten sowie die Leistungsvoraussetzungen und Entwicklungspotenziale der Mitarbeiter/in. Besonders deutlich werden sich in der Regel kritische Situationen des Übergangs von einer Phase in die nächste oder Spannungsfelder, die sich zwischen Teillebenszyklen ergeben, bemerkbar machen. Wie diese Situationen erlebt werden, hängt auch von der Persönlichkeit, ihren Copingstrategien, ihrem Kohärenzgefühl (Antonovsky, 1997) und den Kontrollüberzeugungen des jeweiligen Menschen zusammen.

Uns interessiert unter dem Aspekt Karriereplateau insbesondere die mittlere Lebensphase: Neben endokrinologischen und anderen in Richtung Alter weisenden körperlichen Veränderungen, einer intensiveren Konfrontation mit dem Tod (der Eltern, gleichaltriger Freunde und Kollegen), veränderter Rollen- und Statuszuweisungen (Beginn der nachelterlichen Phase) erscheint unter beruflichen Aspekten besonders das interessant, was Levinson, Darrow und Klein (1978) das Wiederauftauchen des Traumes genannt hat, das heißt jener jugendlichen Wünsche und Ansprüche, die im frühen Erwachsenenalter unterdrückt werden oder, etwas nüchterner formuliert, die Diskrepanz zwischen Ansprüchen (»aspirations«) und erreichten Zielen (»achievements«) (Brim, 1976; zit. n. Kohli, 1977). Beispielhaft für die zentralen Themen der Lebensmitte sei hier Schein (1995) genannt, der in seinem beruflichen Zykluskonzept die Phase sechs als Krise in der Mitte der Laufbahn bezeichnet. Herausforderungen in diesem Lebensalter sind für ihn insbesondere:

- mit der Diskrepanz zwischen eigenen Hoffnungen und dem Erreichten umgehen zu lernen,
- den Stellenwert der beruflichen Tätigkeit im gesamten Lebensraum zu bestimmen,
- dem beruflichen Leben wieder neuen Sinn zu geben.

In dieser Zeit wird also eine (nicht nur) berufliche Standortbestimmung vorgenommen. Alte Ziele werden (neu) geklärt, das heißt es kommt zu einem Abgleich zwischen einmal Erstrebtem und tatsächlich Erreichtem unter Berücksichtigung der sich (objektiv und subjektiv) verengenden Möglichkeiten. Subjektiv empfundene Fehlentscheidungen in früheren Jahren wirken sich aus und werden zu Belastungsfaktoren. Für jeden Einzelnen stellt sich die Aufgabe, die nächsten zwanzig Berufs- oder besser Lebensjahre so zu gestalten, dass sie im Lichte dieser Bilanz Sinn machen und geben und nicht zu einer generellen Sinn- und Lebenskrise führen. Kohli (1982) benutzt in diesem Zusammenhang den Begriff der »Irreversibilität von Lebenszeit« und meint damit, dass sich in der Lebensmitte die Bilanzierung nicht weiter hinausschieben lässt, da die Zukunft nicht mehr unbeschränkt offen sei, Zeit »davonliefe« und das Ende der Berufstätigkeit abzusehen sei. »Wenn die Erfüllung noch kommen soll, muss sie vorher kommen« (S. 48). Es geht also in der Mitte des beruflichen Lebens um den Prozess des Werdens und des Vergehens. Werden wird dabei verstanden als das Aufkommen neuer Fragen, ihr Herausforderungspotenzial und ihre Bewältigung, Vergehen als sich Verabschieden von alten Identitäten und Selbstbildern.

Zur Psychologie des Alterns

Manager/-innen machen in ihrer Lebensmitte vielfältige Erfahrungen mit dem Defizitmodell von »Alter« – sie nehmen wahr, dass Stellensuche für ältere Mitarbeiter/-innen schwieriger ist, erleben Zurücksetzungen beim Thema Karriereaufstieg aufgrund von Alter und der Gleichsetzung von Alterungsprozessen mit nachlassender Leistungsfähigkeit, Flexibilität und Dynamik. Negative Altersstereotype sind bis heute weit verbreitet, wenngleich auch ein leichter Trend zur Revision beobachtbar ist (vgl. Heckhausen, 1990). Dieses negative Bild des Alterns korrespondiert nicht mit wissenschaftlichen Aussagen zur Leistungsfähigkeit älterer Menschen (vgl. Lehr, 2000). Die Stärken älterer Arbeitnehmer/-innen lassen sich nach Heuft, Kruse und Radebold (2000) mit den Begriffen Fachkompetenz und Daseinskompetenz fassen.

Ältere Arbeitnehmer/-innen verfügen oft über sehr gut organisierte, bereichspezifische Wissenssysteme (neben dem Faktenwissen auch das unverzichtbare Handlungswissen, vgl. Heuft et al., 2000, S. 66). Dem kommt in Zeiten des Transformationsprozesses von einer Industrie- zu einer Wissens- bzw. Dienstleistungsgesellschaft besondere Bedeutung zu. Neben dem Erfahrungswissen verliert ein Unternehmen unter Umständen auch lang gepflegte Kundenbeziehungen, die an die Person der ausscheidenden Mitarbeiter/-innen gebunden waren. Die Erwartung vom Entwicklungsgewinn im Alter zeigt sich bei den Betroffenen abhängig vom Erwerbstätigenstatus. Das berufliche Engagement bei Angehörigen höherer sozialer Schichten ist weitaus deutlicher ausgeprägt. So definieren leitend tätige Mitarbeiter/-innen Arbeit eher als Teil ihrer Selbstverwirklichung, verfügen über ein höheres Maß an Arbeitszufriedenheit durch erkämpfte oder zugewiesene Freiräume. Daraus leitet sich ab: Wenn auch für viele der älteren Arbeitnehmer/-innen innerhalb des Unternehmens kein Hierarchieaufstieg möglich ist, so ist es dennoch im Rahmen der Gestaltungsfreiräume von Unternehmen eine Option, neue Arbeitsformen und neue Rahmenbedingungen anzubieten, um die Motivation älterer Arbeitnehmer/-innen aufrechtzuerhalten, zu unterstützen und zu fördern. Arbeitszufriedenheit korreliert mit den gegebenen Handlungsspielräumen und dem Wegfall tayloristischer Trennung von Planungs-, Fertigungs- und Kontrollmaßnahmen (vgl. Sichler, 2003). Diese Tendenz der Dezentralisierung und Divisionalisierung unternehmerähnlicher Tätigkeiten fügt sich in die Veränderungen der modernen Arbeitswelt und in das Konzept des Arbeitskraftunternehmers (Pongratz u. Voß, 2003) ein.

Voraussetzung dafür ist aber sowohl die Änderung der kollektiven Repräsentationen des Alters, der diesbezüglichen Einstellungen und der gesellschaftlichen Altersbilder (Walter, 2006), zu dem auch die Betriebe beitragen müssen, damit aus einer Alterskurve auch eine Reifungskurve wird.

Maßnahmen der Personalentwicklung

Die traditionelle Personalentwicklung geht davon aus, dass man es mit »Anfang 40« geschafft habe. Die beruflichen Ziele sind erreicht, Beförderungen von über Vierzigjährigen (von Vorstandspositionen einmal abgesehen) haben Seltenheitswert. Seminarteilnahme von über 45-Jährigen ist eher die Ausnahme als die Regel. Die Mid-Career-Gruppe der 40 bis 55-Jährigen erfreute sich bislang keines großen Interesses seitens Personalentwickler: Sie waren zu alt für die Führungsnachwuchsentwicklung, aber noch zu jung für die Seminarreihe »Vorbereitung auf den 3. Lebensabschnitt«.

Insbesondere Führungskräfte auf der mittleren Ebene gelten als besonders karriereorientiert; da sie beruflichen Erfolg eng mit Aufstieg in Verbindung setzen, sind sie dann am härtesten von einer Laufbahnkrise betroffen (Auchter, 1983) und sollten von daher auch in besonderem Maße im Focus der Personalentwickler stehen. Obwohl viele Untersuchungen belegen, dass eine hohe Korrelation von Lebensalter und allgemeiner Zufriedenheit besteht, gilt dies für die Gruppe der von Regnet (2004) untersuchten Führungskräfte nicht. Hier sinkt die Arbeitszufriedenheit bei den Mid-Career-Managern. Erst zaghaft beginnt eine Diskussion über eine Personalentwicklung, die sich an den Lebenszyklen des Einzelnen orientiert, das heißt, die einzelne Mitarbeiter/-in in ihrer gesamten Biografie mit ihren verschiedenen Herausforderungen zu sehen. Solche Personalentwicklungsprogramme begleiten als flankierende Maßnahmen den individuellen Lebenszyklus einer Mitarbeiter/in in Phasen der Veränderung, des Übergangs von einer Phase in die nächste sowie bei kritischen Entscheidungen. Für Sattelberger (1995), heute Personalvorstand bei der Lufthansa AG, gehört zu einer innovativen Personalentwicklung auch der Aspekt des individuellen Lebenszyklus der Mitarbeiter/in. Folgerichtig ist die Lufthansa auch heute eines der wenigen Unternehmen in Deutschland, das systematisch bildungsbezogene Maßnahmen anbietet: So stellt zum Beispiel das Programm »Pro 40« ein Angebot für die Zielgruppe von erfahrenen Fach-/Führungskräften des unteren und mittleren Managements zwischen vierzig und fünfzig Jahren dar – beschrieben bei Regnet (2004, S. 97 f.).

Die Frage, die sich Personalentwickler/-innen in der Zukunft vermehrt werden stellen müssen, lautet: Können wir die Krise in der Lebensmitte seitens der Organisation in einer Weise begleiten und unterstützen, dass das Resultat dem Einzelnen *und* der Organisation nutzt? Hierbei sind zwei Ebenen der Betrachtung hilfreich: die Ebene der Organisationskultur und die Ebene der konkreten Personalpolitik.

Um ein Verständnis für die herrschenden Einstellungen auf der Organisationsebene zum Thema »Alter und Karriere« zu erlangen, können beispielhaft folgende Leitfragen fruchtbar sein:

- Wie werden in unserem Unternehmen ältere Mitarbeiter/-innen gesehen?
- Wie wird bei uns Karriere gefasst und bewertet?
- Was honorieren wir bei älteren Mitarbeiter/-innen? Gehen unsere Aktivitäten dahin, Menschen in den Vorruhestand zu schicken, oder unterstützen wir aktives spätes »Durchstarten«?
- Welche ungeschriebenen Gesetze haben wir, die die Lust älterer Arbeitnehmer/-innen, sich zu engagieren, fördern oder hemmen?
- Ist bei uns das Zurücktreten aus der Führungsverantwortung nach gewisser Zeit ein üblicher Prozess, oder hat man in Führungsverantwortung zu verbleiben?
- Wie stigmatisierend ist Downward-Movement bei uns?

Das Konzept der »Diversity«, das heißt des Wertschätzens gerade von Verschiedenartigkeit und Vielfalt (z. B. Alt und Jung) in Organisationen setzt hier ebenfalls an. Für die konkrete Personalpolitik ist es sinnvoll, eine Bestandsaufnahme zu machen und über die Entwicklung spezieller Maßnahmen nachzudenken, die in folgende Richtungen gehen können:

- Wie sieht unsere Beförderungspolitik aus?
- Haben wir explizite oder implizite Altersgrenzen, und machen diese Sinn?
- Haben wir Modelle, die Sabbaticals (zeitliche Auszeiten) ermöglichen?
- Kennen wir nicht nur die Defizite, die mit dem Alter einhergehen, sondern auch die besonderen Stärken/Kompetenzen älterer Arbeitnehmer/-innen?
- Haben wir Modelle für Know-how-Tandems (ein jüngerer und ein ältere Mitarbeiter arbeiten eng zusammen, zum Beispiel im Kundeneinsatz) oder andere Formen enger Zusammenarbeit zwischen Jung und Alt?
- Berücksichtigen wir beim Personaleinsatz die unterschiedlichen Stärken älterer und jüngerer Mitarbeiter/-innen?
- Fördern wir altersgemischte Teams?

Das Karriereplateau

- Sorgen wir dafür, dass bei uns Mitarbeiter/-innen nie länger als fünf Jahre denselben Job machen, sondern dass sie aktiv wechseln (Job-Rotation) oder der Job aktiv verändert wird (z. B. durch Job-Enlargement/Job-Enrichment) mit dem Ziel, die Umstellungs- und Lernfähigkeit aller Mitarbeiter/-innen zu erhalten?
- Betreiben wir Wissensmanagement, um abfließendes Wissen aus der Organisation durch Altersabgänge zu erhalten?
- Haben wir ein Konzept für altersgemäßes Lernen?
- Wie belohnen wir Führungskräfte, die das Thema »ältere Mitarbeiter/-innen« konstruktiv angehen?
- Haben wir Karrieremodelle für Mid-Career-Manager, die ihnen ermöglichen, als Interimsmanager/in oder als interne Unternehmensberater/-in oder im Rahmen von Zeitarbeit für uns tätig zu sein?
- Wie sind wir darauf vorbereitet, dass wir als Organisation altern, das heißt der Altersdurchschnitt durch wenige Zugänge Jüngerer und wenige Abgänge Älterer zunehmend steigt?

Aus diesen Fragen lassen sich also konkrete Maßnahmen ableiten. Es ist notwendig, neue Perspektiven für die Zeit nach der Lebensmitte aufrechtzuerhalten bzw. zu schaffen und gleichzeitig auch die Kompetenzen älterer Mitarbeiter/-innen weiterhin zu fördern und zu nutzen, um deren Leistungsfähigkeit aufrechtzuerhalten. Personalpolitik muss verhindern, dass Altern als synonym mit dem Verlust von Handlungsressourcen verstanden wird. Arbeitsplätze müssen deshalb so gestaltet werden, dass durch die Tätigkeitsanforderungen verschiedene Qualifikationen regelmäßig angewandt werden und das Lernvermögen kontinuierlich aktiviert wird.

Auf der Ebene der Bildungsmaßnahmen sind für die Manager in der Lebensmitte Seminarangebote sinnvoll, die eine aktive Auseinandersetzung mit der beruflichen und privaten Situation fördern, die eine Analyse von persönlichen Stärken und Schwächen, Interessen und Bedürfnissen vornehmen und Informationen geben über betriebliche Möglichkeiten beruflicher Weiterentwicklung ab dem mittleren Lebensalter und die dann schließlich helfen, einen individuellen Entwicklungsplan zu erstellen, inklusive noch notwendiger Qualifizierungsmaßnahmen. Regnet (2004, S. 96 f.) hat beispielhaft eine solche Maßnahme beschrieben. Als letzte unterstützende Maßnahme der Organisation sei *Einzelcoaching* genannt, bei dem der Betroffene mit Hilfe eines geeigneten Coaches ressourcenorientiert neue Ziele finden, alternative Handlungsmöglichkeiten und veränderte Sichtweisen entwickeln kann.

Individuelle Lösungen

Graf (2002) nennt als eine der zukünftigen Tendenzen in der Personalentwicklung die Stärkung der Selbstverantwortlichkeit der Mitarbeiter/-innen für ihre Karriere und berufliche Entwicklung – also ein Aufweichen des psychologischen Vertrags zwischen der Organisation und den Einzelnen. In diesem Zusammenhang ist der Begriff der *Protean Careers* interessant, der von Hall (1996) als das zukünftige Karrierekonzept bezeichnet wird: Nicht mehr der traditionelle Kontrakt zwischen Mitarbeiter/in und Arbeitgeber/in mit ihren Angeboten und Möglichkeiten steht im Vordergrund (die Mitarbeiter/in arbeitet hart, leistet viel, verhält sich loyal und wird seitens der Firma dafür mit Karriere – im weitesten Sinne – »belohnt«), sondern Kern dieses neuen Verständnisses von Karriere ist das Konzept der Lernphasen: Hier wird sich die Mitarbeiter/in ihrer Werte und Bedürfnisse bewusst, realisiert, dass diese sich im Laufe des Lebens ändern, und stellt das kontinuierliche Lernen und die Persönlichkeitsentwicklung in den Vordergrund. Die Mitarbeiter/in ist hier also unabhängiger von der Organisation. Mitarbeiter/-innen entwerfen immer neue Bilder ihrer Identität und bringen als wichtigste Kompetenz »Lernfähigkeit« mit, managen sich selbst mit großem Selbstbewusstsein und persönlichem Verantwortungsgefühl und suchen sich immer wieder einen neuen Platz für ihre Kompetenz. Es gilt als sicher, wie auch vergleichbare Konzepte der »employability« zeigen, dass zukünftig den Betroffenen wesentlich mehr Selbstmanagement abverlangt wird, jede Mitarbeiter/-in wird ihre eigene Karriereplaner/-in und Personalentwickler/-in sein. Die Verantwortung für die Planung und Steuerung der Karriereschritte unterliegt nicht mehr vorrangig der Organisation. Damit wird die Bereitschaft zum lebenslangen Lernen der eigentliche Schlüssel zum beruflichen Erfolg.

Zum Konzept des Selbstmanagements beschreibt Linville (1985; zit. n. Wiesner u. Schütz, 2001) in seinem Beitrag »Don't put all your eggs in one cognitive basket«, wie ein komplexes Selbstkonzept die Funktion eines kognitiven Puffers besitzt, der extreme affektive Schwankungen und die belastende Wirkung von Stress abmildert. Größte Komplexität und damit beste Stress-Resistenz zeigen Personen mit einer Vielzahl an Selbstaspekten (Selbstaspekte beziehen sich auf Einstellungen, z. B. religiös, sozialdemokratisch), soziale Rollen (z. B. Manager, Ehemann, Vereinsvorsitzender), körperliche Beschaffenheit, das soziale Netz (z. B. Freundin von …) oder besondere Vorlieben (z. B. viel Sport treiben). Dabei sind es nicht die Inhalte des Selbstkonzepts, die als entscheidend gelten, sondern dessen Komplexität und Mehrdimensionalität. Wenn der Einzelne sich überwiegend in der Rolle des Managers wahrnimmt, diese Rolle also einen sehr großen Teil seines Selbstkonzepts ausmacht, ist er gewiss anfälliger für berufliche Krisen – das heißt, die Lösungen des Einzelnen müssen zu einer Erweiterung seines Selbstkonzepts im Sinne Linvilles führen. Untersuchungen am Psychologischen Institut der Universität Frankfurt zum Thema »Nichtereignisse« (Brusdeylins, 2003), das heißt der Umgang mit dem Ausbleiben von erhofften Ereignissen (z. B. Mutterschaft, Karrieresprung), zeigen, dass einerseits spezifische innere Ressourcen, zum Beispiel Flexibilität im Finden neuer Ziele, förderliche Leitsätze und auf der anderen Seite soziale Unterstützung helfen, solche Krisen zu bewältigen, die sich aus »Nichtereignissen« speisen.

Exemplarisch könnte im Rahmen von Coaching eine Krisenbewältigung so aussehen, wie sie Herr P. aus dem Fallbeispiel gestaltet hat.

Kognitive und Handlungsebene: Herr P. hat sich auf der kognitiven Ebene gefragt, welche Wünsche hinter dem Ziel »Vorstand werden« konkret stecken. Es waren dies: »etwas bewegen, etwas Neues machen, zeigen, dass man was kann«. Die zentrale Frage des Beratungsprozesses war, wie er diese Bedürfnisse auch auf andere Art in seiner jetzigen Firma – angesichts seiner Einschätzung, dass es mit dem Vorstandsjob wohl nicht mehr klappen werde – befriedigen könne. Herr P. hat eine kognitive Umstrukturierung vorgenommen, den Begriff »Karriere« neu definiert oder erweitert – sozusagen aus der vertikalen Dimension heraus in jenen Bereich erweitert, der auch dem wissenschaftlichen Karrierebegriff nahe kommt. Er hat also Hierarchie und Karriere voneinander entkoppelt: Im Zentrum des Fortkommens ist nicht mehr der Titelerwerb, die ranghöhere Position, sondern die wachsende Fähigkeit, zum Beispiel immer komplexere Aufgaben bewältigen zu lernen. Karriere hieß für ihn dann: »wertvoller werden« und nicht »aufsteigen«, anders formuliert: »vorwärts statt aufwärts« (Walther, 1998). Lebenslanges Lernen als Lebensprinzip führte zu einem neuen Verständnis von Karriere. Im konkreten Fall führte Herr P. nach Abschluss des Coachings ein Gespräch mit seinem Vorstand, schilderte ihm seine Wünsche, gab seine Position als Bereichsleiter auf und bekam den Auftrag, in einem anderen Feld des Unternehmens einen völlig neuen Bereich aufzubauen, der ihn schon immer inhaltlich interessiert hatte. Vor dem Coachingprozess jedoch bewertete er diese Tätigkeit aus Statusgründen als »unter seiner Würde«. Es ist ihm gelungen, sich von alten Ansprüchen zu verabschieden und sich für den Vorrang des Inhalts, des Lernens vor dem Status zu entscheiden.

Emotionale und Handlungsebene: Hier versuchte Herr P., sein Bedürfnis nach Anerkennung von außen zu reduzieren, indem er sich seiner eigenen Wünsche klarer wurde, verbunden mit dem Ziel, diesen mehr nachzugehen. Er beschrieb diesen Prozess als ein »mehr zu mir selber kommen«. Im Konkreten bedeutete dies: Er plante pro Woche einige Zeit ein, in der es darum ging, einmal nicht für die Familie oder nicht die Arbeitsaufgaben da zu sein, sondern etwas zu tun oder zu lassen, was ausschließlich ihm selbst zugutekam: in eine Buchhandlung zu gehen und in neuen Büchern zu stöbern. Dieses »Dritte«, Teil eines wachsenden mehrdimensionalen Selbstkonzepts, verschaffte ihm die nötige Distanz zu seiner Tätigkeit und seiner Familie, um die dortigen Aufgaben gelassener und bewusster anzugehen. Sein Eindruck wuchs: »Ich bin mehr als nur meine Arbeit.« Herr P. fand seine Work-Life-Balance. Beim Überdenken von Karriere werden nach Fuchs (1998) Aspekte wie Lebenssinn, soziale Kontakte, Gesundheit und Wohlbefinden zunehmend wichtiger.

Emotionale Ebene: Auf der psychischen Ebene war es schließlich wichtig für ihn, sein bisheriges Streben »nach oben« nicht abzuwerten, sondern als wichtigen Motor seines bisherigen Lebens zu würdigen. Er konnte wertschätzen, dass ihn seine früheren Ziele immerhin in die jetzige Position gebracht haben, in der er die Möglichkeit hatte, sich neu zu entscheiden, und es ihm gelang, sein Leben aktiv zu gestalten. Er richtete sich im Sinne Senecas aus: »Ich habe begonnen, mir selbst Freund zu sein.«

Literatur

Antonovsky, A. (1997). Salutogenese. Tübingen: dgvt-Verlag.

Auchter, E. (1983). Alter und Aufstieg im Führungsbereich: Ein Beitrag zur Klärung von Laufbahnproblemen älterer Führungskräfte auf der Basis eines motivationstheoretischen Ansatzes. Spardorf: René F. Wilfer.

Brousseau, K. R., Driver, M. J., Eneroth, K., Larsson, R. (1996). Career pandemonium. Realigning organizations and individuals. Academy of Management Executive, 10 (4), 52–66.

Brusdeylins, K. (2003). Unveröffentlichter Vortrag: »Ziele, die ins Leere gehen«. BDP-Kongress 2003, Bonn.

Eckardstein, D. von, Elsik, W., Nachbagauer, A. (1997). Formen und Effekte von Karriereplateaus. München: Rainer Hampp.

Ference, T., Stoner, J. A., Warren, E. K. (1977). Managing the career plateau. Academy of Management Review, Vol. 2, 602–612.

Fuchs, J. (1998). Die neue Art Karriere im schlanken Unternehmen. Harvard Business Manager, (4), 83–91.

Graf, A. (2002). Lebenszyklusorientierte Personalentwicklung: Ein Ansatz für die Erhaltung und Förderung von Leistungsfähigkeit und -bereitschaft während des gesamten betrieblichen Lebenszyklus. Bern u. a.: Haupt.

Hall, D. T. (1996). Protean careers of the 21st century. Academy of Management Executive, 10 (4), 8–16.

Heckhausen, J. (1990). Die Entwicklung im Erwachsenenalter aus Sicht junger, mittelalter und alter Erwachsener. Zeitschrift für Entwicklungspsychologie, Päd. Psychologie, 22 (1), 1–21.

Heuft, G., Kruse, A., Radebold, H. (2000). Lehrbuch der Gerontopsychosomatik und Alterspsychotherapie. München: Reinhardt.

Kohli, M. (1977). Lebenslauf und Lebensmitte. Kölner Zeitschrift für Soziologie und Sozialpsychologie, 29 (4), 625–656.

Kohli, M. (1982). Antizipation, Bilanzierung und Irreversibilität. Dimensionen der Auseinandersetzung mit beruflichen Problemen im mittleren Erwachsenenalter. Zeitschrift für Sozialisationsforschung und Erziehungssoziologie, (2), 39–52.

Krieger, H. (2004). Die Architektur der Zeitverteilung im Lebenslauf. Personal, (1), 42–52.

Lehr, U. (2000). Psychologie des Alterns. Wiebelsheim: Quelle und Meyer.

Levinson, D. J., Darrow, C. N., Klein, E. B. (1978). Seasons of a man's life. New York: Random.

Musil, R. (1978). Der Mann ohne Eigenschaften. Reinbek: Rowohlt.

Pongratz, H. J., Voß, G. G. (2003). Arbeitskraftunternehmer. Erwerbsorientierungen in entgrenzten Unternehmen. Berlin: Ed. Sigma.

Popitz, H. (1992). Phänomene der Macht. Tübingen: Mohr Siebeck.

Regnet, E. (2004). Karriereentwicklung 40+. Weitere Perspektiven oder Endstation? Weinheim: Beltz.

Sattelberger, T. (1995). Lebenszyklusorientierte Personalentwicklung. In ders. (Hrsg.), Innovative Personalentwicklung (S. 287–305). Wiesbaden: Gabler.

Schein, E. (1995). Karriereanker. Die verborgenen Muster in Ihrer beruflichen Entwicklung. Darmstadt: Beratungssozietät Lanzenberger Dr. Loos Stadelmann.

Sichler, R. (2003). Autonomie und Arbeitswelt. Unveröffentlichte Habilitationsschrift, Universität Bremen.

Walter, H. J. (2006). Altersbilder. Journal für Psychologie, 1, 2006.

Walther, P. (1998). Vorwärts statt aufwärts. Lernen als Karriereprinzip. In Seminare '99. Das Jahrbuch der Management-Weiterbildung, 77–82.

Wiesner, C., Schütz, A. (2001). Selbstkomplexität, Identität, Seelische Gesundheit und Selbstwertgefühl bei Migranten der zweiten Generation. Zur Situation junger Männer türkischer Herkunft in Deutschland. Report Psychologie, 26, 154–162.

Erstabdruck:
Möller, H., Volkmer, U. (2005). Das Karriereplateau. Herausforderungen für Unternehmen, Mitarbeiter/innen und Berater/innen. Organisationsberatung, Supervision, Coaching, 1, 5–20.

Heidi Möller und Margarete Laschalt

Ältere Arbeitnehmerinnen und Arbeitnehmer – ein vernachlässigtes Subjekt in der Personalentwicklung

Der demographische Wandel und seine Herausforderungen für eine zeitgemäße Mitarbeiterführung

> »Im Vergleich zur demographischen Katastrophe ist der Zusammenbruch des Kommunismus unwichtig.«
> Claude Lévi-Strauss

Dominierte in den 1990er Jahren in der Arbeitswelt ein Jugendlichkeitswahn, der sich unter anderem darin auswirkte, dass sich in Coaching-Prozessen schon 35-Jährige mit Midlife-Crisis-Fragen beraten ließen, so orientiert sich die Arbeitswelt heute (notgedrungen) um. Pensionsreformen legen einen weitaus längeren Verbleib im Erwerbsleben nahe. In Deutschland ist das 67. Lebensjahr als Ausscheidungszeitpunkt gesetzlich verankert, auch über das 70. Lebensjahr als Limit des beruflichen Ausstiegs wird laut nachgedacht. Aufgrund des starken Geburtenrückgangs und des gescheiterten Anwerbens von Arbeitskräften aus dem Ausland (so wurden z. B. von den 20 000 bewilligten Greencards in Deutschland nur 5 000 in Anspruch genommen) ist ein Arbeitskräftemangel in Deutschland abzusehen. Der Anteil der über 60-Jährigen an der Gesamtbevölkerung wird kontinuierlich ansteigen, von derzeit circa 20 % auf mehr als ein Drittel im Jahr 2050. Während sich die Lebenserwartung in den letzten Jahrzehnten erheblich erhöht hat, kam es gleichzeitig zu einer kontinuierlichen Senkung des Pensionsantrittsalters. So wurde im Rahmen des Lissabon-Prozesses auf EU-Ebene das Ziel vereinbart, bis zum Jahr 2010 die Erwerbstätigenquote der Bevölkerung im Alter von 55 bis 64 Jahren auf mehr als 50 % zu erhöhen. In Deutschland wurde das Beschäftigungsziel für Ältere im Jahr 2007 mit einer Erwerbstätigenquote der 55 bis 64-jährigen von 51,5 % erstmals erreicht. Statistische Grundlage für die Beurteilung der Zielerreichung ist die europäische Arbeitskräfteerhebung, die jährlich in allen Mitgliedsstaaten mit einem einheitlichen Fragenprogramm erhoben wird (vgl. Statistisches Bundesamt).

Es wird zunehmend auf ältere Arbeitskräfte zurückgegriffen werden müssen, weil weniger jüngere Arbeitnehmerinnen und Arbeitnehmer zur Verfügung stehen. Die Zuwanderung ist nicht ausreichend groß und die Erwerbstätigenquote von Frauen wird ebenfalls nicht wesentlich ansteigen, insbesondere solange keine geeigneten Rahmenbedingungen beispielsweise in Form von ganztägigen Kinderbetreuungsangeboten geschaffen werden.

Fakt ist, dass der zu erwartende Arbeitskräftemangel einzig durch die Längerbeschäftigung einheimischer Arbeitnehmerinnen und Arbeitnehmer zu beheben sein wird. Ein Vorteil dieser Entwicklung liegt darin, dass dadurch der Entwertung der Menschen in Arbeit über 45 Jahren ein Ende bereitet werden muss und die speziellen persönlichen und fachlichen Ressourcen, die ältere Arbeitnehmer in den Produktions- und Dienstleistungsbereich einzubringen in der Lage sind, eine andere Wertschätzung erfahren wird. Wir gehen dabei davon aus, dass in erster Linie die Not die Agentin des Umdenkprozesses ist, nicht etwa die Einsicht auf Seiten der Betriebe. Um die gesellschaftliche Leistung weiterhin aufrechterhalten zu können, muss zukünftig die gleiche Produktivität mit weniger und älteren Arbeitskräften erzielt werden. Der Wirtschaft und der öffentlichen Hand muss es gelingen, die Arbeitnehmerinnen und Arbeitnehmer weitaus länger als bislang im Arbeitsleben zu halten und ältere Mitarbeiter/-innen stärker als bisher in ihrer Arbeit zu fördern, um das Arbeitskräftepotenzial dieser Mitarbeiter/-innengruppe zu nutzen und mit einer älteren Belegschaft leistungsfähig und innovativ zu bleiben.

Dafür stehen aber kaum Personalentwicklungskonzepte zur Verfügung. Die Arbeits- und Organisationspsychologie und die Beratungsliteratur legten ihren Schwerpunkt auf Themen der Nachwuchsförderung und der Auswahl neuer Mitarbeiter/-innen. Im so genannten »war for talents« übertreffen sich Unternehmen gegenseitig mit attraktiven Angeboten für »junge, qualifizierte und engagierte« Nachwuchstalente. Mit den Herausforderungen der Integration, Förderung und Weiterbildung älterer Arbeitnehmer/-innen beschäftigte man sich nur wenig. Für Wissenschaft und Praxis stellt sich dieses neue Feld somit als gemeinsame Aufgabe.

Lebenslage älterer Arbeitnehmerinnen und Arbeitnehmer

Ältere Arbeitskräfte haben am Arbeitsmarkt bislang großteils noch eine nachteilige Stellung gegenüber ihren jüngeren Kollegen. Die Benachteiligung älterer Personen in der Arbeitswelt basiert auf den Annahmen des Defizitmodells und der Gleichsetzung von Alterungsprozessen mit nachlassender Leistungsfähigkeit, Flexibilität und Dynamik. Dieses negative Bild des Alterns lässt sich auf verschiedene methodische Fehler in der Durchführung der Untersuchungen zurückführen (vgl. Lehr, 2000). Die geistige Leistungsfähigkeit kann zum Beispiel nicht, wie im Defizitmodell postuliert, im Sinne einer allgemeinen Intelligenz gemessen werden. Die unterschiedlichen psychischen Funktionen und Fähigkeiten entwickeln sich im Lebenslauf auf unterschiedliche Weise und erreichen zu unterschiedlichen Zeitpunkten ihren Höhepunkt. Dies zeigt sich beispielsweise in der Unterscheidung zwischen fluider und kristalliner Intelligenz (Horn u. Catell, 1996). Schaie (1996) stellte in seiner Seattle-Längsschnittuntersuchung fest, dass die wichtigsten mentalen Fähigkeiten bis zur Mitte des achten Lebensjahrzehnts stabil bleiben. Wesentlichere Veränderungen im hohen Alter wurden nur in nicht-alltagsrelevanten Bereichen festgestellt, die weniger Bedeutung für die betreffende Person hatten und während des Lebenslaufs weniger geübt wurden. Schaie fasst die wichtigsten Erkenntnisse aus seiner Längsschnittstudie zur Entwicklung der Intelligenz in folgenden Punkten zusammen (vgl. Faltermaier, Mayring, Saup u. Strehmel, 2002, S. 188 f.):

1. Eine allgemeine Verminderung verschiedener intellektueller Funktionsbereiche scheint ab dem achten Lebensjahrzehnt einzusetzen.
2. Im hohen Alter sind Leistungsverminderungen insbesondere in geschwindigkeitsgebundenen und wahrnehmungsabhängigen Fähigkeiten beobachtbar.
3. Unabhängig vom Lebensalter scheint eine Verminderung der Intelligenz stark mit Herz- und Kreislauferkrankungen sowie mit ungünstigen Bedingungen in der räumlich-sozialen Umwelt zusammenzuhängen.
4. In Querschnittuntersuchungen werden eher Altersunterschiede als Altersveränderungen gemessen, da hier eher soziale und histori-

sche Einflüsse wirksam werden. In Längsschnittuntersuchungen wird eher ein günstiges Bild von den Intelligenzleistungen im Alter gezeigt, da die Längsschnittstichprobe durch die hohe Zahl der Drop-Outs mit niedrigerem IQ zunehmend positiv selektiert wird.

5. Die Umweltbedingungen und deren Stimulierungsgehalt spielen bei der Intelligenzentwicklung bis weit in das sechste Lebensjahrzehnt eine wichtige Rolle.
6. Die Einflüsse verschiedener Alterskohorten sind für die Unterschiede in den Intelligenzleistungen bedeutender als die Alterseffekte.

Diese Ergebnisse zeigen, dass während des gesamten Berufslebens Entwicklungspotenziale vorhanden sind und dass eine Diskriminierung aufgrund des Alters unzulässig ist. Ältere Arbeitnehmerinnen und Arbeitnehmer sind aber im Verlauf ihres Berufslebens verschiedenen Risiken ausgesetzt, die zu einer Abnahme ihrer Leistungsfähigkeiten führen können und somit eine Schlechterstellung dieser Arbeitnehmergruppe am Arbeitsmarkt zur Folge haben. Die Hauptrisiken älterer Arbeitskräfte sind nach Naegele (1992) das Gesundheits- und das Dequalifikationsrisiko. Das Gesundheitsrisiko ist je nach Arbeitsbereich und Arbeitssituation unterschiedlich auf verschiedene Gruppen von Arbeitnehmern und Arbeitnehmerinnen verteilt und kommt besonders im Bereich körperlicher Tätigkeit zum Tragen. Durch eine Beanspruchung der Arbeitskraft im Laufe des Berufslebens wird die Arbeitskraft »vernutzt« und ist im Alter einem höheren Gesundheitsrisiko ausgesetzt. Besonders »tayloristische Regimes« führen zu einem hohen körperlichen Verschleißrisiko der Arbeitskräfte. Ebenso kommt es auch in der »diversifizierten Qualitätsproduktion bzw. Dienstleistung« zu einem langfristigen körperlichen Abbauprozess und zu psychischer Überforderung. In »innovationsorientierten Regimes« bestehen die berufsbedingten Risiken in erster Linie in einem psychischen Verschleißrisiko und in der Überforderung der Arbeitskräfte (Rosenow u. Naschold, 1994). In der Arbeitswelt hat in den vergangenen Jahrzehnten eine Entwicklung weg von der körperlichen Arbeit eingesetzt. Diese Verschiebung zugunsten geistiger Tätigkeit wird sich noch weiter fortsetzen und so das Gesundheitsrisiko im Sinne eines Verschleißrisikos zumindest in einzelnen Bereichen verringern. Ältere Arbeitnehmer/-innen haben dazu häufig einen Qualifikationsnachteil gegenüber jüngeren. Die Gründe hierfür liegen unter anderem in einem einseitigen Einsatz der Arbeitskraft während der Berufslaufbahn, so dass sich die Arbeitskraft sehr stark auf einen Fachbereich spezialisiert und kaum mehr für andere Arbeitsgebiete eingesetzt werden kann. Die Beteiligung an der beruflichen Weiterbildung nimmt im Regelfall mit zunehmendem Alter ab, ältere Mitarbeiter/-innen sind gegen Ende ihres Berufslebens kaum mehr an Weiterbildungen beteiligt. Dies lässt sich teilweise auf eine mangelnde Motivation der älteren Arbeitskräfte selbst, teilweise aber auch auf Kostenkalküle der Unternehmen zurückführen. Es liegt aber in der Verantwortung der Unternehmen, rechtzeitig dafür zu sorgen, dass alle Mitarbeiter/-innen durch eine kontinuierliche Beteiligung an der Weiterbildung mit einem Wissens- und Qualifikationsstand ausgestattet sind, der eine entsprechende Arbeitsleistung ermöglicht, so dass das Unternehmen mit seiner (u. U. auch älteren) Belegschaft wettbewerbsfähig bleibt.

Auer (1996) stellt in seiner Untersuchung zur Beschäftigungsproblematik älterer Arbeitnehmerinnen und Arbeitnehmer in Tirol fest, dass »ältere« Menschen bereits ab dem 40. bis 45. Lebensjahr Probleme haben, am Arbeitsmarkt eine Anstellung zu finden. Als Hauptgründe für diese Anstellungsschwierigkeiten nannten die befragten Personalleiter/-innen die zu erwartende geringe Anpassungsfähigkeit bzw. Flexibilität, die zu hohen kollektivvertraglichen Löhne und Gehälter sowie ein erhöhtes Krankheitsrisiko und eine erwartete geringere Belastbarkeit. Ähnlich auch die Ergebnisse unserer Untersuchung. In einer Expert/-innenbefragung (Laschalt, 2007) haben wir Tiroler Personalverantwortliche zu den Auswirkungen der demographischen Veränderungen auf ihr Unternehmen und den sich daraus ergebenden Herausforderungen für die Personalarbeit befragt. Hier werden als wichtigste Problembereiche älterer Arbeitskräfte ebenfalls die vergleichsweise hohen kollektivvertraglichen Kosten sowie allgemein die Regelungen zum Arbeitnehmerschutz genannt, die dem Unternehmen weniger Flexibilität und Gestaltungsspielraum erlauben als bei jüngeren Arbeitskräften. Regelungen, die eigentlich dazu gedacht waren, ältere Arbeitnehmerinnen und Arbeitnehmer zu schützen, erweisen sich mitunter als Bumerang und wirken sich nachteilig für diese aus. Als weitere Problembereiche bei älteren Arbeitskräften werden eine abnehmende Flexibilität und eine geringere körperlichen Belastbarkeit angesehen. Diese Faktoren hängen aber sehr stark vom Einsatzbereich der Arbeitskraft während der Berufslaufbahn ab und kommen dort zum Tragen, wo hauptsächlich körperlich belastende Tätigkeiten und Routinetätigkeiten ausgeführt werden. Neben einer »geistigen« Flexibilität und Veränderungsbereitschaft wird auch eine geringere geografische Flexibilität gesehen, da ältere Menschen stärker in gefestigte Lebens- und Familienstrukturen eingebunden sind.

Das große Potenzial älterer Arbeitskräfte wird von den befragten Personalverantwortlichen neben dem fachlichen Wissen und der langen Berufserfahrung vor allem in einer allgemeinen höheren Lebenserfahrung gesehen, die sie in- und außerhalb ihres Berufslebens gesammelt haben. Nach Ansicht einzelner Personalverantwortlicher zeichnet ältere Arbeitskräfte aus, dass sie beständiger und verlässlicher sind und unter Stress weniger impulsiv, sondern eher »bedächtig« und »abgeklärt« reagieren. Generell erachten die befragten Personalverantwortlichen ältere Arbeitskräfte als wertvoll für das Unternehmen. Mögliche Nachteile in der physischen Qualifikation und Geschwindigkeit gegenüber jüngeren Mitarbeiter/-innen würden nach ihrer Ansicht durch die größere Routine und Erfahrung aufgewogen. Wenn man dem allerdings die Daten zur Beschäftigungssituation älterer Arbeitskräfte (vgl. z. B. Auer, 1996) gegenüberstellt, ist anzumerken, dass eine Antworttendenz in Richtung sozialer Erwünschtheit nicht auszuschließen ist.

Was haben die Unternehmen von der Längerbeschäftigung älterer Arbeitnehmer?

Längst ist die Zeit vorbei, in der Älterwerden nur in einem Defizitmodell gedacht wird, unter der Perspektive von Leistungs- und Intelligenzabbau, sozialer Vereinsamung und körperlichem Verfall. Alterungsprozesse werden heute als individueller Selbstentwurf und kreativer Schöpfungsakt begriffen. In diesem Zusammenhang ist es auch notwendig, zu thematisieren, wie diese Veränderungen für Unternehmen nutzbar gemacht werden können. Dieser Aspekt wird umso wichtiger, wenn man bedenkt, dass die Löhne und Gehälter im

Verlauf des Berufslebens ansteigen und ältere Mitarbeiter und Mitarbeiterinnen für das Unternehmen teurer sind. An dieser Stelle soll der Benefit fokussiert werden, den die Unternehmensseite durch die Beschäftigung Älterer verbuchen könnte. Wir gehen davon aus, dass, basierend auf den Erkenntnissen der Alterungsforschung, Entwicklungs- und Leistungspotenziale bis ins höhere Alter hinein vorhanden sind. Wenn diese Potenziale während des gesamten Berufslebens genutzt und weiterentwickelt werden können und mögliche Veränderungen in der Leistungsfähigkeit bei der Gestaltung der Arbeitsaufgabe und des Arbeitsplatzes berücksichtigt werden, kann das Unternehmen die Arbeitskraft seiner Mitarbeiter/-innen während des gesamten Berufslebens gewinnbringend nutzen und zudem auf spezifische Stärken Älterer zurückgreifen. Die Stärken im Alter lassen sich nach Heuft, Kruse und Radebold (2000) mit den Begriffen Fachkompetenz und Daseinskompetenz fassen.

Fachkompetenz wird hier gefasst als Fähigkeiten und Fertigkeiten zum effektiven Umgang mit beruflichen Herausforderungen. Hier sind zum Beispiel die bereichsspezifischen Fachkompetenzen zu nennen. Dass hier einiges »Gold zu schöpfen« ist, lässt sich daran ablesen, dass das Expertenwissen älterer Menschen in Programmen wie »Kompanie des guten Willens«, »Senioren-Experten-Service« für den Aufbau Ost, Senior-Consulting-Programme in der Entwicklungshilfe, in der EU-Osterweiterung, in Partnerschaftsstiftung zwischen Existenzgründern und Unternehmern im Ruhestand (IHK-Programm) systematisch abgerufen wird. Fachkompetenzen, die im Laufe eines langen Berufslebens erworben wurden, sollen in diesen Arrangements sozial nutzbar gemacht werden, individuelle Potenziale fließen somit in den produktiven gesellschaftlichen Potenzialaufbau ein. Auch einzelne Unternehmen holen von Zeit zu Zeit leitende Mitarbeiter/-innen, die bereits berentet sind, zur Unterstützung für spezifische Aufträge oder für »Spezialaufgaben« für einen begrenzten Zeitraum zurück. Hintergrund dieser Unternehmensstrategie sind die breit angelegten beruflichen Erfahrungen und vor allem die Schlüsselqualifikationen, über die ältere Arbeitnehmer/-innen verfügen. Sie sind qualifiziert, beratend bei der Neuorganisation betrieblicher Abläufe, bei der Verbesserung innerbetrieblicher Kommunikation sowie bei der Einarbeitung junger Mitarbeiter tätig zu sein.

Klemp und McClelland (1986) filterten in ihrer Untersuchung der Expertise älterer Manager acht Bereiche beruflicher Fachkompetenzen heraus, die auch allgemein als Stärken älterer Mitarbeiter interpretiert werden können (zit. nach Heuft et al., 2000, S. 51):

1. Planung, kausales Denken (z. B. Entwicklung von Strategien zum effektiven Umgang mit neuen beruflichen Anforderungen sowie Personalentwicklung),
2. synthetisches und konzeptuelles Denken (z. B. Identifikation der wichtigen Merkmale eines Arbeitsablaufs),
3. aktive Informationssuche zum besseren Verständnis möglicher Probleme bei einzelnen Arbeitsabläufen und möglicher Ursachen dieser Probleme,
4. Bedürfnis nach Einflussnahme,
5. direkte Einflussnahme (z. B. problem- und ergebnisorientierte Gespräche mit Mitarbeiterinnen und Mitarbeiter),
6. Kooperation- und Teamfähigkeit (z. B. Delegation spezifischer Aufgaben und Entscheidungen an Mitarbeiter sowie systematisches Abrufen der erzielten Ergebnisse),
7. symbolische Einflussnahme durch Vorbild-Funktion,
8. Selbstvertrauen und hohe berufliche Motivation.

Ein zweiter Aspekt ist der Stellenwert der so genannten *Daseinskompetenzen*, damit sind Fähigkeiten und Fertigkeiten gemeint, die zur Bewältigung von Aufgaben, Anforderungen, Belastungen und Konflikten dienen, sowie die kreative Nutzung von Lebensmöglichkeiten. Daseinskompetenz meint Lebenswissen, das wiederum in Faktenwissen und Strategiewissen unterteilt werden kann. Faktenwissen beinhaltet auch das Wissen über die jeweiligen unterschiedlichen Entwicklungsaufgaben in den unterschiedlichen Lebensphasen. Strategiewissen stellt eher den Wissenspool über Daseinstechniken, wie der Selbstreflexivität, der bewussten und reflektierten Auseinandersetzung mit Entwicklungsaufgaben, dar. Diese Techniken bilden die Grundlage zur sogenannten psychischen Widerstandskraft, der Resilienz (Nutzung sowohl externaler als auch internaler Ressourcen, Werner u. Smith, 1982), die sich im Aufrechterhalten oder Wiederherstellen der psychischen Anpassung bei hohen Belastungen widerspiegelt. Diese Widerstandsfähigkeit, die sich ältere Arbeitnehmer/-innen im Laufe ihrer Berufstätigkeit erworben haben, kann ebenfalls im Sinne der unternehmerischen Produktivität interpretiert werden. Gelassenheit im Alter (Jaeggi, 2003) prädestiniert zum Beispiel zur Vorbildfunktion im Betrieb. Selbstreflexivität ist unstrittig *die* Kompetenz in Zeiten entgrenzter Arbeitswelt und sich rasch wandelnder Systemumwelten. Die Reife der Persönlichkeit eines älteren Arbeitnehmers kann auch als Ausdruck dafür betrachtet werden, wie Versagungen, Fehlschläge und Enttäuschungen im Laufe einer beruflichen Karriere produktiv gewendet wurden. Die nicht eingetretene Beförderung, die Bewältigung des Karriereplateaus (vgl. Möller u. Volkmer in diesem Band) kann mit Gefasstheit und Abgeklärtheit statt mit Protest und Verhärtung verarbeitet werden. Die Art der psychischen Auseinandersetzung mit Krisen und Stolpersteinen beruflicher Karrieren kann in Betrieben durchaus unterstützende »Vaterfunktion« haben, an der es oftmals fehlt. Voraussetzung dafür ist aber sowohl die Änderung der kollektiven Repräsentationen des Alters, der diesbezüglichen Einstellungen und der gesellschaftlichen Altersbilder (Walter, 2006), zu dem auch die Betriebe beitragen müssen, damit aus einer Alterskurve auch eine Reifungskurve wird.

Die Weisheitsforschung des Berliner Max-Planck-Instituts (Baltes u. Smith, 1990) zeigt die Bedeutsamkeit der Weitergabe des erworbenen Wissens an die nachfolgenden Generationen. Das gilt insbesondere für die Arbeitswelt, die von dieser Ressource – vielleicht auch aus Mangel an Problembewusstsein – bisher viel zu wenig Gebrauch macht. Wissen über zeitliche und lebensweltliche Kontexte, in die Lebensprobleme von Mitarbeiter/-innen eingebettet sind, Wissen um die Relativität von Werten und Zielen, die Fähigkeiten mit Unsicherheiten und Ungewissem umzugehen, unterliegen keinem altersbedingtem Abbau, sondern weisen – wie die zitierte Studie zeigt – ein hohes Maß an Stabilität auf, das zum Teil sogar mit dem Alter zunimmt.

Das Ausscheiden älterer Arbeitnehmer/-innen bedeutet einen Abfluss des Know-hows für das Unternehmen, informelles aber auch anderes nicht dokumentiertes oder dokumentierbares Wissen ist nicht mehr greifbar und muss oft aufwändig rekonstruiert werden. Das gilt insbesondere für das so genannte »tacit knowledge«, das man sich so »nebenbei« im Arbeitsprozess aneignet und das oft wichtiger ist als formale Qualifikation. Ältere Arbeitnehmerinnen und Arbeitnehmer verfügen oft über sehr gut organisierte, bereichsspezifische Wissenssysteme (neben dem Faktenwissen auch das unverzichtbare Handlungswissen, vgl. Heuft et al., 2000, S. 66). Dem kommt in Zeiten des Transformationsprozesses von einer Industrie- zu einer Wissens- beziehungsweise Dienstleistungsgesellschaft besondere Bedeutung zu. Neben dem Erfahrungswissen verliert ein Unternehmen unter Umständen auch lang gepflegte Kundenbeziehungen, die an die Person des ausscheidenden Mitarbeiters gebunden waren. Aber auch ihre effektiven Problemlöse-, Lern- und Gedächtnisstrategien sind bestens geeignet für die Lösung komplexer, kognitiver Probleme.

Dem gegenüber steht aus Sicht der Personalverantwortlichen die bereits erwähnte erwartete Verringerung der Flexibilität im Alter. Neue Technologien machen oft Angst und an dieser Stelle zeigen ältere Arbeitnehmer/-innen auch objektiv eine verminderte Anpassungsfähigkeit (vgl. Auer, 1996). Es ist jedoch weniger die Anzahl der Lebensjahre, die als Indikator für ein mangelndes Interesse an technischen Herausforderungen gesehen werden kann. Vielmehr ist dieser Unterschied auf das Bildungsniveau und die zur Verfügung stehenden Qualifizierungsmöglichkeiten zurückzuführen. An der Stelle haben viele Unternehmen einen blinden Fleck, da sie vor allem in die Fort- und Weiterbildung jüngerer Arbeitnehmer/-innen investieren.

Kompetenz speist sich nicht nur aus der personenorientierten, selbstverantwortlichen Perspektive, sondern ist auch Resultat einer mehr oder weniger stimulierenden Umwelt. Stellt die Umwelt keinerlei Anforderungen mehr, da zum Beispiel die mentalen Modelle der Personalverantwortlichen folgende Inhalte haben: »Ältere können das nicht mehr lernen. Mit vierzig Jahren ist Schluss«, wird nichts für den Erhalt und die Förderung der Kompetenzen älterer Arbeitnehmer/-innen getan, dann folgt dieses gesellschaftliche Stereotyp dem Prinzip einer sich selbst erfüllenden Prophezeiung. Negative Alterstereotype sind bis heute weit verbreitet, wenngleich auch ein leichter Trend zur Revision beobachtbar ist (vgl. Heckhausen, 1990). Wir beobachten in der Arbeitswelt auf der einen Seite einen Jugendwahn in Betrieben, der dazu führt, dass Menschen Ende Dreißig in Sinne einer »freiwilligen« Selbstbegrenzung schon das Ende jedweder Entwicklung antizipieren. Auch objektiv wird in vielen Betrieben massiv Druck ausgeübt, in die frühzeitige Pensionierung zu gehen. Auf der anderen Seite finden wir die Wertschätzung älterer Arbeitnehmer/-innen, wie sie in Projekten wie dem Senior-Consulting sichtbar wird.

In einigen Firmen werden spezifische Angebote für die »Generation 50 plus« unterbreitet, die im Grunde der Stereotypenbildung entgegensteuern könnten. Die Unternehmensrealität zeigt jedoch oft einen ungewollten (?) Negativeffekt. Diese oft hochqualifizierten Angebote der Personalentwicklungs-Abteilung anzunehmen, führt unter Umständen zur sekundären Stigmatisierung der Teilnehmer/-innen, pervertiert sich zum internen Label als »Looser«. Hier bleibt nur zu hoffen, dass sich die gekennzeichnete Not, sich älterer Arbeitnehmer/-innen zu bedienen, zu einer anderen Akzeptanz der jetzt bestehenden und noch zu entwickelnden Angebote wendet.

Es lässt sich zeigen, dass die Bekämpfung des Defizitmodells des Alters auf der bewussten Ebene, im Bereich der Einstellungen (das Unbewusste erreichen wir ja bekanntermaßen nur schwerlich) von hochgradig praktischer Relevanz für die Unternehmen ist. Es sind Bewertungsfragen, die anstehen, das Überdenken von Vorurteilen gegenüber älteren Arbeitnehmern und Arbeitnehmerinnen, um zu einer vorausschauenden Personalplanung zu gelangen. Auch ältere Arbeitnehmerinnen und Arbeitnehmer brauchen immer wieder neue Herausforderungen, um ihre Leistungsfähigkeit und Leistungspotenziale zu spüren. Nur dann kann auch das Unternehmen auf der anderen Seite die Vorzüge Älterer, ihre hohe Zuverlässigkeit und berufliche Erfahrung, ihre hohe Arbeitsmoral für sich nutzen.

Die Erwartung vom Entwicklungsgewinn im Alter zeigt sich bei den Betroffenen abhängig vom Erwerbstätigenstatus. Das berufliche Engagement bei Angehörigen höherer sozialer Schichten ist weitaus deutlicher ausgeprägt. Bekanntermaßen dominieren in unteren Statusgruppen auch andere Denkstile: »Ich kann nichts verändern. Ich kann nichts gestalten«, es herrscht eine geringe Kontrollüberzeugung vor. Die Bedeutung der berufsbezogenen Statusbiografie zeigt unter anderem die Tatsache, dass die Entscheidung für eine Frühberentung nach einer Krankheit bei Arbeiter/-innen höher ausgeprägt ist. Beamte/Selbständige/Angestellte in besserer sozialer Statuslage wählen eher die Berufsrückkehr, zum Beispiel nach einer Bypassoperation (Gerhardt, 1998). So definieren leitend tätige Mitarbeiter/-innen Arbeit eher als Teil ihrer Selbstverwirklichung, verfügen über ein höheres Maß an Arbeitszufriedenheit durch erkämpfte oder zugewiesene Freiräume. Daraus leitet sich ab: Wenn auch für viele der älteren Arbeitnehmer/-innen innerhalb des Unternehmens kein

Hierarchieaufstieg möglich ist, so ist es dennoch im Rahmen der Gestaltungsfreiräume von Unternehmen eine Option, neue Arbeitsformen und neue Rahmenbedingungen anzubieten, um die Motivation älterer Arbeitnehmer/-innen aufrechtzuerhalten, zu unterstützen und zu fördern. Arbeitszufriedenheit korreliert mit den gegebenen Handlungsspielräumen und dem Wegfall tayloristischer Trennung von Planungs-, Fertigungs- und Kontrollmaßnahmen (vgl. Sichler, 2003). Diese Tendenz der Dezentralisierung und Divisionalisierung unternehmerähnlicher Tätigkeiten fügt sich in die Veränderungen der modernen Arbeitswelt und in das Konzept des Arbeitskraftunternehmers (Pongratz u. Voß, 2003) ein.

Daraus folgt, dass die Betrachtung älterer Arbeitskräfte differenziert nach unterschiedlichen »Altersmilieus« erfolgen muss. Je nach Lebenssituation, beruflichem Eingebundensein, Arbeitstätigkeit und -umfeld, beruflicher Stellung etc. ergeben sich für älter werdende Arbeitskräfte jeweils unterschiedliche Wahrnehmungen und spezifische Probleme in der Arbeitssituation. So ist es auch nicht verwunderlich, dass Untersuchungen zur Leistungsfähigkeit im Alter zu keinem eindeutigen Ergebnis kommen. Je nach Betriebs- und Arbeitssituation können keine Leistungsunterschiede zwischen älteren und jüngeren Arbeitskräften, eine Zunahme der Leistungsfähigkeit im Alter oder auch eine Abnahme der Leistungsfähigkeit festgestellt werden (vgl. Lehr, 2000).

Erste Ansatzpunkte zur Etablierung einer spezifischen Personalentwicklungskonzeption für ältere Arbeitnehmer

Angesichts der demographischen Entwicklungen und der damit zusammenhängenden Veränderung der Altersstrukturen der Belegschaften sind die derzeit verbreiteten Personalentwicklungskonzepte in Unternehmen zu überdenken. Aufgabe der Personalentwicklung ist es, das vorhandene Mitarbeiterpotenzial für das Unternehmen zu formen und optimal nutzbar zu machen und für die Mitarbeiter/-innen entsprechende Rahmenbedingungen für eine zufriedenstellende und motivierende Arbeitssituation zur Verfügung zu stellen. Personalentwicklung darf dabei nicht nur auf die Ebene der Entwicklung der einzelnen Person beispielsweise in Form von Weiterbildung reduziert werden, sondern muss auf verschiedenen Dimensionen erfolgen. Das heißt, neben Konzepten, die die Entwicklung der einzelnen Person fokussieren, muss Personalentwicklung auch auf gruppaler (interpersonaler) sowie auf gesamtorganisationaler (apersonaler) Ebene stattfinden (Neuberger, 1994).

Um momentanen und zukünftigen Anforderungen gerecht zu werden, muss auch bei älteren Mitarbeitern und Mitarbeiterinnen verstärkt in die Qualifikation und die Gesundheit investiert werden. Die betriebliche Gesundheitsförderung ist unter anderem ein wichtiger Stellhebel, um die (körperliche) Leistungsfähigkeit bis ins Alter hinein zu erhalten und zu fördern. Auf die unterschiedlichen arbeitspsychologischen Ansatzpunkte (vgl. z. B. Heckhausen, 2000) im Rahmen der Personalentwicklung sei hier aber nur am Rande hingewiesen. Da das Wissen immer schneller veraltet, ist die berufliche Weiterbildung besonders für ältere Arbeitnehmerinnen und Arbeitnehmer immer wichtiger, um auch eine gewisse Mobilität und Flexibilität während der gesamten Berufslaufbahn erhalten zu können. Die Bildungskurve vieler Arbeitskräfte verläuft derzeit degressiv, das heißt mit zunehmendem Alter sinkt die Teilnahme an Weiterbildungsangeboten. Für die Personalentwicklung in Unternehmen stellt sich dabei nicht nur die Herausforderung, die in Zukunft benötigten Qualifikationen rechtzeitig zu bestimmen, sondern auch eine Lernbereitschaft, Motivation und Flexibilität während der gesamten Berufslaufbahn zu fördern. Das Unternehmen und die Mitarbeiterinnen und Mitarbeiter müssen gleichermaßen bereit sein, auch in späteren Jahren Maßnahmen der Qualifizierung und Weiterbildung zu ergreifen bzw. anzubieten. Bei der Weiterbildung ist darauf zu achten, dass Lernsituation und Lernumgebung gegebenenfalls den älteren Menschen angepasst werden sollten. Daneben müssen auch die Arbeitsplätze so gestaltet werden, dass durch die Tätigkeitsanforderungen verschiedene Qualifikationen regelmäßig angewandt werden und das Lernvermögen kontinuierlich aktiviert wird. Vor allem für ältere Mitarbeiterinnen und Mitarbeiter kann beispielsweise durch einen *systematischen Tätigkeitswechsel* (Keppelmüller, 2004) eine zu hohe Spezialisierung oder eine Stagnation des Wissens vermieden werden. Zudem kann durch einen systematischen Tätigkeitswechsel auch einseitigen (körperlichen oder psychischen) Belastungen vorgebeugt werden.

Der Wechsel von Arbeitsplätzen im Sinne einer *Job- Rotation* hilft präventiv gegen die Etablierung defensiver Routinen (Argyris u. Schön, 1999) innerhalb des Unternehmens. Zudem stellt die Job-Rotation eine Art »internes Benchmarking« dar. Anregungen und Ideen fließen später in der »Stammarbeitsplatz« ein. Die berühmten (und berüchtigten) »Fünf-Jahres-Pläne« haben sich dabei als eine sinnvolle Taktung gegen Routinen erwiesen. Gerade in Hinblick auf eine alternde Belegschaft kann auf diese Weise eine zu hohe Spezialisierung frühzeitig vermieden werden und einseitige körperliche Beanspruchung reduziert werden (vgl. Kempelmüller, 2004). Durch *Job-Enlargement* werden mehrere gleiche oder ähnliche Arbeitsaufgaben aneinandergereiht und damit der Aufgabenumfang vergrößert. Die Mitarbeiter/-innen wechseln hierbei nicht ihren Arbeitsplatz, vielmehr werden verschiedene Tätigkeiten zusammengefasst und damit der Entscheidungs- und Kontrollspielraum erweitert. Ähnlich das Konzept des *Job-Enrichment*, wobei diese Maßnahme einen qualitativen, nicht nur quantitativen Sprung im Hinblick auf mehr Verantwortung und Handlungsspielraum bei der Erledigung von Arbeitsaufgaben führt. Insbesondere macht es Sinn, die Arbeitsrolle in Hinblick auf eine Lehr- oder Mentor/-innenfunktion zu erweitern, die als definierter Teil der Arbeitsaufgabe zu hoher Zufriedenheit älterer Mitarbeiter/-innen führt und den Wissenstransfer zwischen den Generationen fördert, der wiederum dem Unternehmen zugutekommt. Die Erweiterung der Arbeitsrolle älterer Arbeitnehmer/-innen führt zur Erhaltung der »employability«, der Beschäftigungsfähigkeit, für die Unternehmen und Arbeitnehmer/-innen gleichermaßen Verantwortung tragen. Mitverantwortliches Leben im Betrieb kann auch bedeuten, sozial anerkannte und sozial produktive neue Rollen zu finden. Hier sehen sich Betriebe vor der Lösung der Aufgabe eines tragfähigen gegenseitigen Befruchtungsverhältnisses mehrerer Generationen in einem Unternehmen (vgl. Keppelmüller, 2004).

Umfassendere Vollzüge (Hacker, 1998) in der Arbeitstätigkeit bietet auch die Übertragung einer *Projektleitung* als Führungsfunktion auf Zeit. Hier geht es um eine Aufgabe, die intellektuelles Erfassen und Bewältigen komplexer Probleme erfordert, die jeweils auch sehr persönlich gestaltet werden muss. Eigene Interpretationswege sind gefragt und persönlich geprägte Lösungswege werden wichtig. Im Anschluss daran, nach Abschluss des Projekts, geht der Mitarbeiter wieder zurück »ins Glied«. Eine Anreicherung und Varianz des Arbeitsprofils auf Zeit mag Stimulanz genug sein, um die Motivation aufrechtzuerhalten, da eine erhöhte Flexibilität, einhergehend mit höheren Entscheidungs-, Gestaltungs- und Handlungsspielräumen, gefordert und auch gewährt wird. Dabei ist darauf zu achten, dass die sozialen und technischen Aspekte des veränderten Produktionsprozesses auch durchschaubar und kognitiv/emotional nachvollziehbar sind, soll heißen, dass die Potenziale der in Frage kommenden älteren Mitarbeiter/-innen sorgsam berücksichtigt werden (»demands-control-model«, Karasek, 1979). Auf die besondere psychische Anforderung, die Gestaltung der Fremdheit in einem Projektteam, die nach Abschluss der Aufgabe anstehende Trennungsarbeit sei hier nur kurz verwiesen. »Hohe Anforderungen führen nicht zu gesundheitskritischen Beanspruchungen, solange Tätigkeitsspielräume eingeräumt werden«, konnte Hacker (1998, S. 132) zeigen. Aus der Stressforschung weiß man, dass eher chronische Unterforderung psychosomatisch krank macht oder aber hohe Anforderungen einhergehend mit wenig Tätigkeitsspielraum.

Auf der Teamebene kann eine Bereicherung der Arbeitssituation und eine stimulierende Arbeitsumgebung, beispielsweise durch die Einführung *teilautonomer Arbeitsgruppen*, die die soziale Dimension des erweiterten Interaktionsspielraums berücksichtigen und für mehr kommunikative Selbstbestimmung sorgen (Ulich, Großkurt u. Bruggemann, 1973), erreicht werden. Teilautonome Arbeitsgruppen gehen einher mit horizontaler Vielfalt und einer Erweiterung von Arbeitstätigkeiten, sowie einem höheren Ausmaß sozialer Beziehungsmöglichkeiten. So ist es auf interpersonaler Ebene auch wichtig, eine Kooperation der Generationen zu fördern. Als wichtiges Kapital älterer Arbeitnehmer/-innen werden immer wieder das Erfahrungs- und das Fachwissen genannt (vgl. z B. Auer, 1996). Durch *altersgemischte Arbeitsgruppen* (Keppelmüller, 2004) kann einerseits das Erfahrungswissen älterer Arbeitskräfte und andererseits aktuelles Wissen jüngerer beispielsweise aus der Berufsausbildung koordiniert und weitergegeben werden. Wenn das Wissen und die Erfahrung älterer Mitarbeiter/-innen wertgeschätzt wird, sind diese in der Regel gerne bereit, dieses Wissen dem Unternehmen und ihren jüngeren Kolleg/-innen bereitzustellen, so dass bei einem Ausscheiden im Zuge der Pensionierung dieses Wissen nicht verloren geht. Wenn diese Wertschätzung nicht vorhanden ist, wenn keine Zusammenarbeit zwischen den Generationen besteht, sondern sich die Älteren eher auf dem Abstellgleis des Unternehmens fühlen, ist es schwierig, dieses Wissen nutzbar zu machen und ins Unternehmen zu transferieren. Durch die Zusammenarbeit von Mitarbeitern und Mitarbeiterinnen verschiedener Altersgruppen mit unterschiedlichen Fähigkeiten können auch mögliche körperliche Einschränkungen Älterer durch andere Eigenschaften wie Erfahrung oder Problemlösungskompetenz kompensiert werden. So wird zur Zeit bei Volkswagen experimentiert, indem man Führungstandems »alter Hase und Novize« als Spezialform des Mentoring von Nachwuchsführungskräften schafft und auf diese Weise auch Synergien im intergenerativen Wissensmanagement unterstützt. Vorzug dieses Modells ist, dass das Unternehmen den bestehenden kommunikativen Barrieren intergenerativen Wissenstransfers damit quasi »natürlich« unterläuft.

Um eine Zusammenarbeit zwischen den Generationen zu fördern und einen Austausch des Wissens zu ermöglichen, ist es notwendig, auch auf gesamtorganisationaler Ebene die dafür erforderlichen Rahmenbedingungen zu schaffen. Wenn in der Unternehmenskultur die entsprechenden Werte nicht verankert sind, die einen Austausch von Wissen fördern und eine Zusammenarbeit der verschiedenen Altersgruppen ermöglichen, werden diese Ansätze scheitern. Die Einleitung kultureller Wandlungsprozesse in Richtung einer offenen, kommunikativen, kreativen und vertrauensvollen Unternehmenskultur ist notwendig, um eine intergenerative Kommunikation und Zusammenarbeit zu ermöglichen. In der Frage der intergenerativen Kommunikation in der Arbeitswelt gibt es noch einen großen Forschungsbedarf. Die Überlegungen müssen soweit gehen, auch eine Neugestaltung der *hierarchischen Konfigurationen* in den Unternehmen zu überdenken, um die Zusammenarbeit altersgemischter Gruppen zu fördern, neue Möglichkeiten der *Laufbahngestaltung und Karriereplanung* bereitzustellen und um zu vermeiden, dass Mitarbeiterinnen und Mitarbeiter bereits relativ früh Karriereplateaus erreichen und kaum mehr Perspektiven für eine weitere berufliche Herausforderung im Unternehmen haben.

Durch das Überdenken der üblichen *Lebensarbeitszeitmodelle* und das Anbieten flexibilisierter Verteilungsmuster von Arbeits- und Freizeit, Familien- und Weiterbildungsphasen während der gesamten

Berufslaufbahn ist es möglich, lebenszyklisch Zeitbedürfnisse und -präferenzen sowie Lebenslagenorientierungen der Mitarbeiter/-innen zu berücksichtigen. Im Sinne einer Burnout-Prophylaxe ist es das Ziel, dass die Mitarbeiter/-innen nach einer Phase der Arbeitsunterbrechung oder der Weiterbildung gestärkt und erneut engagiert ins Unternehmen zurückkehren. Der Ausstieg für eine Jahr, das so genannte *Sabbatical,* oder die kleinere Ausführung davon, der *Monat der Besinnung,* bieten den Mitarbeiter/-innen eine Möglichkeit der Abwechslung, ohne die Arbeitsstelle aufgeben oder wechseln zu müssen, um Zeit für Weltreisen, Hobbys, Kinder und Enkelkinder, Weiterbildung oder Hausbau zu haben. Auch angesparte Überstunden in Stoßzeiten können als Weiterbildungsurlaube in ruhigeren Zeiten genutzt werden. Es bieten sich auch Tätigkeiten im Sinne des Gemeinwohls an, wie Public Private Partnerships (PPP), die von staatlicher Entwicklungspolitik subventioniert werden und sich gerade im Aufbau befinden. Das Know-how der älteren Arbeitnehmer/-innen wird weltweit in Projekten gebraucht und zukünftig gefördert, ohne dass jemand die Entscheidung treffen muss, seinen Arbeitsplatz ganz aufzugeben und das Heimatland für Jahre zu verlassen. PPPs stellen eine Idee für ganze Betriebe dar, Partnerschaften mit branchenähnlichen Betrieben in der dritten Welt aufzunehmen. Da Konsens darüber herrscht, dass Normalarbeitsverhältnisse beruflichen »Patchwork-Biografien« zunehmend weichen, lassen sich hier zahllose kreative Ideen generieren. Auf weitere Ansätze zur Integration und Förderung älter werdender Arbeitskräfte sei hier nur kurz verweisen (z. B. Arbeitszeitmodelle wie Altersteilzeit oder das Modell zwei Drittel des Gehalts und Auszeit jeweils für ein Jahr, neue Entlohnungssysteme weg vom Senioritätsprinzip hin zu einer variablen, leistungsabhängigen Entlohnung oder die Einführung von Lebensarbeitszeitkonten etc.).

Auf die skizzierten Weisen schaffen Unternehmen Raum für mehr Individualisierung von Beschäftigungsformen, eine Erhöhung des Anteils selbstständiger Tätigkeit und Freiheitsgrade, die zuvor nur Entwicklern, Angehörigen des oberen Managements und Unternehmern vorbehalten waren. Damit tragen Unternehmen zur Persönlichkeitsentwicklung ihrer Arbeitnehmer/-innen bei, die – wie man gottlob zur Kenntnis genommen hat – nicht mit dem Erwachsenalter abgeschlossen sind, sondern sich über das gesamte Kontinuum des

Lebenslaufs erstrecken. Der individuellen Auseinandersetzung mit der Arbeitstätigkeit kommt dabei eine besondere Rolle zu. Hackers (1998) Kriterien persönlichkeitsförderlicher Arbeitsgestaltung lauten:

- ausreichende Aktivität und die Möglichkeit der Anwendung,
- Erhaltung und Weiterentwicklung erworbener individueller Leistungspotenziale,
- schöpferische Veränderungsmöglichkeiten bei den Arbeitsverfahren,
- Selbständigkeit bei der Festlegung von Zielen und beim Treffen von Entscheidungen,
- Sinn für Gesamtprodukt der Firma oder Gesellschaft,
- Anerkennung, Bestätigung des eigenen Persönlichkeitswertes.

Genannte Faktoren stellen Entwicklungsanreize dar, die – neben der individuellen Leistungsbereitschaft – Voraussetzung für die Gestaltung einer förderlichen Lernumgebung des Betriebs sind. Wichtig scheint anzumerken, dass die Nutzung des Handlungsspielraums nicht notwendigerweise mit größerer Belastung einhergeht. Vielfältige Arbeitsinhalte und die Selbstorganisation der eigenen Arbeitstätigkeit erhöhen die Arbeitszufriedenheit der Mitarbeiter/-innen und die Effizienz für das Unternehmen (Hacker, 1998, S. 81).

Ähnlich den vorgestellten Ansätzen lassen sich, je nach den Bedürfnissen der betroffenen Mitarbeiter/-innen sowie den Anforderungen des Unternehmens, zahlreiche Wege finden, für Mitarbeiter/-innen auch im höheren Alter eine motivierende und sinnstiftende Arbeitsumgebung zu schaffen. So ist es möglich, die Mitarbeiter/-innen länger und zufriedener im Unternehmen zu halten und gleichzeitig ein hohes Qualifikationsniveau und eine breite Wissensbasis bis zur Pensionierung zu erhalten. Voraussetzung dafür ist allerdings, dass die Maßnahmen, die die Beschäftigungsfähigkeit und Leistung älter werdender Arbeitskräfte sicherstellen sollen, bereits während der gesamten Erwerbsbiografie zum Einsatz kommen.

Für das psychische Wohlergehen der/des Einzelnen spielt die individuelle Entwicklung im Beruf eine große Rolle. Damit einhergehende Kognitionen sind unter anderem auch abhängig vom Lebensalter. Um eine anregende, motivierende und fördernde Arbeitsumwelt für ältere Arbeitnehmer/-innen gestalten zu können, muss

Wissen darüber vorhanden sein, wie die Arbeitssituation von den Betroffenen selbst wahrgenommen wird oder welche Erwartungen sie an ihre berufliche Entwicklung stellen. Von Unternehmensseite oktroyierte Konzepte der Personalentwicklung führen nicht zum gewünschten Ergebnis, wenn sie von den Betroffenen selbst nicht angenommen werden oder deren Bedürfnissen nicht entsprechen. In unserer Forschung (Laschalt, 2007) stellen wir die Situation aus Sicht der älteren Mitarbeiter/-innen dar. Ziel ist es, durch Interviews die subjektive Perspektive der Betroffenen selbst auszuleuchten und zu erfahren, was sie als wichtig erachten, um ihre Arbeitszufriedenheit und Leistungsfähigkeit zu erhalten oder zu verbessern. Eine effektive Förderung älterer Arbeitskräfte ist nur dann möglich, wenn die Bedürfnisse der Betroffenen genauer bekannt sind. Das Erleben der Arbeitssituation aus Sicht der älteren Arbeitnehmer/-innen muss den Ausgangspunkt der Frage darstellen, welche Maßnahmen die Personalentwicklung in Unternehmen ergreifen kann, um für das ältere Arbeitskräftepotenzial eine leistungsfördernde und motivierende Arbeitssituation schaffen zu können.

Die Idee des »differentiellen Alterns« (Thomae, 1983) betont, dass mit zunehmendem Alter auch die interindividuellen Unterschiede in der Entwicklung des Menschen größer werden. Je nach situativen, biografischen, sozialen oder historischen Bedingungen wird der Prozess des Älterwerdens und die Lebensphase des Alters unterschiedlich erlebt. Neben diesen interindividuellen Unterschieden des Älterwerdens lassen sich auch intraindividuelle Unterschiede feststellen. Die Entwicklung eines Menschen im Alter lässt sich nicht einförmig beschreiben, sondern Entwicklung findet in verschiedenen Merkmalsbereichen statt. Aufgrund dieser zunehmenden Variabilität im Alter muss darauf geachtet werden, dass nicht nur uniforme Konzepte zur Förderung und Motivation älter werdender Arbeitskräfte entwickelt werden, die sozusagen nach dem Gießkannenprinzip auf die betroffenen Arbeitnehmerinnen und Arbeitnehmer angewendet werden. Das Unternehmen muss eine Vorstellung davon bekommen, welche Bedürfnisse ihre Arbeitskräfte haben, um entsprechend flexibel verschiedene Maßnahmen anwenden zu können.

Schlussbemerkungen

Um die gesellschaftliche Produktivität auch weiterhin aufrechterhalten zu können, ist es notwendig, vermehrt ältere Arbeitnehmer/-innen einzusetzen und länger als bisher im Unternehmen zu behalten. Um mit den veränderten Altersstrukturen auch weiterhin produktiv bleiben zu können, dürfen ältere Arbeitskräfte nicht als Auslaufposten betrachtet werden, sondern müssen in eine aktive Personalpolitik einbezogen und gefördert werden. Dafür sind umfassende Umdenk- und Entwicklungsprozesse im Unternehmen, in der Geschäftsleitung, in den Personalabteilungen, bei den Führungskräften sowie bei den betroffenen älteren Arbeitskräften sowie auch ihren jüngeren Kollegen erforderlich. Darüber hinaus ist auch ein Umdenken in der Gesellschaft notwendig, so dass eine Flexibilität in den Rollen und Einsatzgebieten älterer Mitarbeiter/-innen gemäß ihren Wünschen einerseits und ihren Möglichkeiten andererseits gesellschaftlich akzeptiert sind und dass die Einführung neuer Gehaltsstrukturen im Lebenslauf möglich ist. Die Entwicklung weg von einer sehr stark jugendzentrierten Personalpolitik hin zu einer intergenerativen, alle Altersgruppen umfassenden Sichtweise stellt einen längerfristigen Prozess dar. Es ist an der Zeit, diesen Prozess einzuleiten.

Literatur

Argyris, C., Schön, D. A. (1999). Die lernende Organisation. Grundlagen, Methode, Praxis. Aus dem Amerikanischen von Wolfgang Rhiel. Stuttgart: Klett-Cotta.

Auer, M. (1996). Die Beschäftigungsproblematik älterer Arbeitnehmer aus betrieblicher Sicht. Arbeit, 5 (4), 438–454.

Baltes, P. B., Smith, J. (1990). Weisheit und Weisheitsentwicklung. Prolegomena zu einer psychologischen Weisheitstheorie. Zeitschrift für Entwicklungspsychologie und Pädagogische Psychologie 22 (2), 95–135.

Faltermaier, T., Mayring, P., Saup, W., Strehmel, P. (2002): Entwicklungspsychologie des Erwachsenenalters (2. überarb. und erw. Auflage). Stuttgart u. a.: W. Kohlhammer.

Gerhardt, U. (1998). »Und dass ich Rente kriege«. Zur Dynamik des gesellschaftlichen Alterns. In A. Kruse (Hrsg.), Psychosoziale Gerontologie, Bd. 1 Grundlagen (S. 253–275). Göttingen: Hogrefe.

Hacker, W. (1998). Allgemeine Arbeitspsychologie. Psychische Regulation von Arbeitstätigkeiten. Bern u. a.: Huber.

Heckhausen, J. (1990) Die Entwicklung im Erwachsenenalter aus Sicht junger, mittelalter und alter Erwachsener. Zeitschrift für Entwicklungspsychologie und Pädagogische Psychologie, 22 (1), 1–21.

Heckhausen, D. (2000). Einflussfaktoren auf Fehlzeiten und Maßnahmen dagegen. OSC 2/2000 (7), 109–121.

Heuft, G., Kruse, A., Radebold, H. (2000). Lehrbuch der Gerontopsychosomatik und Alterspsychotherapie. München: Reinhardt.

Horn, J. L., Cattell, R. B. (1996). Age differences in primary mental ability factors. Journal of Gerontology 21, 210–220.

Jaeggi, E. (2003). Unveröffentlichter Vortrag, ORF Vorarlberg.

Karasek, R. A. (1979). Job demands, job decision latitude and mental strain: Implications for job redesign. Administrative Science Quarterly, 24, 285–308.

Keppelmüller, P. (2004). Intergenerative Personalentwicklung. In K. A. Geißler, S. Laske, A. Orthey (Hrsg.), Handbuch Personalentwicklung. Loseblattsammlung, Deutscher Wirtschaftsdienst.

Klemp, G. O., McClelland, D. C. (1986). What characterizes intelligent functioning among senior manager? In R. J. Sterberg, R. K. Wagner (Eds.), Practical intelligence in an everyday world (pp. 31–50). New York: Cambridge University Press.

Laschalt, M. (2007). Personalentwicklung für ältere ArbeitnehmerInnen, unveröff. Dissertation Universität Innsbruck.

Lévi-Strauss, C. (1992). Frankfurter Allgemeine Zeitung v. 03.01.1992.

Lehr, U. (2000). Psychologie des Alterns (9. Aufl., neu bearbeitet von Ursula Lehr und Hans Thomae). Wiebelsheim: Quelle und Meyer.

Naegele, G. (1992). Zwischen Arbeit und Rente. Gesellschaftliche Chancen und Risiken älterer Arbeitnehmer. Augsburg: Maro.

Neuberger, O. (1994): Personalentwicklung (2. durchges. Aufl.). Stuttgart: Enke.

Pongratz, H. J., Voß, G. G. (2003). Arbeitskraftunternehmer. Erwerbsorientierungen in entgrenzten Unternehmen. Berlin: Ed. Sigma.

Rosenow, J., Naschold, F. (1994). Die Regulation von Altersgrenzen. Strategien von Unternehmen und die Politik des Staates. Berlin: Ed. Sigma.

Schaie, K. W. (1996). Intellectual development in adulthood. In J. E. Birren, K. W. Schaie (Eds.), Handbook of the psychology of aging (4th ed.) (pp. 266–286). San Diego: Academic Press.

Sichler, R. (2003). Autonomie und Arbeitswelt. Unveröff. Habilitationsschrift Universität Bremen.

Thomae, H. (1983). Alternsstile und Altersschicksale. Ein Beitrag zur Differentiellen Gerontologie, Bern: Huber.

Ulich, E., Großkurth, P., Bruggemann, A. (1973). Neue Formen der Arbeitsgestaltung: Möglichkeiten und Probleme einer Verbesserung der Qualität des Arbeitslebens. Frankfurt a. M.: Europäische Verl.-Anst.

Walter, H. J. (2006). Altersbilder, Journal für Psychologie, 2, 178–192.

Werner, E. E., Smith, R. S. (1982). Vulnerable but invincible. A longitudinal study of resilient children and youth. New York: McGraw Hill.

Erstabdruck:

Laschalt, M., Möller, H. (2005). Der ältere Arbeitnehmer – ein vernachlässigtes Subjekt. Der demographische Wandel und seine Herausforderungen für eine zeitgemäße Mitarbeiterführung. Journal für Psychologie, 13 (1/2), 127–146.

Heidi Möller und Arthur Drexler

Einsatz eines Einzel-Assessments im Rahmen von Unternehmensnachfolge

»Wenn es um die Nachfolge in Familienunternehmen geht, geht es dabei immer um eine explosive Mischung von Geld, Macht und Liebe« (Bahner, 2002).

Bei der Betrachtung der Nachfolge in Familienunternehmen tut sich ein rollenkomplexes Thema auf. Eine zentrale Ursache dieser Komplexität ist die untrennbare Verknüpfung dreier Systeme (Davis u. Tagiuri, 1982), die jeweils für sich unterschiedliche Leitlogiken aufweisen: Da ist zum einen die ökonomische Logik, die – sinnvollerweise – das Handeln in Unternehmen prägt und in einer Wettbewerbswirtschaft letztlich über dessen Erfolg und dessen langfristiges Überleben bestimmt. Und da ist zum anderen die Logik der Nähe bzw. der Liebe, die kennzeichnend für Familiensysteme ist. Die beiden Systeme werden durch Personen ausgestaltet, die in Harmonie und in Spannungen zueinander stehen, je nach Art und Gewichtung ihrer ökonomisch oder familiär ausgerichteten Beziehungen zueinander. Das dritte System folgt schließlich der Logik des Eigentums, das bewahrt und vermehrt werden möchte. Die Beteiligten am Prozess der Unternehmensnachfolge können die spezifische Problematik aus jeweils unterschiedlichen Blickwinkeln betrachten (vgl. Kappler u. Laske, 1999):

- Es gibt die Senior-Unternehmer, die die Macht besitzen und ihr Lebenswerk bewahren wollen. Jede Entscheidung möchten sie sicherheitshalber selbst treffen, weil nur sie ausreichende Erfahrungen besitzen, und sie werden zunehmend misstrauischer gegenüber Neuerungen, welche nicht von ihnen kommen.
- Nachfolgeprozesse in Familienunternehmen sind Abbilder einer Familiendynamik. Auseinandersetzungsstile, die Offenheit untereinander, Fragen der Dominanz und Submission gestalten das Familienleben in jeweils typischer Weise. So kann die Nachfolgede-

batte als Zuspitzung eben dieser Familienklimata gesehen werden. Damit werden Interaktionsstile offenbar, sie werden bewusstseinsfähig und das ist eine Chance, aber sie können in der Zuspitzung eben auch höchst destruktiv verlaufen.
- Dabei macht es einen gravierenden Unterschied, ob es sich um Nachfolgeprozesse von der ersten auf die zweite Generation handelt oder um spätere Nachfolgesituationen. Liegen generationale Routinen vor, ist die Nachfolgedebatte im Bewusstsein des Familiensystems verankert. Die Firma wird von jemand übergeben, der selbst einmal Nachfolger war. Diese/r kennt die Schwierigkeiten, kennt die eigenen Nöte, aber auch die Herausforderungen, die es bedeutet, in die Fußstapfen eines anderen zu treten. Damit eröffnet sich die Möglichkeit des inneren Rollentausches, der Empathie für die Psychodynamik des Nachfolgenden. Ob diese jedoch konstruktiv, vielleicht zur Gestaltung einer »besseren« Übergabe genutzt werden oder ob es heißt: »Er soll es auch nicht kommoder haben als ich«, wird von der jeweiligen Eltern-Kind-Beziehung abhängen.
- Die Nachfolger wollen sich profilieren und den Betrieb endlich nach ihren eigenen Vorstellungen leiten. Sie streben nach Veränderung und Modernisierung, gleichzeitig möchten sie den Senior nicht vor den Kopf stoßen, weil sie auch auf seine Kooperation angewiesen sind.
- Und es gibt die Zaungäste: Das sind Banken, Lieferanten, Kunden und die restliche Verwandtschaft, die das Treiben mit gemischten Gefühlen und Erwartungen verfolgen.

Die – meist männlichen – Unternehmer sehen sich (vor allem in kleinen und mittelständischen Unternehmen) bei der Entscheidung über ihre Nachfolge mit zahlreichen Dilemmata konfrontiert: Übergebe ich die Firma einem meiner Kinder? Welchem der Kinder? Kann ich die hochbegabte Tochter dem ältesten Sohn vorziehen, weil ich von deren Managementfähigkeiten viel mehr überzeugt bin? Was geschieht, wenn sie Kinder bekommt und der Schwiegersohn beruflich ganz anders gebunden ist? Entscheide ich mich für eine externe Übergabe, dann muss ich mit der Enttäuschung meines Ältesten rechnen. Hat er nicht nur mir zuliebe Betriebswirtschaft studiert?

Wir erkennen diese Qualen auch in der Tendenz vieler Gründer von Unternehmen und Organisationen, wenn sie keine solide Nachfolgeregelung vornehmen und die eigene »Kreation« lieber zerstören, als sich als ersetzbar und damit sterblich zu erleben (Lohmer, 2004).

Bahner (2002) spricht auf der anderen Seite von jahrelangen, Energie raubenden persönlichen Feindschaften, langjährigen juristischen Auseinandersetzungen und massiven imageschädigenden Aktionen von vermeintlich ungerecht behandelten Familienmitgliedern. Schmerzen einer nicht gelungenen Regelung der Unternehmensnachfolge können psychische Folgen bis in die dritte und vierte Generation nach sich ziehen. Diese »Krisen- und konfliktreich erlebten Entscheidungen und Handlungen werden in Bezug auf ihre emotionale Komponente völlig ausgeblendet. Die klassische BWL unterstellt einen Unternehmer, der sich verhält wie ein Computerprogramm« (vgl. Schneider, 1990, S.).

Der Prozess der Firmenübergabe an Nachfolger ist also mit Sorgen, Erwartungen, Überwindungen und Verantwortungen verknüpft. Eine ungeregelte oder unbewältigte Nachfolgesituation kann somit zu großen Problemen im Betrieb und im familiären Umfeld mit massiven Auswirkungen auf die Belegschaft, die Familienmitglieder und Vermögenswerte führen. Doch es gibt kein Patentrezept für eine reibungslose Übergabe bis auf die Empfehlung, sich der Problematik zu stellen und alle verfügbaren Unterstützungen in den Prozess einzubeziehen. Ein wichtiger Bereich ist dabei die Analyse des unternehmerischen Potenzials des Nachfolgers. Diese Ergebnisse können für beide Seiten – Unternehmer wie Nachfolger – aufschlussreich sein und in einer emotionalen Dynamik wieder zu etwas Übersicht und Transparenz führen.

Soll eine Nachfolge in Familien gelingen, so muss es neben der wirtschaftlichen, steuerlichen und rechtlichen Strategie auch eine psychologische Problemlösung geben. Diese kann nur eine Lösung sein, die innerlich von allen Beteiligten mitgetragen werden kann. Eine falsche Entscheidung kann erhebliche Langzeitwirkung bis hin zur Zerstörung der wirtschaftlichen Versorgung der ehemaligen Firmeneigentümer haben. Die Verquickung von Unternehmens- und Familienstruktur birgt eine Menge Kränkungs- und Verletzungspotenzial.

Unser Beitrag möchte aus psychologischen Perspektiven die Dramatik der Unternehmensnachfolge fokussieren. Neben einem Problemaufriss aus familiendynamischer Sicht zeigen wir einen möglichen Weg auf, der mit Unterstützung psychologisch-diagnostischer Kompetenz die Entscheidungsfindung triangulieren kann. Zu bedeutsam ist die Entscheidung, zu hoch das Risiko einer falschen Entscheidung, als dass diese Fragen dem einfachen Bauchgefühl des Unternehmers überlassen werden sollte. Der Einsatz von psychologischen Methoden im Rahmen von Nachfolgeentscheidungen und die damit verbundenen Entwicklungsperspektiven sollen an Hand eines Fallberichts deutlich werden.

Fallbeispiel

Ein bayerischer Unternehmer in der Metallbranche (55 Jahre) hat einst selbst das Kleinunternehmen seines Vaters übernommen. Aus einer »Drei-Personen-Klitsche«, die sich nur mühsam über Wasser hielt, ist es ihm gelungen, ein prosperierendes Unternehmen mit Niederlassungen im In- und Ausland zu gestalten. Er selbst hatte einen völlig anderen Weg der beruflichen Entwicklung eingeschlagen, war seinen künstlerischen Neigungen gefolgt und übernahm nach dem Tode seines Vaters das Metallunternehmen recht widerwillig, im Grunde, wie er angibt, nur seiner Mutter zuliebe, die einen Verkauf – wenn dieser überhaupt möglich gewesen wäre – nicht gut ertragen hätte.

Nun steht seit einiger Zeit für den – trotz Unternehmertum – doch recht hedonistisch orientierten Firmeneigner der Rückzug aus der aktiven Zeit an. Nach Jahren höchster Arbeitsbelastung und aufgrund massiver gesundheitlicher Probleme möchte er sein Unternehmen an seinen Sohn übergeben, um sich den angenehmen Seiten des Lebens zu widmen. Die eigene Ehe scheiterte vor Jahren, der »Rosenkrieg« setzt sich bis heute fort. Sein Sohn, 23 Jahre alt, erfährt sich in ständigen Loyalitätskonflikten seinen Eltern gegenüber. Er brach in der schulischen Leistung ein, schaffte das Gymnasium nicht und arbeitet im väterlichen Betrieb als EDV-Fachmann mit Kenntnissen, die er sich selbst erworben hat.

Der Vater beschäftigt sich nur widerwillig mit der Möglichkeit eines Fremdmanagements in der Nachfolge. Höchste Priorität hat für ihn die Übernahme der Firma durch den Sohn. Dieser repräsentiert in seiner Persönlichkeitsstruktur nahezu das Gegenteil seines Vaters: Er ist eher schüchtern, lebt zurückgezogen, ist voller Zweifel an seiner Kompetenz. Sein Vater hegt die berechtigte Sorge, ob sein Sohn das »Zeug zum Unternehmertum« hat. Den Vater leitet ein mentales Modell, das wir häufig in der kognitiven Vorbereitung der Nachfolgefrage kennen. Seine Leitidee ist die, dass eine erfolgreiche Führung des Unternehmens davon abhängt, wie ähnlich der Sohn dem Vater ist. Nur wenn dieser ähnlich extrovertiert, kommunikationsfreudig, selbstbewusst und vielleicht sogar charmant aufzutreten in der Lage wäre, könne er reüssieren. Die gleiche Haltung, die gleiche Auffassung von Arbeit, die gleichen Werte, Unternehmensstrategien und Führungsstile sind es, die Unternehmer als Erfolg versprechend für die sinnvolle Nachfolgeregelung erachten. Diese kognitiven Modelle sind dringend zu hinterfragen, da dieser Nachfolgestil eine Anpassung an neue, sich stetig wandelnde Umfeldbedingungen für das Unternehmen erschwert. Und vielleicht ist es gerade die Bereitschaft, vom Pfad der väterlichen oder mütterlichen Routine abzuweichen, die als wesentliches und Erfolg versprechendes Merkmal im Wandel von Organisationen an der Schnittstelle des Nachfolgeprozesses (vgl. Bahner, 2003) zu sehen ist. Man könnte auch sagen: »Wer nur in den Fußstapfen des Vorgängers geht, hinterlässt keinen Eindruck!«

Psychodynamisch sprechen wir im vorliegenden Fallbeispiel von einer Zwillingsübertragung: »Sei so wie ich, dann wird der Erfolg auf deiner Seite sein!« Neben der narzisstischen Komponente, die diesem mentalen Modell innewohnt, sind sicherlich auch altruistische Motive auszumachen: Der Vater gönnt dem Sohn ein ebenso finanziell sorgenfreies Leben, wie er es führen durfte. Er glaubt, dass das Leben als »Womanizer« mehr Freude birgt, als das eines zurückgezogenen jungfräulichen jungen Mannes. Der Vater, der sein Leben lang unter der Tatsache litt, kein Akademiker zu sein, möchte nun gern einem akademisch gebildeten Sohn seine Firma überlassen. Nun ist aus psychodynamischer Perspektive dieser ödipale Konflikt glasklar: Ein übermächtiger Vater hat eindeutige Erwartungen an Leben und Erleben seines Sohnes. Dieser muss vor dieser väterlichen Übermacht fast zwangsläufig »psychisch einknicken« und scheitern. Um in eine »ödipale Auseinandersetzung« zu treten, soll heißen, sich mit dem »Übervater« zu messen, braucht ein Sohn in seinem Selbstbild Vorstellungen einer Selbstwirksamkeit. Nur so kann es gelingen, ein differenziertes Selbstbild zu entwickeln, das sowohl die eigenen Schwächen als auch die eigenen Stärken beinhaltet, ohne den Vater abwerten bzw. idealisieren zu müssen. Durch psychotherapeutische Unterstützung gelang es dem Sohn, in diesen Feldzug zu gehen. Er ist nicht schnell, kein »Durchstarter«, wie der Vater es erwartet, aber inzwischen geht er beharrlich seinen Weg. Dennoch ist für den Vater das Risiko der Firmenübergabe an seinen Sohn noch nicht kalkulierbar. Aufgrund der hohen Gefährdung eines Unternehmens bei einer »falschen« Nachfolgeentscheidung und zur Entlastung des angespannten Vater-Sohn-Verhältnisses entschlossen sich beide dazu, ihr Spannungsverhältnis durch die Inanspruchnahme arbeitspsychologischer, diagnostischer Kompetenz zu reduzieren. Dabei zeigte sich, dass eine Triangulation durch objektivierte diagnostische Daten die Nachfolgedramatik sinnvoll deeskalieren kann.

Die Unternehmerpersönlichkeitsdiagnostik

Allem voran steht die Debatte um die Bedeutung von Persönlichkeitsmerkmalen im Zusammenhang mit geschäftlichem Erfolg und beruflichen Selektionsprozessen. Obwohl Merkmale der Persönlichkeit in den 1960er und 1970er Jahren als Prädiktoren für beruflichen Erfolg kaum beachtet wurden, bezieht man sie inzwischen auf Grund neuerer Forschungsbefunde (Brandstätter, 1993; Kline, 1993) beispielsweise verstärkt in die Managerdiagnostik ein. Sarges (2000) betont in dem Zusammenhang, dass Persönlichkeitsmerkmale als »Systeme dynamischer Person-Situation-Interaktionen« aufgefasst werden sollen, welche als notwendige, aber nicht hinreichende Bedingung für Managementerfolg anzusehen sind. Die Bedeutung von persönlichen Eigenschaften und Merkmalen, die erfolgreiche Unternehmer auszeichnen, lässt sich in analoger Weise ausdrücken (Brandstätter, 1997). Einen Überblick über den Einfluss von Persönlichkeitsdispositionen bei der Wahl von unternehmerischen Tätigkeiten gibt Lang-von Wins (2004) und beschreibt vier zentrale Charakteristika, die Unternehmer gemeinsam aufweisen: Sie agieren weisungsungebunden (Unabhängigkeit), sie müssen mit unklaren und unsicheren Situationen umgehen können (Unsicherheitstoleranz, Risikoneigung), sie müssen soziale Kontakte pflegen (soziale Kompetenz, Kontaktbereitschaft) und sie müssen flexibel sein und lösungsorientiert handeln können.

Für Eignungsuntersuchungen und Selektionsprozesse stellt die Psychologie im Rahmen des Fachbereichs »Diagnostik« eine Vielzahl an bewährten Verfahren und Instrumenten zur Verfügung. Damit unternehmerische Potenziale erkannt werden können, müssen zuerst die Kernkompetenzen für erfolgreiche Selbstständigkeit bzw. ein Anforderungsprofil bekannt sein, um auf dieser Basis geeignete Diagnoseverfahren ausarbeiten zu können. Solche Analyseinstrumente sollen im Bereich der Unternehmerdiagnostik beispielsweise auch soziale und kommunikative Kompetenzen sowie Risikobereitschaft und Fähigkeiten zur Problemlösung erfassen (Müller, 2002). Auf Grund der Merkmalsvielfalt soll entsprechend dem »state of the art« auch ein Methodenmix an Erhebungsverfahren eingesetzt werden (Bäcker u. Etzel, 2002). Dementsprechend wurde von den Autoren zur Erfassung der psychologischen Merkmale, die für Unternehmer förderlich sind, ein Einzel-Assessment-Center am Institut für Kommunikation im Berufsleben und Psychotherapie der Universität Innsbruck entwickelt.

Folgende personenbezogene Merkmale und Dispositionen, die für erfolgreiches Unternehmertum im Allgemeinen erforderlich sind, werden in dem Assessment-Center erfasst (Müller, 2000 u. 2002; Müller et al., 2002; Lang-von Wins, 2004; Göbel, 1998):

– Leistungsmotivation: Ausmaß an Bereitschaft, Leistung zu erbringen.
– Internale Kontrollüberzeugung: Führt Erfolge und Handlungsresultate auf das eigene Handeln zurück.
– Risikoneigung: Wählt in unklaren Situationen eher Alternativen, die einen höheren Gewinn erwarten lassen.
– Problemlösungsfähigkeit: Ist in der Lage, zielorientiert und lösungsorientiert zu planen.
– Durchsetzungsbereitschaft: Kann seine Meinung gegenüber anderen vertreten und durchsetzen.
– Kontaktbereitschaft: Tritt mit anderen Menschen gern in Beziehung.
– Normungebundenheit: Offen für Veränderungen.

- Unabhängigkeitsstreben: Strebt Selbstständigkeit an.
- Belastbarkeit: Kommt mit Stress und Konflikten zurecht.
- Ausdauer: Weist Durchhaltevermögen auf.
- Selbstreflexivität: Erkennt eigene Grenzen und achtet auf sich.

Das Einzel-Assessment beinhaltet unterschiedliche Aufgabenstellungen und der gesamte Ablauf wird auf Video aufgezeichnet. Damit werden die selbstständigkeitsrelevanten Merkmale multimodal zugänglich, wodurch sich transparente und validere Resultate ergeben. Folgende Aufgabenstellungen und Untersuchungsinstrumente werden im Einzel-Assessment eingesetzt:

- Projektpräsentation: Vorstellung der zukünftigen unternehmerischen Tätigkeit, um situative Anforderungen bei der Auswertung berücksichtigen zu können;
- psychometrische Fragebogen (Leistungsmotivationsinventar LMI, Schuler u. Prochaska, 2001), Fragebogen zur Diagnostik unternehmerischer Potenziale (F-DUP, Müller, 2004);
- biografische Datensammlung: tabellarische Anordnung markanter biografischer Begebenheiten;
- biografisches Interview: Erläuterung der biografischen Datensammlung im Gespräch;
- Rollenspiel: Zum Ausdruck von kommunikativen Fähigkeiten, Durchsetzungs- und Konfliktbereitschaft;
- standardisierter Postkorb (Bonner Postkorb – Modul BPM, Chronos, Musch, Rahn u. Lieberei, 2001): zur Erfassung von Organisations- und Lösungsfähigkeiten unter Zeitdruck;
- semistrukturiertes Interview: Exploration von selbstständigkeitsrelevanten Einstellungen.

Das Einzel-Assessment wird von einem Untersuchungsleiter und einem Assistenten durchgeführt, die Datenerhebung dauert circa vier Stunden. Nach der Auswertung findet ein Feedbackgespräch statt, in dem die Resultate mitgeteilt und erläutert werden. Zusätzlich wird ein schriftlicher Ergebnisbericht erstellt und an den Kandidaten übergeben.

Biografische Daten

Als Teil des Einzel-Assessments wurde zunächst auf die biografische Entwicklung des potenziellen Unternehmensnachfolgers eingegangen. Die Informationen resultieren aus dem biografischen Interview und der biografischen Datensammlung. Diese Methode ermöglicht es, unternehmerische Aktivitäten im bisherigen Werdegang und förderliche Erfahrungen für das beabsichtigte Projekt aus bewältigten Anforderungen in der Vergangenheit zu erkennen.

Als Ergänzung zur einleitenden Falldarstellung ergeben sich noch zusätzliche biografische Informationen. Der Sohn des Unternehmers, Herr S., erlebte die Scheidung seiner Eltern im Alter von sieben Jahren auch als Ende der Beziehung zu seinem Vater. Er wohnte in der Folge bei seiner Mutter, die wieder eine Partnerschaft einging. Im Alter von 14 Jahren verbrachte Herr S. einen Urlaub mit seinem Vater, was eine Wende in ihrer Beziehung zueinander und eine Annäherung zwischen den beiden bewirkte. Eine fortschreitende Abhängigkeitserkrankung der Mutter hatte zur Folge, dass sich Herr S. wegen zunehmender Konflikte verstärkt »nach außen« orientierte und nach der Pflichtschule eine Beschäftigung im väterlichen Unternehmen aufnahm und privat bei ihm wohnte. Er absolvierte in den nächsten Jahren eine Reihe von Aus- und Fortbildungen und war mit steigender Selbstständigkeit auch in der Lage, sein belastetes Verhältnis zu seiner Mutter in einem offenen Brief zum Ausdruck zu bringen. Herr S. wohnt inzwischen allein, geht einem Fachhochschulstudium nach und ist bestrebt, das Unternehmen seines Vaters zu übernehmen – gleichzeitig fühlt er sich noch unsicher, ob er sich als Führungskraft durchsetzen wird, und erwartet sich durch das Einzel-Assessment Empfehlungen für seine zukünftige Entwicklung.

Ergebnisse des Einzel-Assessment-Centers

Die Auswertung der Daten hinsichtlich der selbstständigkeitsrelevanten Merkmale hat bei Herrn S. unterschiedliche Ausprägungen ergeben. Überdurchschnittlich erweist er sich in den Bereichen der »Leistungsmotivation« und der »Problemlösefähigkeiten«. Seine Bemühungen um Anerkennung durch Leistung sowie sein logischanalytisches Denkvermögen kommen deutlich zum Vorschein. Hoch liegt er auch bei der »Normgebundenheit«, da er großen Wert auf Zuverlässigkeit und Verantwortungsbereitschaft legt und daher normgerechte Erwartungen und Verhaltensweisen entsprechend ausgeprägt erscheinen.

Aus den biografischen Daten geht hervor, dass Herr S. zunehmend bereit erscheint, seine beruflichen und persönlichen Entwicklungen selbst in die Hand zu nehmen und konstruktiv zu beeinflussen, sodass eine »internale Kontrollüberzeugung« (im Einklang mit dem Testwert für »Internalität«) steigenden Einfluss gewinnt.

In den Bereichen »Belastbarkeit«, »Ausdauer«, »Risikoneigung« und »Streben nach Unabhängigkeit« ergeben die Auswertungen der quantitativen und qualitativen Daten mittlere bzw. durchschnittliche Ausprägungen.

Seine Schwachstellen liegen hingegen vorrangig in Bereichen mit sozialen Interaktionen, was sich als unterdurchschnittliche Resultate bei den Merkmalen »Kontaktbereitschaft« und »Durchsetzungsbereitschaft« niederschlägt. Die Befunde decken sich auch mit seiner Biografie, wo er im Privatleben kaum an einer Erweiterung seines Bekanntenkreises interessiert war und ebenso sein berufliches Engagement vorrangig in Bereichen sieht, wo er nur in geringem Ausmaß neue Sozialkontakte eingehen muss (z. B. EDV und administrative Tätigkeiten).

Allerdings weist Herr S. ein hohes Maß an »Selbstreflexivität« auf. Er kann im Gespräch über eigene Befindlichkeiten und Gefühle auf Anhieb Auskunft geben und zeigt im Einklang mit dem Testwert für »Selbstkontrolle« auch im biografischen Interview ein hohes Maß an reflexiver Auseinandersetzung hinsichtlich seiner beruflichen und persönlichen Entwicklungen.

Emfehlungen

Herr S. wird als Unternehmer und Nachfolger seines Vaters der Chef von zahlreichen Mitarbeitern werden und ebenso die kaufmännischen und technischen Belange des Betriebs meistern müssen. Der Vater gilt als charismatischer Führer, der neben viel Arbeitseinsatz auch einen charmanten Hang zum Playboy aufweist. Gegen die extrovertierte, kontaktfreudige und selbstbewusste Persönlichkeit des Vaters hat es Herr S. wohl nicht leicht, da er in seinem Wesen eher das Gegenteil verkörpert und damit den Erwartungen des Vaters und der Belegschaft auch nicht unbedingt gerecht wird. Auf Grund der persönlichen Entwicklungen und Fortschritte, die in den letzten Jahren bei Herrn S. zu erkennen waren, ist davon auszugehen, dass er zwar unternehmerisches Potenzial besitzt, aber gleichzeitig an seiner Entfaltung noch gezielt arbeiten muss.

Die Merkmale »Normgebundenheit« und »Streben nach Unabhängigkeit« sind für Herrn S. in dem Zusammenhang von besonderer Bedeutung, da er sich in einem bereits bestehenden Unternehmen von den Vorstellungen und Erwartungen seines mächtigen Vaters »unabhängig« machen sollte. Dafür ist sein Streben nach Selbstständigkeit zurzeit noch nicht ausreichend ausgeprägt. Das Erproben und Erleben von eigenen wirksamen Strategien zur Bewältigung von betrieblichen Herausforderungen – fern vom Einfluss des Vaters – würde sein Selbstvertrauen stärken und ihn in seinen Entscheidungen von den Erwartungen des Vaters unabhängig machen. Gewinnbringend wäre für ihn nach seinem Studium ein mehrjähriges Engagement bei einem anderen Unternehmen, bei dem er auf sich allein gestellt praktische Erfahrungen in gehobener Funktion sammeln kann.

Weiter wird Herrn S. dringend empfohlen, am Ausbau seiner sozialen Kompetenzen zu arbeiten. Dabei wird es vor allem darauf ankommen, wie er seine Führungsrolle ausgestaltet, eigene Vorstellungen gegenüber Mitarbeitern vertritt und mit Konflikten umgeht. Als Unterstützung und zur emotionalen Stabilisierung werden ihm der Besuch von Führungs- und Konfliktseminaren sowie die fallweise Inanspruchnahme eines persönlichen Coaches empfohlen.

Die Rückkehr in das Familienunternehmen sollte erst erfolgen, wenn sich Herr S. einen Namen als erfolgreiche Führungskraft in anderen Unternehmen gemacht hat. Die Übernahme des eigenen Betriebs muss dann mit einer klaren Aufteilung der Zuständigkeiten zwischen ihm und seinem Vater sowie einer Perspektive für den straffen Rückzug des Vaters aus dem Unternehmen einhergehen. Herr S. muss gleich in der Lage sein, in seinem Bereich eigene Vorstellungen zu entwickeln und umzusetzen. In der ersten Zeit wird es auch besonders wichtig sein, dass er mit allen Mitarbeitern persönlich Kontakt aufnimmt und sich ihnen als Chef »zu erkennen« gibt.

Kontinuierlich sollte sich der Vater aus dem Unternehmen zurückziehen und Herr S. die Gesamtverantwortung übernehmen.

Es spricht nichts dagegen, wenn sich Herr S. zukünftig als reife Person nach eigenem Ermessen von seinem Vater bei heiklen Fragen beraten lässt, um dann selbst seine Entscheidungen zu treffen.

Implikationen für die Beratung

Im letzten Kapitel soll eine Zusammenschau der fallbezogenen Informationen erfolgen und daraus auch Überlegungen für den zukünftigen Einsatz von psychologischer Diagnostik bei Nachfolgeberatungen abgeleitet werden. Bei Herrn S. ergibt ein Vergleich der Resultate der psychologischen Persönlichkeitsdiagnostik mit den psychodynamischen Betrachtungen in weiten Bereichen inhaltlich sehr ähnliche Schlussfolgerungen, obwohl die Analyseparadigmen bei den beiden Herangehensweisen völlig verschieden sind. Ebenfalls unterschiedlich sind Aufwand und Transparenz der Methoden.

So zeigen sowohl die Ergebnisse aus dem Einzel-Assessment wie auch die psychodynamische Analyse der Nachfolger-Persönlichkeit deutliche Hinweise für einen verringerten Selbstwert des Kandidaten und Defizite bei sozialen Interaktionen. Damit gehen psychische Belastungen einher, die sich beispielsweise durch eine verringerte Konfliktresistenz ergeben. Diese Befunde sind für Vater-Sohn-Beziehungen nicht untypisch (Davis u. Tagiuri, 1989) und werden deshalb zum Abschluss ausführlicher und über den Einzelfall hinausgehend erörtert.

Sprechen wir über Nachfolge, so sehen wir uns psychodynamisch betrachtet inmitten der ödipalen Dramatik. Exemplarisch sollen an dieser Stelle zwei Nachfolgekonstellationen psychodynamisch beleuchtet werden: die Nachfolgedramatik Vater/Sohn und die Nachfolgedramatik Vater/Tochter. Wir wählen diese Dyaden, da sie die häufigste Auftretenswahrscheinlichkeit bei Familienbetrieben haben.

Für die Auflösung der ödipalen Dynamik braucht es eine vollständige reife Triade: Vater, Mutter und Kind, als ganze und voneinander getrennte Objekte, die variable Beziehungen untereinander gestalten und affektiv überwiegend positiv besetzt sind. Dass diese gesunde, dynamische und fließende Konstellation in vielen Familienunternehmen (und auch anderswo) meist nicht gegeben ist, versteht sich von selbst. Daraus lassen sich die Aufträge in der Beratung von Familiennachfolgeprozessen ableiten.

Die adäquate Verarbeitung der »ödipalen Niederlage«, die Akzeptanz des Ausgeschlossenseins aus der Intimität des elterlichen Paares, ermöglicht den Kindern das triadische Denken. Neben der Entwicklungsaufgabe, sich aus der dyadischen Beziehung zur Mutter zu lösen, was den Verzicht auf Allmachtsphantasien und weitgreifende Ansprüche zur Folge hat und zunächst Neid und Schmerz auslöst, ermöglicht die Akzeptanz der Entität des elterlichen Paares auch die Rotation der Triade (Buchholz, 1990). Die wechselnde Identifikation mit Vater und Mutter, das Erlebnis des dann wieder außerhalb Stehens macht den Weg frei, verschiedene Perspektiven einzunehmen und die unterschiedlichen Paarkonstellationen und variierenden Bezüge wahrzunehmen. Über die äußerlich bleibende Welt der Eltern denkt das Kind nach, es kann die »dritte Position« einnehmen, beobachten, und es beginnt zu symbolisieren. Es kann Zusammenhänge herstellen, Verbindungen aktiv suchen, Neugierverhalten entwickeln, kurz, nach Wissen suchen. »Die Anerkennung der elterlichen Basis ist einerseits schmerzlich, andererseits stellt sie aber die Basis für Reflexion und Beobachtung dar« (Diem-Wille, 1996, S. 91). Diese Qualitäten gelten – wie unschwer zu erkennen ist – als unabdingbare Voraussetzungen, um eine gute Führungskraft zu werden oder zu sein. Das Kind denkt nach und es wird über das Kind nachgedacht. Damit ist erstmalig eine Distanzierungsmöglichkeit geschaffen, die Voraussetzung zur Selbstreflexion ist. Als Voraussetzung gelungener Ödipalität kann die sichere Gebundenheit des Kindes gelten. Mädchen brauchen zum ödipalen Objektwechsel eine repräsentierte Vaterbeziehung, die auch in der Mutter vorhanden sein kann. Es geht nicht nur um Präsenz, Bezogenheit, Aufmerksamkeit und Einfühlung des realen Vaters. Die Säuglingsforschung (Dornes, 2001) zeigt, dass ab der dritten Lebenswoche die Aufmerksamkeit des Babys auf mehr als die Mutter gerichtet ist. Geschwister, Übergangsobjekte, Vater etc. gewinnen an Bedeutung. Wenn Beziehungen triadisch angelegt sind, entsteht hier ein wesentliches Entwicklungsmovens: eine Dyade mit Öffnung, denn es gibt nur pathologisch geschlossene Systeme. Die neue Entwicklungspsychologie zeigt uns: Babys profitieren von mehreren Beziehungen gleichzeitig (vgl. Honneth, 2000).

Nicht gelungene Bearbeitungen des ödipalen Konflikts machen das Scheitern einer Nachfolge wahrscheinlich. Beratung muss an der Stelle helfen, um nicht erfolgte, notwendige Entwicklungsschritte der Kinder nachzuholen.

Die Nachfolge des Sohnes

Um souverän in die Fußstapfen des Vaters treten zu können, braucht es die gesunde Autonomieentwicklung des Sohnes. Er wird sich am Vater gerieben haben und sie werden ihre Kräfte miteinander verglichen haben müssen. Der Sohn wird die schmerzliche ödipale Niederlage verwunden haben müssen, dass er die geliebte Mutter mit einem anderen Mann nicht nur teilt, sondern aus zahlreichen Paarbegegnungen ausgeschlossen bleibt. Es geht um die psychische Anerkennung des Andersseins.

Das Fallbeispiel zeigt anschaulich die nicht gelungene Auflösung des ödipalen Konflikts. Der Sohn bleibt in der untergeordneten Position. Er misst sich am Vater und er bleibt immer hinter ihm zurück. Er ist weniger keck, weniger erfinderisch und weniger wendig. Die Mutter wird durch ihre Suchterkrankung kaum etwas für die Selbstwertentwicklung des Sohnes getan haben. Die oben geschilderte Triade ist nicht rotierend. Der Sohn kann sein Anderssein als der Vater, den Unterschied im Kompetenzenfeld nicht sehen. So wäre es auch unter diesem Gesichtspunkt – wie zuvor bereits empfohlen – sicher das Sinnvollste, der Sohn bewährt sich vor der Übernahme der Firma in einem anderen, eventuell branchennahen Unternehmen. Weggehen, um wiederkommen zu können! Es gilt, in einer anderen Umgebung Entwicklungsschritte zu vollziehen, um dem Vater dann auf gleicher Augenhöhe begegnen zu können. Erwachsen und selbstbewusst die Nachfolge anzutreten, das hieße frei zu sein, das Unternehmen nach seinen Vorstellungen, mit einem dem Sohn gemäßen Führungsstil zu führen. Weder kann die Lösung sein, den Vater zu imitieren, noch ist es sinnvoll, in einem nicht aufhörenden Rivalitätskampf den Vater in einer Gegenabhängigkeit zu bekämpfen.

Die Nachfolge der Tochter

Folgt die Tochter dem Vater nach, so hat sie sich vor allem mit den eigenen Weiblichkeitsvorstellungen auseinanderzusetzen. Hinter diesen steht immer auch die Beziehung zur eigenen Mutter. Der Unterschied zwischen Mädchen und Buben ist banal, aber wichtig: Frauen kommen als Geschlechtsgenossinnen der Mutter auf die Welt und damit stellt sich eine andere Ablöseaufgabe, mit ihr einhergehend zwei vorherrschende Affekte:

– Scham, sich zu weit zu entfernen,
– Schuld, sich zu trennen.

Die meisten jungen Frauen haben nach wie vor Mütter, die zugunsten der Familie auf eine eigene Karriere verzichtet haben. Gerade in Familienunternehmen spielt die Frau des Firmeninhabers die Rolle der »Zuarbeiterin«, der Unterstützerin, der Repräsentantin. Selten finden wir symmetrische Paarkonstellationen vor.

Was bedeutet es nun als nachfolgende Tochter, den Anspruch auf wirtschaftlichen Erfolg und privates Glück einzulösen? Es macht den Muttermord erforderlich, sagt die Psychoanalyse dazu. Es braucht die innere Bereitschaft zum symbolischen Muttermord, das heißt die inneren Bilder zu töten und damit bereit zu werden, um Glück und Erfolg zu beanspruchen – auch wenn es bedeutet, der eigenen Mutter ihren Lebensentwurf »um die Ohren zu hauen«. Viele Frauen lösen das Dilemma, indem sie sich auf eine Seite stellen: Entweder ich bin erfolgreich, dann muss ich dafür den Preis privaten Unglücks zahlen – oder ich bin persönlich glücklich mit Familie, Mann und Kindern, dann darf ich dieses Glück nicht gefährden und verzichte auf die eigene Karriere.

Wichtiger Ausgangspunkt Freuds zur Frage der Identitätsentwicklung ist der Wechsel vom Mutter- zum Vaterobjekt in der ödipalen Phase. Hemmnisse weiblichen Erfolgs lassen sich auch damit erklären, dass viele Frauen in der ursprünglichen Mutterbindung stecken bleiben und keine richtige Wendung zum Mann, der immer noch – wenn auch eher symbolisch – als Repräsentant der Außenwelt (also auch des Berufs) zu sehen ist. Aufgrund der Angst, das mütterliche Objekt zu verlieren, unterbleibt die notwendige Wendung zum Vater (nach außen) und diese Verlustangst erhält sich oft lebenslang.

Die Folge davon ist eine größere Mühsal bei dem Erreichen von Individuation und Autonomie. Im Vergleich dazu gewinnen die Jungen nur dazu, wenn sie sich neben Mutter auch noch dem Vater zuwenden.

Die »Vatertochter« geht einen anderen Weg. Sie mag die Nachfolgedynamik durch einseitige Identifikation mit dem Vater zu lösen versuchen. Dieses Muster geht allerdings oft einher mit der Abwertung eigener Weiblichkeit und wird es erschweren, eine souveräne Führungskraft zu sein. Die Identifikation mit dem Vater belässt die nachfolgende Tochter auch nur im Kindesstatus. In Nachfolgeberatungsprozessen muss es also darum gehen, die ödipalen Verstrickungen zu lösen, die im Einzel-Assessment-Center des Fallbeispiels deutlich zutage getreten sind.

Literatur

Bäcker, R., Etzel, S. (Hrsg.) (2002). Einzel-Assessment. Düsseldorf: Symposion Publishing.

Bahner, E. (2002). Vom Umgang mit der Nachfolge in Familienunternehmen. Unveröffentlichter Vortrag, IHK-Chemnitz.

Bahner, E. (2003). Anmerkungen zum Thema Nachfolge und Organisationswandel. Unveröffentlichter Vortrag.

Brandstätter, H. (1993). Persönliche Verhaltens- und Leistungsbedingungen. In H. Schuler (Hrsg.), Lehrbuch Organisationspsychologie (S. 213–233). Bern: Huber.

Brandstätter, H. (1997): Becoming an entrepreneur – a question of personality structure? Journal of Economic Psychology 18, 157–177.

Buchholz, M. B. (1990). Die Rotation der Triade. Forum der Psychoanalyse, 6, 116–134.

Davis, J. A., Tagiuri, R. (1982). Bivalent attributes of the family firm. Working Paper, Harvard Business School, Cambridge, Massachusetts. Reprinted 1996, Family Business Review IX (2), 199–208.

Davis, J. R., Tagiuri, R. (1989). The influence of life stage on father-son work relationships in family companies. Family Business Review, 2 (1), 47–74.

Diem-Wille, G. (1996). Karrierefrauen und Karrieremänner. Eine psychoanalytisch orientierte Untersuchung ihrer Lebensgeschichte und Familiendynamik. Opladen: Westdeutscher Verlag.

Dornes, M. (2001). Die emotionale Welt des Kindes. Frankfurt a. M.: Fischer.

Fischer, H. R., Retzer A. (2001). Die Familie und das Familienunternehmen. Familiendynamik, 3, 302–322.

Göbel, S. (1998). Persönlichkeit, Strategien und Erfolg. In M. Frese (Hrsg.), Erfolgreiche Unternehmensgründer (S. 99–122). Göttingen: Hogrefe.

Honneth, A. (2000). Objektbeziehungstheorie und postmoderne Identität. über das vermeintliche Veralten der Psychoanalyse. Psyche – Z. Psychoanal. 54, 1087–1109.

Kappler, E., Laske, S. (Hrsg.) (1999). Unternehmernachfolge im Familienbetrieb (2. erw. Aufl.). Freiburg i. Br.: Rombach.

Kline, P. (1993). Personality. The psychometric view. London: Routledge.

Lang-von Wins, T. (2004). Der Unternehmer. Berlin: Springer-Verlag.

Lohmer, M. (2004). Das Unbewusste im Unternehmen: Konzepte und Praxis psychodynamischer Organisationsberatung. In M. Lohmer (Hrsg.), Psychodynamische Organisationsberatung (2. Aufl.) (S. 17–39). Stuttgart: Klett-Cotta.

Müller, G. F. (2000). Eigenschaftsmerkmale unternehmerischen Handelns. In G. F. Müller (Hrsg.), Existenzgründung und unternehmerisches Handeln (S. 105–121). Landau: Verl. Empirische Pädagogik.

Müller, G. F. (2002). Dispositionelle und geschlechtsspezifische Besonderheiten beruflicher Selbstständigkeit. Zeitschrift für Differentielle und Diagnostische Psychologie, 21 (4), 319–329.

Müller, G. F. (2004). Fragebogen zur Diagnose unternehmerischer Potenziale F-DUP. Universität Koblenz-Landau.

Müller, G. F., Garrecht, M., Pikal, E., Reedwisch, N. (2002). Führungskräfte mit unternehmerischer Verantwortung. Zeitschrift für Personalpsychologie, 1, 19–26.

Musch, J., Rahn, B., Lieberei, W. (2001). Bonner Postkorb-Module (BPM): Die Postkörbe CaterTrans, Chronos, Minos und Aerowings. Göttingen: Hogrefe.

Sarges, W. (2000). Managementdiagnostik. Göttingen: Hogrefe.

Schneider, U. (1990). Das Nachfolgeproblem als Familiendrama: Zwei nicht gegebene Interviews. In E. Kappler, S. Laske (Hrsg.), Blickwechsel. Zur Dramatik und Dramaturgie von Nachfolgeprozessen im Familienbetrieb (S. 71–84). Freiburg i. Br.: Rombach.

Schuler, H., Prochaska, M. (2001). LMI Leistungsmotivationsinventar: Dimensionen berufsbezogener Leistungsorientierung. Göttingen: Hogrefe.

Erstabdruck:
Möller, H., Drexler, A. (2007). Einsatz eines Einzelassessments im Rahmen von Unternehmensnachfolge. Organisationsberatung, Supervision, Coaching, 4, 331–444.

Heidi Möller und Claudia Meister-Scheytt

autonomie – macht – abhängigkeit

Zur Dynamik des Wandels an österreichischen Universitäten

Dynamiken des Wandels sind vielfach beschrieben. Der Begriff des Change-Managements hat Hochkonjunktur – so sehr, dass man diese Begrifflichkeiten kaum noch hören mag. Eine wahre Inflation von Büchern ist in den Buchläden zu finden, die Regale sind meterweise mit Literatur zum Wandel gefüllt. Die viele Menschen beim Thema des organisationalen Wandels ereilende Abwehr gilt dabei weniger dem Terminus selbst, als den mit Wandlungsdynamiken einhergehenden psychischen Prozessen.

Schon werden Stimmen laut, dass der Begriff des Wandels gar nicht mehr hinreichend ist. Organisatorische Veränderungen können zwei unterschiedliche Qualitäten aufweisen (vgl. Argyris, 1996). Von einem Wandel erster Ordnung ist im Falle von Veränderungen von einem internen Zustand zu einem anderen innerhalb eines selbst invariant bleibenden Systems die Rede. Der Wandel erster Ordnung zielt damit auf eine inkrementelle Verbesserung, Effektivierung und Anpassung einer Organisation in Anbetracht zu lösender Probleme oder Aufgaben, ohne dabei die dominanten Bezugsrahmen oder Interpretationsschemata zu verändern. Veränderung hat dabei den Charakter von Handlungs- bzw. Fehlerkorrekturen und trägt zur alltäglichen Reproduktion einer Organisation bei. Die Reichweite des Wandels erster Ordnung erstreckt sich allenfalls auf die Ebene der organisationalen Reproduktionsdynamik. Von diesem inkrementellen Veränderungstypus unterscheidet sich der Wandel zweiter Ordnung als eine »Metaveränderung«, die eine Organisation bzw. ein autonomie – macht – abhängigkeit 155

System selbst qualitativ verändert. Moderne Autorinnen[1] der Organisationsentwicklung benutzen den Begriff »Transformation«:

>»Transformation impliziert radikale Veränderungen in der Art und Weise wie Organisationsmitglieder wahrnehmen, denken und sich bei der Arbeit verhalten. Diese Veränderungen umfassen weit mehr als Verbesserungen der aktuellen Organisation oder die Verfeinerung des Status quo. Sie befassen sich mit fundamentalen Veränderungen der Grundannahmen darüber, wie die Organisation zu ihrer Umgebung und ihren Funktionen in Beziehung steht. Die Veränderung dieser Grundannahmen umfasst signifikante ›shifts‹ oder Paradigmenwechsel in der Unternehmensphilosophie, in den Werten und in den zahlreichen strukturellen Merkmalen, die das Verhalten der Mitarbeiterinnen formt. Es ist nicht nur so, dass der Umfang der Veränderung größer ist, sondern die qualitative Natur der Organisation wird nachhaltig verändert« (Fatzer, 2005, S. 17).

Im Unterschied dazu ist ein Wandlungsprozess oder Change-Management in Organisationen »die Begleitung und Unterstützung von Wandlung oder Veränderung von Menschen und/oder Organisationen und ist auf Wachstum ausgerichtet« (Schöfer, 2005, S. 97). Transformation in Organisationen ist die Überführung und Wandlung sozialer Systeme in einen geänderten zukunftsfähigen organisationalen Kontext und ist auf die Zukunftsfähigkeit ausgerichtet. Überführung bzw. Wandel sozialer Systeme ist dabei proportional abhängig von der Zukunftsfähigkeit der Organisation. Zukunftsfähig meint in diesem Kontext »die dauerhafte Sicherung der Grundbedürfnisse kommender Generationen, die nicht nur auf ausschließlich quantitatives Wachstum ausgerichtet ist, sondern auch die Bereitschaft zur Selbstbegrenzung der gegenwärtigen Generation beinhaltet« (Brand, 1997, S. 13).

Wenn wir uns dem Wandel zuwenden, dann weiß ein jedes Mitglied einer Organisation, dass dies Prozesse sind, denen wir uns unterziehen müssen. Wir haben keine Wahl, es sei denn, wir überantworten die Organisation dem Sterben. Das gilt auch für die Beraterinnen, die den Wandel begleiten und sich gleichzeitig in eben einem

---

[1] Für die Bezeichnung der Geschlechter wurde aus rein stilistischen Gründen durchgehend die weibliche Form gewählt.

solchen Prozess befinden, denn das Beraterinnenportfolio selbst will auch stetig überarbeitet werden (vgl. Möller, 2005). Wir müssen also innovativ und kreativ sein, und auf der anderen Seite wissen wir als Beraterinnen und als Mitglieder von Organisationen, wie viele dieser Re-Engeneeringprozesse scheitern und/oder im Sande verlaufen. In der Literatur spricht man von bis zu 70 % dieser Projekte, die scheitern (Gröger, 2004). Das Dilemma dem Wandel oder gar der Transformation gegenüber ließe sich in etwa folgendermaßen skizzieren: Wir wissen kognitiv, dass wir uns ständig in einem dynamischen Wandel halten müssen. Wir wissen zudem, wie viele Change-Management-Prozesse »schief gehen«, und wir kennen unsere vorbewusste Seite, die eher: »Nein, nicht schon wieder« ruft. Viele Beraterinnen retten sich über ihre eigene Abwehr dadurch hinweg, dass sie sich auf die Seite der Wissenden schlagen und die Fehler der anderen ausmachen:

> »Schaut man genauer hin, fällt auf, dass bei diesen Change-Management-Desastern in den meisten Fällen wirksame Qualitäts- und Feedbackmechanismen gefehlt haben. Dies hat sicher damit zu tun, dass fast alle Projekte als Expertinnenberatungsprojekte angelegt waren, was die erwarteten und bei Schein breit dargestellten Probleme schafft. Untersucht man die Projekte genauer, kann man feststellen, dass Gefäße für den Dialog unter allen Beteiligten gefehlt haben, dass stattdessen ›defensive Routinen‹ zwischen Beraterinnen und den Auftraggeberinnen im Gang waren (Argyris, 1996) und dass sämtliche Prinzipien guter Prozessberatung (Schein, 2000) außer Acht gelassen wurden« (Fatzer, 2005, S. 67).

Diese Kritik ist berechtigt und sicherlich zutreffend, nur ist keiner von uns Beraterinnen davor gefeit, es auch nicht besser machen zu können. Es gibt so vieles, was den Wandlungsprozess unterstützt oder blockiert, auf der bewussten und unbewussten Ebene, was wir einfach (noch?) nicht kennen.

Es mag lohnenswert erscheinen, sich an dieser Stelle die ökonomisch/gesellschaftlichen Megatrends vor Augen zu führen, vor deren Hintergrund unsere Beratungsarbeit stattfindet oder von der wir ergriffen sind, wenn wir uns im Status der Organisationsmitgliedschaft befinden: die Globalisierung, die Beschleunigung des Erwerbs- und Privatlebens, der Strukturwandel der Gesellschaft und der demographische Wandel. Globalisierung meint internationale Arbeitsteilung und nahezu grenzenlose Mobilität, eine neue Verflechtung von wirtschaftlichen, sozialen und politischen Beziehungen und eine deutliche Verschärfung des Wettbewerbes – einhergehend mit einer Hilflosigkeit nationaler Politiken, die in keiner Weise so potent regieren können, wie es einst der Fall gewesen ist. Wir haben zudem eine rasant fortschreitende technische Entwicklung, die deutlich werden lässt, dass nicht alle Menschen die erforderlichen Adaptionen im Verhalten und Erleben bewältigen können und diesem Wettbewerb nicht standhalten. Die Liste der Veränderungen, die in allen gesellschaftlichen Subsystemen derzeit stattfinden, ließe sich noch um vieles ergänzen: Vollständigkeit zu erreichen, soll hier aber nicht unser Ziel sein. Vielmehr wollen wir den Blick der Leserinnen darauf richten, dass die oben nur kursorisch beschriebenen Veränderungen selbstredend auch Einfluss auf die Gestaltung und Veränderung öffentlicher Verwaltungen und Institutionen haben. Selbst die neben der Katholischen Kirche am längsten existierende Institution, die europäische Universität, hat sich in den vergangenen Jahren einem dramatischen Gestaltwandel unterziehen müssen. Wie der im einzelnen aussieht, was diese Veränderung für die in Universität tätigen Führungskräfte, die Professorinnen, das wissenschaftliche und nichtwissenschaftliche Personal bedeuten und wie diese sie empfinden, darauf wollen wir später dezidiert eingehen.

Persönlichkeitsmerkmale und Wandlungsprozesse

Menschen unterscheiden sich hinsichtlich ihrer grundsätzlichen Haltung gegenüber Veränderungsprozessen. Wollen wir es dichotom ausdrücken, differenzieren sie sich in die, die rufen: »Hurra, was Neues!« und die anderen schreien: »Oh Gott, oh Gott, schon wieder was Neues!« Gesichert wissen wir (vgl. Doppler u. Lauterburg, 1994), dass ein Wandel, der als Angriff auf die persönliche und organisationale Identität erlebt wird, in der Regel immer zu Blockierungen, zum Widerstand bis hin zur Sabotage führt. Die Unterschiede im Erleben der Organisationsmitglieder speist sich zudem aus der individuellen und organisationalen Lerngeschichte und aus der Rolle, die ich in diesem Spiel einnehme:

Tabelle 1: Rollen im Wandlungsprozess (nach Becker u. Langosch, 1995, S. 192)

Rollen der Beteiligten	
aktiv Innovierende	Notwendigkeit der Veränderung erkannt setzt Innovationen im Unternehmen durch beteiligt bei der Entwicklung und der Abstimmung des Innovationsplans Realisierung und Kontrolle der Innovation keine Widerstände, wenn Erkenntnis der Veränderungsnotwendigkeit vorhanden Aufgabe, auch passiv Innovierende zu überzeugen
passiv Involvierte	ist von der Maßnahme betroffen und muss sein/ihr Verhalten ändern sollte sich idealtypisch reibungslos an die neue Situation und an die geänderten Rollenanforderungen anpassen Widerstand je nach Antizipation der Ergebnisse der Veränderung und nach Erleben der Veränderungssituation Widerstandsform je nach Veränderung, Veränderungsstrategie und Persönlichkeitsstruktur

Als aktiv Innovierende kann ich mich anschlussfähig machen, ich habe es relativ leicht. Sehe ich mich eher als »Opfer« dieser Prozesse, ist naheliegend, dass ich in anderer Weise emotional reagiere. Jedes Organisationsmitglied reagiert vorbewusst auf die Ankündigung einer Veränderung mit einer kognitiv/emotionalen Rechnung, in die auch unbewusste Aspekte einfließen. Dieser Prozess dauert Sekunden: »Welchen Anreiz gibt es, mich hier den neuen Herausforderungen zu stellen?« Ist die subjektive Einschätzung diejenige, es wartet

- eine interessantere Arbeit,
- höherer Verdienst,
- die Überzeugung, dass ich den Anforderungen gewachsen bin – im Sinne der Selbstkontrollüberzeugung oder
- negative Aspekte meiner Tätigkeit fallen weg, es wird leichter, weniger aufwändig oder komplex,

wird die Motivation hoch sein.

Besteht die Einschätzung:

- diese Herausforderung ist nicht zu bewältigen,

- ich muss viel Neues lernen,
- die Neuerungen haben für mich im wesentlichen negative Konsequenzen,
- mir wird Mobilität aufgezwungen,
- Sanktionen und Statusverlust sind zu befürchten – bis hin zum Arbeitsplatzverlust,

wird keine mitmachen wollen. Eine ganze Menge von Reorganisationsprozessen hat die Innovationskraft der Menschen systematisch zerstört. Als Beispiel mag die Umstrukturierung »Arbeitsamt 2000« gelten, an der eine der Autorinnen (Möller) als »Täterin« mitwirkte. Ein sinnvolles Projekt: eine Ansprechpartnerin für jede Arbeitslose, Leistungsberechnung und Beratung in einer Hand. Man bildete Teams und flachte Hierarchien ab, agierte im Sinne des Job-Enlargement, jede musste alles können. Dieser Prozess wurde systematisch »durchgeprügelt«, bis der Skandal um die heutige Bundesagentur für Arbeit den Prozess wieder umkehren ließ. Es ist nur zu verständlich, warum viele der Mitarbeiterinnen der Bundesagentur für Arbeit heute als reformmüde gelten können.

Unterschiedliche Menschen in diesen Veränderungsprozessen brauchen aufgrund ihrer Biografie in unterschiedlichem Maße Sicherheit. Es gibt diejenigen, die die Arbeitsbedingungen gern überschaubar und unveränderlich haben und sich durch viel mehr Beharrungsvermögen auszeichnen. Und es gibt Menschen, die stabiler in ihrer Identität sind und dementsprechend offener für Veränderungsprozesse sein können und Spannungen und Unsicherheiten aushalten. Für Beraterinnen ist es unabdingbar, Wertschätzung für diese beiden dichotomen Positionen zu schaffen. Es gilt deutlich zu machen, dass diejenigen, die die Beharrerinnen sind, auch eine wertvolle Funktion für den Wandlungsprozess haben, weil sie Veränderungsprozesse in guter Weise regulieren helfen können. Soll heißen, dass wir denken, dass wir bei der Beratung darauf achten müssen, Organisationsmitgliedern ein Bewusstsein der Komplementarität der beiden Pole im Wandel zu vermitteln, so dass viele mitgenommen werden können und auch die Bewahrerinnen eine sinnvolle Funktion in einem Change-Management-Prozess haben.

Fallbeispiel: Die Veränderung der österreichischen Universitäten durch das Universitätsgesetz 2002

Wir wollen nun zur beispielhaften Verdeutlichung der skizzierten Entwicklungen genauer auf den Veränderungsprozess eingehen, der sich an den österreichischen Universitäten derzeit vollzieht. Dazu wird das Fallbeispiel von der Dekanin als Agentin des Wandels (Möller) und der Hochschulmanagementforscherin (Meister-Scheytt) gemeinsam erzählt.

Die als Auswirkung der 1968er Bewegung erkämpfte »revolutionäre« Form der Verankerung demokratischer Prinzipien in den Universitäten hatte – so wissen wir heute – nicht die damals intendierten Folgen, sondern vielmehr im Laufe der Jahre eine verstärkte Bürokratisierung und teilweise massive Inflexibilitäten zur Folge (Laske, Lederbauer, Loacker u. Meister-Scheytt, 2006). Demokratisierung als »Multiplikation der Entscheidungslast« (Luhmann, 1992) führte dazu, dass mitunter selbst kleinste Entscheidungen komplexe und aufwändige Prozeduren erforderten (»Sitzungsuniversität«) und auch dadurch bedingt inneruniversitär klare Entscheidungsstrukturen und -verantwortlichkeiten fehlten. Die zunehmende Größe des Systems, die Aufgabenfülle und die Problemferne des Ministeriums waren auch immer heftiger artikulierte Gründe für die Forderung nach einer Verlagerung von Entscheidungskompetenzen und -prozessen vom Zentrum (dem Ministerium) zu den dezentralen Einheiten (den Universitäten). Im Anschluss an diese Forderung und vor dem Hintergrund der Forderungen bestimmter Interessengruppen (z. B. des Professorinnenverbands) nach Abschwächung der »Überdemokratisierung« wurde auch der Ruf der Öffentlichkeit, der Medien und der Politik nach einer Reform der Universitäten immer lauter. Auch war es nicht zu übersehen, dass die Universitäten partiell zu korrumpierten Systemen geworden waren. Für manche Hochschullehrerin war das Beamtinnensalär mittlerweile zu »pocket money« geworden, die eigentlichen Verdienste wurden in der Dienstzeit, an der Universität vorbei, meist ohne genehmigte Nebentätigkeiten und natürlich für die eigene Rechnung gemacht. Hier findet zurzeit ein begrüßenswerter Abschied im Sinne des Qualitätsmanagements und der Interessen der Steuerzahlerinnen statt.

Mit der fortschreitenden Reformierung des öffentlichen Sektors –

nicht nur in Österreich – und der zunehmenden Einführung von Managementpraktiken, die aus gewinnorientiert arbeitenden Unternehmen stammen, verschwimmen die Grenzen zwischen diesen beiden Bereichen aber zunehmend (Cornforth, 2003). Die Reform der österreichischen Hochschulen nach dem Universitätsgesetz 2002 (UG 2002) ist dafür ein gutes Beispiel. Ein Blick in die Regierungsvorlage zum UG 2002 gibt Aufschluss über die Leitgedanken, die der Gesetzgeber bei der Formulierung des Gesetzes zugrundegelegt hat:

> »Die Autonomie der Universitäten erfordert ein effizientes und eigenverantwortliches Universitätsmanagement. Da bürokratische Regeln entfallen, werden die Entscheidungsbefugnisse aller Leiterinnen und Leiter von Organisationseinheiten der Universitäten stark ausgeweitet. [...] An die Stelle der ministeriellen Kontrolle der Einhaltung von Regeln tritt die Evaluation der erzielten Wirkungen universitärer Tätigkeit. Autonomie bedeutet auch Selbstverantwortung der Universität für den Aufbau der inneren Organisation« (Sebök, 2002, S. 23 f.).

Vor diesem Licht betrachtet wird das UG 2002 unter den für das Hochschulwesen verantwortlichen Politikerinnen Europas auch für eines der mutigsten, anspruchsvollsten und modernsten Universitätsgesetze gehalten (vgl. Höllinger u. Titscher, 2004). Ob man der politischen Bewertung nun folgen mag oder nicht – jedenfalls ist dies ein Hinweis darauf, welche Bedeutung rechtliche Rahmensetzungen für die Veränderung des Hochschulsystems besitzen. Konkret bedeutet es für die österreichischen Universitäten die Umwandlung von teilrechtsfähigen Anstalten des Bundes in vollrechtsfähige juristische Personen des öffentlichen Rechts.

Die Implementierung des UG 2002 war allerdings nur der letzte Schritt einer vor etwa 30 Jahren eingeleiteten Reformpolitik. Deren Verlauf war und ist nicht ausschließlich durch Entwicklungen wie die Anpassung an internationale Standards vor dem Hintergrund der europäischen Integration des Hochschulwesens oder Öffnung der Universitäten hin zu gesellschaftlichen Bedarfen – etwa der Tendenz zur verstärkten Nachfrage nach Hochschulausbildung – zu erklären. Vielmehr sind die einzelnen Schritte der Reform auch durch die jeweils vorherrschenden politisch-gesellschaftlichen Vorstellungen gekennzeichnet, also welche Rolle Universitäten in der Gesellschaft inne haben, welche Dienstleistungen durch öffentliche Betriebe und Unternehmen zu erbringen sind und wie, nach welchen Maßstäben und mit welchen Mitteln die Bereitstellung dieser Dienstleistungen zu erfolgen hat.

Beginnend also mit der Implementierung des UOG 75, vertieft im UOG 93 und quasi »vollendet« im UG 2002 hat sich die Gesetzgebung und die österreichischen Universitäten auf einen langen, kontinuierlichen Weg der Reform begeben, deren Entwicklungslinien kurz skizziert werden sollen. Schaut man sich genauer an, wie sich die Entscheidungskompetenzen und die Möglichkeiten der autonomen Willensbildung und -durchsetzung in den Hochschulen verlagert haben, so stellt man fest, dass im UOG 75 das Ministerium alle Autonomie innehatte, die Universität und ihre Untergliederungen als Zwischenebene faktisch über keine Autonomie verfügten, während die einzelnen Professorinnen, abgesichert durch ein entsprechendes Beamtinnendienstrecht, wiederum große Spielräume auf individueller Ebene hatten. Die im UOG 93 eingeleitete und im UG 2002 vollendete und oben beschriebene Entwicklung verändert dieses Verhältnis grundlegend und gibt der Organisation Universität, vertreten durch die Rektorin, volle Autonomie, während im Gegenzug das Ministerium gleichsam Teile seiner Entscheidungskompetenzen abgibt sowie die Hochschullehrerinnen in ihrer individuellen Freiheit beschnitten werden. Das Ministerium zieht sich auf eine Position der Rahmensteuerung über die Leistungsvereinbarungen zurück und die Hochschullehrerinnen unterliegen nun der Dienstgebereigenschaft der Rektorin.

> »Es [das UG 2002] ist Ausdruck der Fortsetzung der Reformbemühungen der neunziger Jahre, baut auf diesen Gesetzen auf, führt die seinerzeitigen Ideen konsequent fort und wirkt daher viel weniger kompromisshaft als frühere Gesetze« (Höllinger u. Titscher, 2004, S. 11).

Für die Befürworter des Gesetzes stellt das UG 2002 einen längst überfälligen Schritt in die Autonomie, das heißt in die volle Rechtsfähigkeit der Universitäten, dar, in der klare Entscheidungsstrukturen, Handlungskompetenzen und Verantwortlichkeiten einen wesentlichen Beitrag zu einer effizienten Universität leisten (vgl. u. a. Kieser, 2000; Schimank, 2000; Höllinger u. Titscher, 2004), für die Gegner bedeutet es die zunehmende Ökonomisierung von universitärer

Ausbildung und Wissenschaft, das Zurückdrängen von Mitbestimmungsmöglichkeiten von »Mittelbau« und Studierenden, gar den Rückfall in eine überwunden geglaubte Ordinarienuniversität (vgl. Folk, 2004; Grünewald u. Gadner, 2003). Kennzeichnend für die Steuerungslogik des neuen Gesetzes sind Instrumente, die bis dato in Universitäten des deutschsprachigen Raums eher unbekannt waren. Im Einzelnen sind dies: die Einführung der vollen Autonomie für jede einzelne Universität; die Gewährung eines dreijährigen Globalbudgets auf Basis einer Leistungsvereinbarung mit dem Ministerium; die Einführung einer neuen, aus dem New Public Management entlehnten Governance-Struktur mit machtvollen Rektorinnen; die Einführung eines aufsichtsratsähnlichen Organs, dem Universitätsrat, der nur mit externen Personen besetzt sein darf; die Neubestimmung der Aufgaben des Senats, dessen Mitbestimmungsmöglichkeiten deutlich reduziert sind und sich nur noch auf akademische Agenden beschränken; die Einführung des kaufmännischen Rechnungswesens und Pflicht zur Rechnungslegung, in Verbindung mit ergänzenden Berichtsformen (Wissensbilanzen); die Gestaltung der Arbeitsbeziehungen auf Basis prinzipiell privatwirtschaftlicher Dienstverhältnisse sowie die Ausgründung der medizinischen Fakultäten zu eigenständigen medizinischen Universitäten. Die Leistungsvereinbarungen mit dem Ministerium werden in Form von Zielvereinbarungen der Rektorin mit den Dekaninnen weiter gegeben, die dann mit den einzelnen Institutsleiterinnen ihre jeweiligen Zielvereinbarungen treffen. Die Institutsleiterinnen wiederum führen Zielvereinbarungs- und Mitarbeiterinnengespräche mit allen Organisationsmitgliedern der Subsysteme, deren Inhalt auch ein Commitment für die strategischen Ziele der Universität ist. In Hinsicht auf die Veränderungen der Studienprogramme haben die Universitäten simultan zu den beschriebenen Veränderungen die Umstellung auf die Bologna-Architektur (BA, MA, Dr./PhD) zu betreiben und umzusetzen.

Steuerungsmechanismen, die für Mitarbeiterinnen aus der Wirtschaft selbstverständlich sind, bedeuten an der Universität einen Kulturbruch. Zynisch ausgedrückt heißt dies, dass Menschen, die dagesessen sind und über das Leben nachgedacht haben und meinten, sie haben das Recht, dafür vom Staat alimentiert zu werden, nun Mitarbeiterinnengespräche führen und Zielvereinbarungen abschließen müssen, die sie jetzt zu bestimmten Leistungen (Kongressbesuchen, Lehrveranstaltungen, Veröffentlichungen, Anzahl zu betreuender Diplomarbeiten usw.) verpflichten. Die Zuteilung des Institutsbudgets basiert auf den kollektiven Leistungen der Institutsmitglieder in den verschiedenen Leistungsbereichen. Salopp ausgedrückt gibt es also keinen Bleistift (oder gar einen neuen PC) mehr, wenn man nichts zu den strategischen Zielen der Universität beiträgt.

Einen weiteren Kulturbruch für die Universität stellt auch die zunehmende Bedeutung und Notwendigkeit von Management dar. Führungspositionen wurden bisher maximal für zwei bis drei Jahre nach einem Modus der Rotation vergeben bzw. besetzt und Management schien eher etwas für die Welt jenseits des Elfenbeinturms im »Reich der Notwendigkeiten« zu sein. Nun konstatieren gängige Managementtheorien, dass Management kein Selbstzweck sein kann, sondern als Methode der Koordination von Handlungen zum Zwecke der Zielerreichung dient. Weil Zieldimensionen von Universitäten aber vielfältig sind, müssen Managementkonzepte und -methoden, die zum Einsatz kommen sollen, daher nicht nur darauf ausgerichtet sein, einer rein ökonomische Effizienzsteigerung zu dienen, sondern – mindestens auch – zum Ziel haben, den genannten essenziellen Herausforderungen zu begegnen, denen sich Universitäten gegenüber sehen. So sind es beispielsweise im Bereich der strategischen Organisationsgestaltung von Universitäten vor allem die Ideen des „New Public Management" (vgl. Rhodes 1991), auf deren Grundlage – vereinfachend gesprochen – der übliche Instanzenzug öffentlicher Verwaltungen durch Prinzipien der Delegation ersetzt werden und Strukturen nach der anzustrebenden Einheit von Aufgaben, Kompetenz und Verantwortlichkeit gebildet werden.

In diesem durch Spannungsfelder und Dilemmata gekennzeichneten Setting kommt dem Management eine bedeutende Rolle zu. Die weit reichenden Folgen der durch den Reformprozess eingeleiteten organisationalen Veränderungen lassen deutlich werden, dass die Qualität des Managements von Universitäten zu einem zunehmend wichtigeren Erfolgsfaktor wird. Dies vor allem, weil das Management doch die vormals vom Ministerium vorgenommene bürokratische Detailsteuerung übernehmen muss.

Angesichts des geschilderten Bedeutungszuwachses des Managements sind die neu institutionalisierten Modi der Bestellung von

Führungskräften innerhalb der Universität (Rektorinnen, Dekaninnen) von besonderer Relevanz. Für die Positionen der Rektorinnen und der Inhaber anderer Leitungsfunktionen (z. B. Dekaninnen) gilt das Prinzip der „doppelten Legitimation". Damit ist gemeint, dass die nachgeordnete Ebene einen Vorschlag für die Besetzung macht und dann die übergeordnete Ebene aus diesem Vorschlag eine Person auswählt. Der Senat zum Beispiel erstellt eine Liste mit drei Personen für die Funktion der Rektorin und der Universitätsrat wählt daraus eine ihm geeignet erscheinende Person aus. Auf der Fakultätsebene schlagen nur die Professorinnen die bis zu drei potentiellen Kandidatinnen für das Amt der Dekanin vor, aus denen dann die Rektorin eine Person bestimmt. Dabei ist die Reihung auf der Liste in keinem der beschriebenen Fälle bindend. Obwohl das UG 2002 nach dem Willen des Gesetzgebers zu einer weiteren Professionalisierung der Steuerungsmechanismen von Universitäten beitragen soll, ergibt sich allerdings aus verschiedenen Bestimmungen (z. B. der alleinigen Wählbarkeit von Habilitierten in alle Leitungsfunktionen wie etwa das Dekansamt) die Einschätzung, dass wieder die Verstärkung der Bedeutung von Reputationshierarchie und Senioritätsprinzip erfolgt, was der grundsätzlichen Leistungs- und Qualitätsorientierung des Gesetzes widerspricht. So gesehen soll also der neue Geist des UG 2002 »Leistung und Qualitätsorientierung« paradoxerweise durch die jahrhundertealten, die Universität als Expertinnenorganisation kennzeichnenden Prinzipien der Reputationshierarchie und der Seniorität verwirklicht werden. Es kann als unstrittig bezeichnet werden, dass das Einräumen größerer Entscheidungsspielräume für monokratische Organe und die Einschränkung der Kontrollfunktionen kollegialer Strukturen zu einer verstärkten Wirksamkeit individueller Faktoren bei der Leitung von Universitäten und Subeinheiten führt. Insbesondere auf der nach dem UG 2002 sehr machtvollen Ebene des Rektorats und auf der Ebene der Fakultätsleitung durch die Dekaninnen spielen daher die Personen, die in diese Funktionen gewählt werden, eine größere Rolle als jemals zuvor. Dies vor allem deshalb, weil der Rahmen, den das UG 2002 vorgibt, von den jeweiligen Führungspersonen konkret auszugestalten ist und hier die jeweiligen Vorprägungen, Sozialisationen, wissenschaftlichen Disziplinen, Fähigkeiten und mentalen Modelle der Führenden äußerst wirksam den organisationalen Zusammenhang prägen.

Zentral für die Kernprozesse der Universität – Lehre, Forschung, Selbstverwaltung und Dienstleistung an der Gesellschaft – sind die Expertinnen, also das wissenschaftliche Personal, und auch für dieses verändert sich das organisationale Setting durch die Reform dramatisch.

Die Hochschullehrerin von heute ist eine »Eier legende Wollmilchsau«: Gleichzeitig soll sie Spitzenleistung in Forschung, Lehre, in der Mitarbeiterinnenführung und natürlich auch in der universitären Selbstverwaltung bringen. Auf der subjektiven Erlebnisebene bedeutet dies ein ständiges Managen von Insuffizienz. Die Arbeitsprofile haben sich komplett verändert. Professorinnen sind jetzt Projektmanagerinnen, die für ihre interne und externe Reputation sorgen und die »richtigen« Allianzen bilden müssen. Daneben sind sie mobil, kooperieren international und gehen regelmäßig zu den für sie relevanten Kongressen. Die Leistungslatte, die früher die »akademischen Superstars« vorlegten, gilt jetzt für alle gleichermaßen. Diese Veränderungen finden vor dem Hintergrund der Abschaffung des Beamtinnenstatus für Hochschullehrerinnen statt: Erfolgreich sein unter Unsicherheit, so das Motto, denn auch Professorinnen haben unter dem neuen Gesetz zunächst nur Vier-, Fünf- oder Sechsjahresverträge. Ob man einen Anschlussvertrag erhält, der dann wieder befristet oder aber auch unbefristet sein kann, hängt ab von der jeweiligen Rektorin, der Performance der Kandidatinnen und davon, ob die Hochschulleitung in deren Bereich noch finanzielle Mittel investieren will. Kein komfortables Szenario also für eher risikoaverse Persönlichkeitsstrukturen, wie sie bei Hochschullehrerinnen häufig zu finden sind.

Alle diese Probleme und Komplexitätsfaktoren doppeln sich auf der Ebene der Dekaninnen. Sie sind nicht nur Professorinnen und müssen in den oben beschriebenen Leistungsbereichen immer auch als »gutes Beispiel vorangehen«, sondern darüber hinaus erleben sie durch die ihnen übertragene Verantwortung eine weitere Steigerung des Leistungsdrucks: Als Dekaninnen haben sie so unterschiedliche Aufgaben zu erledigen wie den Abschluss von Zielvereinbarungen, Sicherstellung langfristiger Motivation der Mitarbeiterinnen, Erfüllung der akademischen wie auch betriebswirtschaftlichen Berichtspflichten oder auch nur die Überwachung der Einhaltung und Vorschriften zum Arbeitnehmerinnenschutz und zu Sicherheitsfragen.

Die Fülle dieser Aufgaben war in der nicht-autonomen Universität in der Form nicht gegeben. Vieles wurde durch die universitätseigene Administration und die Ministerialbürokratie vorgegeben; anderes stand gar nicht im Gestaltungsspielraum der universitären Führungskräfte. Es ist der Ausgangspunkt des Projekts »Dekane Workplace Study«, die intra-personalen Dynamiken, die sich anlässlich der Übernahme einer solchermaßen funktionsüberladenen Position ergeben, in einer Reihe von Tiefenfallstudien zu erheben und zu analysieren (vgl. dazu Clegg u. McAuley, 2005; Hotho, 2006; Knight u. Trowler, 2001).

Dass eine angemessene Reaktion auf die Veränderungen keine einfache Aufgabe ist, ergibt sich schon aus den systematischen Organisationsbedingungen von Universitäten. Die Universität als Expertinnenorganisation besitzt Eigenschaften, die ihre Führung bzw. ihr Management nicht einfach erscheinen lassen. Unklare Technologien, ambigue und komplexe Zielstrukturen, wechselnde Mitgliedschaften (vgl. March u. Olsen, 1986), ein Personal mit hochgetriebener Spezialisierung (vgl. Pellert, 1999), die Wissensbasierung der Organisation (vgl. Nonaka, 1994; Nonaka u. Takeuchi, 1995) und standesmäßig orientierte Hierarchien (Bourdieu, 1988) sind nur einige der Stichworte, mit denen die Besonderheiten universitärer Organisationsrealität beschrieben werden.

In Praxi können sich diese Eigenschaften der Organisation »Universität« so auswirken, dass etwa unterschiedliche Stakeholder jeweils unterschiedliche Erwartungen an die Universität herantragen, dass die Identifikation des wissenschaftlichen Personals in der Regel auf ihre jeweilige scientific community ausgerichtet ist – nicht jedoch auf die »eigene« Universität –, oder dass Expertinnen sich nicht oder nur unwillig top-down führen lassen. Das hat für das Management zum Beispiel zur Folge, dass die Wünsche und Vorstellungen der Vertreterinnen unterschiedlicher Disziplinen- und Fachlogiken simultan gemanagt werden müssen, dass trotz meist stagnierender oder sinkender Budgets die intrinsische Motivation des Personals nicht gefährdet werden darf, obwohl dies unmittelbare Folge des Managementhandelns ist, usw.

Bei der Handhabung der genannten praktischen Problemstellungen kommt dem »mittleren Management« eine ganz besondere Bedeutung zu. Das mittlere Management stellt gewissermaßen den

»Transmissionsriemen« dar, der zwischen strategischen Herausforderungen und der Alltagspraxis des Wissenschaftsbetriebs »vermitteln« muss. Diese Rolle wird in der einschlägigen betriebswirtschaftlichen Fachliteratur mit dem Begriff der »Sandwich-Position« beschrieben. Damit besteht eine der Hauptaufgaben der Dekaninnen – bzw. des akademischen mittleren Managements – darin, die jeweils von der obersten und der unteren Führungsebene an sie herangetragenen vielschichtigen und widersprüchlichen Erwartungen so zu handhaben, dass trotzdem möglichst viele Erwartungen zur Zufriedenheit der Beteiligten erfüllt werden können und somit die für den akademischen Betrieb notwendige intrinsische Motivation des Personals nicht gefährdet wird. Erschwerend kommt zu dieser Aufgabenstellung hinzu, dass bei den Dekaninnen – im Gegensatz zur obersten Führungsebene – in der Regel keine Managementerfahrungen bzw. -qualifikationen vorliegen (müssen); vielmehr erfolgt die Wahl der Dekaninnen oftmals nach dem schon erwähnten Senioritätsprinzip. Das bedeutet, dass viele Prozesse »on the job« und mehr oder weniger hemdsärmelig gelernt und ausgeführt werden (müssen). Nichtsdestotrotz ist dieses Führungshandeln aber direkt und unmittelbar mit Konsequenzen verbunden, da es keine Eingewöhnungszeiten in diese Funktionen gibt, wie es zum Beispiel in Unternehmen der Privatwirtschaft der Fall ist, die Aufstiegskandidatinnen für solche Positionen in der Regel durch Personalentwicklungsprogramme vorbereiten (Meister-Scheytt u. Scheytt, 2004). Solche PE-Programme sind derzeit – sieht man von den vereinzelten Beispielen ab (Thom u. Tholen, 2004) – nur im angelsächsischen Raum etabliert und gehören dort zum Standardrepertoire jeder renommierten Universität.

Die Bedeutung dieser Thematik begründet sich also darin, dass einer bestimmten Gruppe von Personen innerhalb der universitären Führungshierarchie (den Leiterinnen von Organisationseinheiten) neue, durch das Universitätsgesetz 2002 entweder direkt oder indirekt aus dem Geist des Gesetzes ableitbare Aufgaben zugeordnet werden, für deren Übernahme diese Personengruppe in aller Regel nicht systematisch vorbereitet, nicht geschult bzw. trainiert wurde. Auch die Erfahrung als mögliche Quelle von Orientierungswissen stellt angesichts der völlig neuen gesetzlichen wie auch organisatorischen Rahmenbedingungen keine hinreichende Basis gelingenden Führungshandelns dar. Zudem konkurriert diese Personengruppe universitätsintern nun um knappe Ressourcen. Damit wird ein Wettbewerb innerhalb der Universität induziert, der die ehemals gültige kollegiale Solidarität massiv unterminiert.

Ausgangsthese für die empirische Untersuchung ist daher, dass sich die neue Rolle der Dekaninnen erst langsam in dem komplexen Wechselspiel von »role-making« und »role-taking« ausformt und die erste Phase der Amtszeit unter dem neuen UG 2002 stilbildend wirken (wird) (Prichard, 2000). Weil nach Kurt Lewin (1947) insbesondere die Phasen des Wandels und der Instabilität Aufschluss geben über die Funktionsmechanismen von sozialen Systemen, ist es daher von besonderem Interesse genau diese Phase der ersten Jahre in einer Feldforschung zu begleiten und zu analysieren. Um Interferenzen oder Verzerrungen, die durch personale oder disziplinenbezogene Faktoren bedingt sind, weitestgehend zu eliminieren, wurde ein spezifisches Setting gewählt. Dekaninnen aus vier verschiedenen wissenschaftlichen Disziplinen und Fachbereichen, die unterschiedliche Erfahrung in Hinsicht auf die Ausübung akademischer Leitungsfunktionen haben, konnten gewonnen werden, sich an dem Projekt zu beteiligen. Um die Veränderungsdynamiken besser abbilden zu können, werden in einem festgelegten regelmäßigen Rhythmus narrative Interviews mit diesen Personen geführt, die Interviews transkribiert und mit Methoden der Inhaltsanalyse ausgewertet. Die Interviewperiode soll sich bis zum Ende der Amtsperiode der derzeitigen Dekaninnen erstrecken.

Bereits im Verlauf der ersten Projektphase zeigte sich, dass die gängigen Analysemethoden sinnvoll durch die Methode der »intersubjektiven Triangulation« ergänzt werden können. In Sitzungen mit mehreren Interviewpartnerinnen (Dekaninnen) werden die bis dorthin erfolgten Beobachtungen hinsichtlich der Entwicklung einer Dekanin von der Forscherin referiert und sodann von einem oder einer Dritten kommentiert und anschließend gemeinsam diskutiert. Dieses Setting, welches ein hohes Maß an Vertrauen unter den Beteiligten voraussetzt und gleichzeitig entstehen lässt, ermöglicht eine intensive Reflexion in einem dialogorientierten und auf Konsultation angelegten Setting, führt zugleich aber auch zu einer emotionalen Dichte wie sie die Interviewpartnerin nach ihren eigenen Aussagen in ihrer Tätigkeit als Dekaninnen sonst nicht erleben. Dadurch werden jedoch auch neue Analyseebenen erschlossen, denen wir uns im Folgenden im Besonderen widmen möchten.

Die Ergebnisse des Forschungsprojekts

Wir wollen zunächst solche Schlussfolgerungen zur Psychodynamik im mittleren Management darstellen, die, wenngleich im universitären Kontext gewonnen, jedoch als branchenübergreifend generalisiert werden können. Fritz (1999) spricht von der Gefahr einer strukturellen Oszillation innerhalb von Organisationen. Auf der einen Seite lässt sich ein Veränderungsbedürfnis von Organisationen ausmachen. Immer wieder gibt es die Notwendigkeit zu Reformen, die dann Veränderungsbemühungen in Gang setzt. Das System wird dadurch instabil, es entstehen Diskontinuitäten. Gleichzeitig wird im Wandel das Bedürfnis nach Kontinuität freigesetzt und gerät in die affektive Welt der Organisationsmitglieder. Dieser Prozess geht dann einher mit der Vermeidung von Veränderung. Man versucht sich zu widersetzen, versucht Notwendigkeiten zu ignorieren. Organisationsmitglieder versuchen alles zu umgehen, was an Veränderungsdynamik da ist, bis dann erneut ein Veränderungsbedürfnis entsteht – eine spiralförmige Bewegung. Plötzlich ist da ein neuer Managementansatz und die Organisationsmitglieder springen auf den Trend zur Veränderung auf. Die Pendelbewegung zwischen Wandel und Kontinuität ist zunächst einmal nahezu naturwüchsig. Problematisch ist jedoch, wenn sich die Aktivitäten der Veränderung und des Bewahrens gegenseitig nivellieren. Dies führt zum objektiven Entwicklungsstillstand einer Organisation, bei gleichzeitigem immensen Kräfteverschleiß. Der Eindruck, ständig auf der Stelle zu treten, geht einher mit hohem emotionalem Aufwand. Beides, die Stagnation als auch die Veränderung, erzeugt Widerstände:

Tabelle 2: Veränderungsdynamik (nach Becker u. Langosch 1995, S. 196)

Grundsätze
Es gibt keine Veränderung ohne Widerstand.
Das Ausbleiben von Widerständen ist eher Anlass zur Beunruhigung als deren Auftreten, da das ein Zeichen dafür sein kann, dass niemand an die Realisierung glaubt.
Widerstand enthält immer eine »verschlüsselte Botschaft«.
Widerstände sind Ausdruck von Bedenken, Befürchtungen oder Ängsten, die im emotionalen Bereich liegen.
Nichtbeachtung von Widerstand führt zu Blockaden.

(Fortsetzung)

Grundsätze
Verstärkter Druck führt zu verstärktem Gegendruck. Mit dem Widerstand, nicht gegen ihn. Die unterschwellige emotionale Energie muss ernst genommen werden, damit sie sinnvoll kanalisiert werden kann.

Diese Prozesse können einer gemeinsamen Reflexion unterzogen werden. Damit eine Organisation aber nicht beginnt zu oszillieren und bei jeder Innovation wieder mit ganz viel Unlust in die Gegenrichtung gezogen wird, braucht es ein übergeordnetes Ordnungsprinzip, auf das man sich einigen kann. Sonst besteht die Gefahr, bei Unlustgefühlen immer den Weg des geringsten Widerstandes zu gehen, der eben keine Innovation ermöglicht. Sowohl Beraterinnen als auch die Führungskräfte bekommen während des Change Managements oft »kalte Füße«: »Oje! Das ist jetzt zu viel, das schaffen wir nicht, da gehen wir gleich wieder zurück!« Sie machen viel Wirbel, aber die Energie wird durch diese Unentschiedenheit nivelliert und die Organisationsmitglieder sind frustriert und unlustig. Beide Spannungs- und Auflösungssysteme wollen siegen und jedes System sucht nach Gleichgewicht. Um aus der strukturellen Oszillation zu entkommen, darf sich weder die Führungskraft noch die Beraterin auf eine der beiden Seiten zwischen hier Veränderung und da Stagnation schlagen. Wenn die Organisation hin- und heroszilliert, kann es keine sinnvolle Entwicklungsrichtung geben. Es braucht einen dritten Bezugspunkt bei gleichzeitiger und gleichmäßiger Entfernung vom Entweder und vom Oder. Der dritte Bezugspunkt können die Werte der Organisation sein, ihr Leitbild (unter Einbezug der organisationalen Paradoxien, vgl. Giesecke, 1996), aber auch Volitionen des Managements. Nur so kann es gelingen, die konstruktive Spannung zu halten und unter Nichtauflösung dieser Spannung handlungsfähig zu bleiben. Wir können intern oder durch externe Beratung ein Bewusstsein und Anerkenntnis dieser Spannung herstellen und an einem übergeordneten Ordnungssystem arbeiten, mag es eine Entscheidung oder eine Vision sein, an die zu mahnen ist. Sonst verbraucht sich der Veränderungsprozess selbst, frisst sich von innen auf.

Kann ein zentralistischer Staat, wie es Österreich historisch war, seine bedeutsamen Institutionen, die Universitäten in die Autonomie entlassen, ohne strukturell zu oszillieren? Einziger Ausweg ist das übergeordnete Ordnungssystem, das im Augenblick – wie die Forschungsergebnisse zeigen, nicht in einen politischen Dialog zu bringen ist. Deshalb ist zurzeit die doppelte Expertinnenschaft der Dekaninnen besonders gefragt. Neben der wissenschaftlichen Qualifikation braucht es ein Mindestmaß an Kenntnissen über Organisationsentwicklungsdynamiken und interne Beratungskompetenz. Vor allem gilt es, der Trauer der altgedienten Mitglieder der Organisation Universität Platz zu geben für Abschiedsprozesse. Der Abschied von Mitbestimmung, Abschied von einer Vielzahl von universitären Privilegien und vieles mehr ist zunächst einmal zu bejammern und zu beklagen (vgl. Möller, 2001). Dazu braucht es ein Containment, das die Führungskräfte der Organisation bereitstellen müssen. Darüber hinaus müssen sie viel emotionale Arbeit leisten.

Die narzisstische Identifikation

Eine der Möglichkeiten, auf die Herausforderungen der globalisierten Arbeitswelt zu reagieren, ist der Mechanismus des »Heuchelei-Managements«. Es wird versucht, die verschärften Anforderungen der Systemumwelt durch Heuchelei, einem »So-tun-als-ob« zu beantworten. Da das Ministerium mit seiner Gesetzesreform die Hoffnung verknüpfte, dass Österreichs Universitäten bald Weltklasse sein würden, richtete man seitens des Ministeriums eine entsprechende Homepage ein (http://www.weltklasse-uni.at). In Tirol wird folglich nun darüber gesprochen, dass Innsbruck eine *Weltklasseuniversität* sei. Das offizielle Wording lautet: »Wir sind Weltspitze!« Dieses Impression-Management ist dabei aber kein einfaches, vielleicht lächerliches Wortspiel, sondern zeitigt massive Auswirkungen auf die Organisationsrealität und vor allem auf die Emotionen der Organisationsmitglieder, die ja vor allem als organisationsbezogen anzusehen sind. So wird zum Beispiel universitären Stipendiaten bei der Verleihung der Dekrete verkündet, sie müssten in einem Jahr fünf Veröffentlichungen bringen, wenn sie eine Verlängerung des Stipendiums um ein weiteres Jahr anstreben. Weinende Doktorandinnen, die schon kündigen wollten, galt es am Tag nach der Feierlichkeit zu trösten. Wenn eine tief empfundene Insuffizienz abgewehrt werden muss und mit narzisstischen Größenvorstellungen kompensiert wird, entfaltet sich eine destruktive Dynamik. Dieser gilt es auf der Ebene des mittleren Managements (und nichts anderes sind Dekaninnen heute im UG 2002) sinnvoll und konstruktiv zu begegnen. Insuffizienzgefühle der Leitung können vielleicht mühsam durch narzisstische Phantasien über sich selbst und die Organisation dürftig kompensiert werden. Dieser Abwehrmechanismus der Organisation führt aber dazu, dass die verleugneten Gefühle an anderer Stelle empfunden werden. Im Sinne einer projektiven Identifikation (siehe die Geschichte der beiden Reisenden, S. 48) bieten sich zumeist weibliche Bedienstete und sensible Mitarbeiterinnen gerade in recht narzisstisch anmutenden Unternehmen als Container negativer abgespaltener Affekte an. Narzissmus im Unternehmen wird hier als Kompensationsmechanismus begriffen. Volkan und Ast (1994) sprechen davon, wie das hungrige, entwertete, abgespaltene Selbst mit dem Gewand der Großartigkeit daherkommt. Die zunehmende Anspannung, der Arbeitsdruck in Zeiten knapper werdender materieller Ressourcen tuen ihr Übriges dazu, dass Bedürftigkeit, Unsicherheit und Angst in solchen Organisationen von Führungskräften nicht wahrgenommen werden. Sensibilität und Sensitivität von empfänglichen Mitarbeiterinnen in solchen Unternehmen bilden nun eine Art Container dieser abgewehrten Empfindungen. Das Abgewehrte, Unbewusste der Organisation, die wirtschaftliche Bedrohung, der gesteigerte Arbeitsdruck und vieles mehr finden sich in deren Gefühlsleben wieder. Qua projektiver Identifikation repräsentiert sich das Abgewehrte der Organisation im Seelenleben der Mitarbeiterinnen als eigene subjektive Insuffizienz, die sich in stetigen Selbstzweifeln und Kompetenzzweifeln äußert.

Um diesen destruktiven Auswüchsen zu begegnen, wählte die Dekanin nach den Erfahrungen des Jahres 2005 für das Jahr 2006 nun die Strategie hin zum »good enough«.

> »Wir machen 2006 überhaupt nichts Neues, wir haben 2005 so viel Veränderung vollzogen, das jetzt die Zeit der Konsolidierung ansteht. Wir werden bei den Zielvereinbarungen lediglich die Kapazität bei 60 % unserer Arbeitskraft festlegen, um den Rest frei verfügbar für eine Reaktion auf die Anforderungen aus der Systemumwelt zu haben« war ihr Motto.

Die Anspannung der Mitarbeiterinnen war wie weggeblasen und das Zutrauen und die Arbeitsfähigkeit wuchsen deutlich an. Das Motto des »good enough« (vgl. Winnicott, 1991) erwies sich als gangbarer Ausweg aus dem Heuchelei-Management. Es zeigte sich als förderliche Haltung, so förderlich wie das Wording von der Weltspitze hinderlich war und die Menschen unglücklich und die Leistung schlechter werden ließ.

Fasst man die zuvor geschilderte Entwicklung österreichischer Universitätsreform in den vergangenen dreißig Jahren noch mal zusammen, so lässt sich eine generelle Schlussfolgerung ziehen: Für die Universität ist mit den verschiedenen Reformschritten eine »Organisationswerdung« in Gang gesetzt worden. Diese Organisationswerdung geschieht in dem paradox konstruierten Spannungsfeld zwischen Schaffung von Freiheit bei gleichzeitig verstärkter Verantwortlichkeit und Rückbindung von Individuen, insbesondere der Wissenschaftlerinnen an die Ziele und Vorgaben der Organisation. Auf der Seite der »Freiheit« findet sich die Möglichkeit, der Universität eine eigene Richtung, ein eigenes Profil und eine eigene Strategie zu geben. Dies wird unter anderem ermöglicht durch verschiedene Begleitmaßnahmen, wie die Flexibilisierung von Strukturen, die in vielen Universitäten für unverrückbar gehalten wurden, die Schaffung von Anreizstrukturen, zum Beispiel im Bereich der Personalentwicklung und der Frauenförderung, die die Entwicklung in die gewünschte Richtung auch ökonomisch unterstützen sollen, die Gewährung eines Globalbudgets, das der Universitätsleitung durch umfassende Umwidmungen Investitionen in neue Bereiche erlaubt, und die Gewährung umfassender Vertragsgestaltungsfreiheiten, nicht nur im personalen Bereich. Auf der anderen Seite finden sich umfassende und weit reichende Momente der Bindung und Festlegung wie zum Beispiel die interne Organisationssteuerung durch Zielvereinbarungen, Planvorgaben, Budgetverantwortlichkeiten etc., die für Universitäten als lose gekoppelte Systeme erst langsam erlernt werden müssen. Generell lässt sich festhalten, dass alle Mitglieder der Organisation, aber vor allem das mittlere Management, für jede Aktivität und Nichtaktivität, die in einem der universitären Kernprozesse im jeweiligen Verantwortungsbereich erbracht oder nicht erbracht werden, verantwortlich sind bzw. gemacht werden können. Dieser Tatbestand ist zwar nicht neu, wird aber durch die »Nähe« der kontrollierenden Einheit – es ist nicht mehr das Ministerium, das über die Verfahren wacht, sondern es sind die unmittelbaren nächst höheren Einheiten in der Organisation – verstärkt wahrgenommen. Dies geht von den Zielvereinbarungen, die die Rektorinnen mit den Dekaninnen und die Dekaninnen mit den Instituten bzw. deren Mitarbeiterinnen abschließen, über die oben erwähnten umfassenden Pflichten zur Rechenschaftslegung entlang der Hierarchiekaskade bis hin zur neuen Governance-Struktur, mit der die Universitäten nun »enger« geführt und gesteuert werden.

Im Grunde bräuchte eine Reform diesen Ausmaßes wie das UG 2002 Dialogräume, in denen die Greifbarkeit von Zukunftsvisionen erlebbar gemacht wird, wo Innovation und Zuversicht glaubhaft vermittelt wird, damit die Mitglieder an die Sinnhaftigkeit der Reform glauben können und sie gestalten wollen. Es bräuchte das Erlebnis dessen, dass es um wirkliche Bedeutsamkeiten geht, das helfen würde, intrinsische Motivation zu entfalten. Um die Anschlussfähigkeit aller Mitarbeiterinnen zu ermöglichen, brauchen sie Raum, sich auszudrücken, verschiedene Positionen in der Schwebe zu halten, einander in der Verschiedenheit zu respektieren und vor allem sich jeweils zuzuhören (vgl. Isaacs, 1999). Neue Ideen sind immer gegenkulturell (Schein, 2005), so dass es nicht ohne sinnvolle Verhandlung mit denjenigen, die diese Leitbilder zu verantworten haben, gehen kann. Das Gesamtsystem muss ein Klima entfalten, in dem es auch um eine Führung von unten gehen kann. Die Universität ist eine Expertinnenorganisation (vgl. Pellert, 1999). Für alle relevanten Fragen der Welt sitzen dort Menschen, die etwas beizutragen haben, über innovationsfördernde Organisationsstrukturen, die Organisation von Fakultätsklausuren, Personalentwicklungsprozesse, Mitarbeiterinnengespräche, Didaktik usw. Dieses Potential wird nicht genutzt und damit viel kreative Energie vergeudet. Es ist sicherlich nicht sinnvoll zu klagen, schreckliche Führungskräfte zu denunzieren, sondern zu einem klaren Verhandlungsmanagement aufzurufen: Dies und jenes brauchen wir unhintergehbar, um gut zu arbeiten. Es ist auch an den Mitarbeiterinnen, sich förderliche Bedingungen zu erstreiten. Gute Führungskräfte wissen, dass sie für wissenschaftliche Spitzenleistung Mitarbeiterinnen brauchen, die motiviert bleiben. Sonst treffen sie auf eine Truppe, die von Antriebslosigkeit, Verkrustung, dem Gefühl der Unfähigkeit, Gutes erstreiten zu können, von Konfusion, Unverbundenheit, Angst und Orientierungslosigkeit gekennzeichnet ist. Krisnatis (2005) nennt es den »Versuch, die Blätter im Herbst an den Bäumen zu halten«. Es geht oft mehr an Österreichs Universitäten, als Institutsteams manchmal meinen, wenn dieser Veränderungsprozess in einen unendlichen Kommunikationsprozess eingebettet ist, der das gemeinsame Ringen um die optimale Lösung zum Ziel hat. Die sich wandelnden Organisationen müssen ihren Entwicklungsprozess als eine gemeinsame Problemlöseaufgabe verstehen, bei dem alle Verantwortung tragen, sonst kann das Unterfangen nicht gelingen. Den Herausforderungen mit einfacher Empathieverweigerung für die Führungskräfte zu begegnen, greift wohl zu kurz.

Literatur

Argyris, C. (1996). Die Lernende Organisation. Stuttgart: Klett-Cotta.

Becker, H., Langosch, I. (1995). Produktivität und Menschlichkeit. Stuttgart: Lucius u. Lucius.

Bourdieu, P. (1988). Homo academicus. Frankfurt a. M.: Suhrkamp.

Brand, K. W. (1997). Probleme und Potentiale einer Neubestimmung des Projekts der Moderne unter dem Leitbild »Nachhaltige Entwicklung«. In K. W. Brand (Hrsg.), Nachhaltige Entwicklung. Eine Herausforderung an die Soziologie (S. 9–32). Opladen: Leske + Budrich.

Clegg, S., McAuley, J. (2005). Conceptualising middle management in higher education: A multifaceted discourse. Journal of Higher Education Policy and Management, 27 (1), 19–34.

Cornforth, C. (Ed.) (2003). The governance of public and non-profit organizations. London a. New York: Routledge.

Doppler, K., Lauterburg, C. (1994). Change Management. Frankfurt a. M.: Campus.

Fatzer, G. (Hrsg.) (2005). Nachhaltige Transformationsprozesse in Organisationen. Bergisch Gladbach: EHP.

Folk, R. (2004). Auf den Spuren Goyas und des Universitätsgesetzes 2002. Unveröffentlichtes Manuskript.

Fritz, R. (1999). Den Weg des geringsten Widerstandes managen. Stuttgart: Klett-Cotta.

Giesecke, M. (1996). Die notwendige Integration individueller, kollektiver und institutioneller Leitbilder zu ambivalenten CI-Konzeption. Supervision, 30, 72–88.

Gröger, M. (2004). Projektmanagement. Abenteuer Wertevernichtung. Eine

Wirtschaftlichkeitsstudie zum Projektmanagement in deutschen Organisationen. München: Rundfunkinterviews.

Grünewald, K., Gadner, J. (Hrsg.) (2003). Universitätsgesetz 2002: Weltklasse oder Sackgasse? – Eine kritische Auseinandersetzung. Wien: Verlag Österreich.

Höllinger, S., Titscher, S. (Hrsg.) (2004). Die österreichische Universitätsreform. Zur Implementierung des Universitätsgesetzes 2002. Wien: WUV Universitätsverlag.

Hotho, S. (2006). More than one way to be rational: An alternative reading of academic middle management practice. International Journal of Applied Management Education and Development, 1 (3), Zugriff am 25.11.09 unter http://www.managementjournals.com/journals/education/article175.htm.

Isaacs, W. N. (1999). Dialogue and the art of thinking together. New York: Broadway Business.

Kieser, A. (2000). Alternative Organisationsmodelle autonomer Universitäten. In S. Titscher, G. Winckler, H. Biedermann, H. Gatterbauer, S. Laske, E. Kappler, R. Moser, F. Strehl, F. Wodja, H. Wulz (Hrsg.), Universitäten im Wettebewerb: Zur Neustrukturierung österreichischer Universitäten (S. 234–282). München: Hampp.

Knight, P. T., Trowler, P. (2001). Departmental leadership in higher education. Buckingham: Open University Press.

Krisnatis, J. (2005). Transition. Die Kunst der personalen Transformation. In G. Fatzer (Hrsg.), Nachhaltige Transformationsprozesse in Organisationen (S. 72–93). Bergisch Gladbach: EHP.

Laske, S., Lederbauer, D., Loacker, B., Meister-Scheytt, C. (2006). Abschlussbericht des ÖNB-Projekts »Struktur und Selbstverständnis österreichischer Universitätsräte«. Unveröffentlichtes Manuskript.

Lewin, K. (1947). Resolving social conflicts. New York: Harper.

Luhmann, N. (1992). Universität als Milieu: Kleine Schriften. Bielefeld: Haux.

March, J. G., Olsen, J. P. (1986). Ambiguity and choice in organisations (2nd ed.). Bergen: Universitetsforlaget.

Meister-Scheytt, C., Scheytt, T. (2004). Personalentwicklung als Element des Strategischen Wandels in Universitäten. In S. Laske, T. Scheytt, C. Meister-Scheytt (Hrsg.), Personalentwicklung und universitärer Wandel: Programm – Aufgaben – Gestaltung (S. 139–160). München: Hampp.

Möller, H. (2001). Teamsupervision in sterbenden Organisationen. Organisationsberatung, Supervision, Coaching, 3, 283–289.

Möller, H. (2005). Gute und schlechte Supervision – Fehler in Supervision und Organisationsentwicklung. In G. Fatzer (Hrsg.), Gute Beratung von Organisationen. Auf dem Weg zu einer Beratungswissenschaft (S. 149–168). Bergisch-Gladbach: EHP.

Nonaka, I. (1994). A dynamic theory of organizational knowledge creation. Organisation Science 5 (1), 14–37.

Nonaka, I., Takeuchi, H. (1995). The knowledge-creating company. Oxford: University Press.

Pellert, A. (1999). Universität als Organisation. Die Kunst Experten zu managen. Wien: Böhlau.

Prichard, C. (2000). Making managers in universities and colleges. Buckingham: Open University Press.

Rhodes, R. A. W. (Hrsg.) (1991). New public management. Public administration, Special Issue 1/1991.

Schein, E. H. (2000). Prozessberatung für die Organisation der Zukunft. Bergisch-Gladbach: EHP.

Schein, E. H. (2005). Organisationskultur ernst nehmen. In G. Fatzer (Hrsg.), Nachhaltige Transformationsprozesse in Organisationen (S. 40–53). Bergisch-Gladbach: EHP.

Sebök, M. (2002). Universitätsgesetz 2002: Gesetzestext und Kommentar. Wien: WUV Universtitätsverlag.

Schimank, U. (2000). Welche Chancen und Risiken können unterschiedliche Modelle erweiterter Universitätsautonomie für die Forschung und Lehre der Universitäten bringen? In S. Titscher, G. Winckler, H. Biedermann, H. Gatterbauer (Hrsg.), Universitäten im Wettbewerb – Zur Neustrukturierung österreichischer Universitäten (S. 94–147). München: Hampp.

Schöfer, S. (2005). Wir sind – also ist Zukunft: Preferred Futuring als Ansatz der Transformation. Nachhaltige Transformationsprozesse in Organisationen. In G. Fatzer (Hrsg.), Nachhaltige Transformationsprozesse in Organisationen (S. 94–110). Bergisch-Gladbach: EHP.

Thom, N., Tholen, B. (2004). Förderung der Management-Kompetenz für Dozierende und Führungskräfte der Universität Bern. In S. Laske, T. Scheytt, C. Meister-Scheytt (Hrsg.), Personalentwicklung und universitärer Wandel: Programm – Aufgaben – Gestaltung (S. 355–378). München: Hampp.

Volkan, V. D., Ast, G. (1994). Spektrum des Narzissmus. Göttingen: Vandenhoeck & Ruprecht.

Winnicott, D. W. (1991). Von der Kinderheilkunde zur Psychoanalyse. Frankfurt a.M.: Fischer.

Erstabdruck:
Autonomie Macht Abhängigkeit. In R. Haubl, B. Daser (Hrsg.) (2007), Macht und Psyche in Organisationen. (165–189). Göttingen: Vandenhoeck & Ruprecht.

Heidi Möller

Schamerleben in Supervisionsprozessen

Dem Supervisionssetting kommt in Ausbildungskontexten ein hoher Stellenwert zu. Es stellt den zentralen Ort der Sozialisation zum Psychoanalytiker, Gesprächs- oder Gestalttherapeuten oder Verhaltenstherapeuten dar. Die jeweilige schulenspezifische Regelbildung wird eingeübt, die professionelle Kompetenz der Ausbildungskandidaten zeigt sich öffentlich und kann ermessen werden. Aber auch Anpassungsbereitschaft und –leistung wird bezogen auf die Theoriebildung des Ausbildungsinstituts deutlich. Supervision bildet somit die professionell–sozialisatorische Schnittstelle zwischen dem Denken, Erleben und Verhalten des Kandidaten und den Inhalten, Werten und Normen beziehungsweise Ideologien (vgl. Gröning, 1997) der Institute. Die Janusköpfigkeit des supervisorischen Settings als Lernfeld und zugleich Normierungs- und Bewertungsinstanz wurde von den Diskussionsteilnehmern und Diskussionsteilnehmerinnen oft betont. Dieses Spannungsverhältnis zog sich durch ihre Weiterbildung:

Herr Boos: »Ich bin ja im Ausbildungsverhältnis, da gibt es Kontrolle und Abhängigkeitsverhältnisse. Die entscheiden ja über meine Begutachtung. Da tritt der Faktor des Fehlermachens, der Peinlichkeit, der Auseinandersetzung um unkonventionelle Dinge viel stärker zu Tage. Es geht nicht so sehr darum, den Schein zu bekommen, aber schlimm ist, nicht ernst genommen oder gar entwertet zu werden.«

Herr Grüning: »Ich bin ja ausgebildet in einem Setting, wo es ganz viele Verknüpfungen gibt, Lehranalysen, Kontrollanalysen, Supervisionen. Da laufen Gespräche, da werden Geschichten erzählt, da gibt's kaum Intimität. Da ist schon 'ne Grundunsicherheit, wem öffne ich mich, wem nicht.«

Der Ausbildungsstatus geht einher mit Einschränkungen der Autonomie, so muss zum Beispiel die Lebensplanung voll auf den Ausbildungsprozess abgestellt werden. Zugleich werden oftmals durch Lehranalyse oder –therapie regressive Bedürfnisse virulent. Es entsteht in Instituten ein Konformitätsdruck, der von Abhängigkeitsscham begleitet wird. Ausbildungskandidaten befinden sich in einem Dilemma: Weder zu große Autonomie von Institutsnormen noch übergroße Konformität und der damit verbundene Verlust von Eigenständigkeit ist gefragt. Es gilt eine Gratwanderung zu vollziehen. Beschämung und Demütigung können zu Sanktionsmitteln werden, Verhaltensmodifikation durch das Erzeugen von Scham- und Schuldgefühlen intendiert sein. Jede Innovation stellt eine potentielle Schamquelle dar und: »Der Verzicht auf neue Ideen, abweichende Vorschläge oder anderes Verhalten führt zu Abhängigkeitsscham im Individuum« (Hilgers, 1996, S. 167).

Supervision findet in einem fortgeschrittenen Stadium der Ausbildung zum Psychotherapeuten statt. Die Kandidaten erhalten die eingeschränkte Behandlungsberechtigung und die Ausbildungskohorte beginnt sich zu differenzieren. Unterschiede in der Begabung werden erkennbar und Konkurrenzen und Rivalitäten kommen in ihrer blockierenden Wirkung nur allzu sichtbar an die Oberfläche. Ausbildungssupervisionen sind entsprechend oft mit Schamangst (die Angst vor bevorstehender Bloßstellung) verknüpft. Es besteht die Gefahr, der Dumme zu sein. Fehler, Irrtümer und Verstrickungen werden den Ausbildungskollegen gegenüber offenbart und dem gemeinsamen Reflektionsprozess zugeführt. Kollusionen mit Patienten werden aufgedeckt, die Identifikation mit (vermeintlichen) Normen des Ausbildungsinstituts oder dem Supervisor sichtbar. Oftmals »zwingt« uns der Supervisionsprozess, unser idealisiertes Selbstbild der Realität anzupassen und illusionäre Vorstellungen über die eigene professionelle Kompetenz zu revidieren. J. P. Sartre (1943) formuliert diese Psychodynamik folgendermaßen: »Ich schäme mich meiner vor den anderen.« Das heißt, es sind die Zeugen der Scham im Einzel- und Gruppensetting, die diesen Affekt in seiner Totalität blühen lassen.

In der Supervision kann der Zustand der Ungeschiedenheit nicht mehr aufrechterhalten werden. Ausbildungskandidaten werden in ihrer persönlichen und fachlichen Kompetenz sichtbar und die Illusion der Gleichheit zerbricht. Konkurrenz und Konturiertheit können nicht länger vermieden werden. Laut Grinker (1955) manifestiert sich Scham dann, wenn altersadäquat zu erwartende Funktionen nicht erfüllt werden, ich also im Ausbildungskontext einem phantasierten Wissensstand oder Fortschritt in der Entwicklung zum Psychotherapeuten nicht entspreche.

Zur Phänomenologie der Scham

Scham ist ein heftiger, oftmals in seiner Massivität als überwältigend erlebter Affekt. Beschämung erzeugt gleichsam den Wunsch, »im Erdboden versinken zu wollen«. Der sich Schämende will nicht mehr sehen und vor allem nicht mehr gesehen werden. Im Boden versinken zu wollen, hat im Wesentlichen die Funktion, den Blicken der anderen ausweichen zu können. Der Affekt erzeugt den Wunsch, verschwinden zu wollen, sich zu verbergen. Etwas Peinliches ist gesehen worden, man fühlt sich ertappt, erwischt. Der phantasierte oder reale Blick der anderen aktiviert den eigenen inneren Blick. Es entsteht plötzlich nicht gewollte Öffentlichkeit:

> Herr Grüning: »Man fühlt sich wie geschubst. Das ist ne Erkenntnis, die macht mich puterrot im Gesicht und mir wird heiß und mir wird was klar und vielleicht schäme ich mich, dass ich es noch nicht gesehen habe. Ich stecke voll im Fettnäpfchen, ich krieg eine rein, kann nichts mehr sagen, bin völlig blockiert.«

> Herr Bündner: »Das Über-Ich sagt: ›Das darf nicht passieren!‹ Aber man kann sich entschuldigen, warum gerät man so tief in die Peinlichkeit? Man hat es gut gemeint und ne ganz andere Ebene wird interpretiert. Kein Nachfragen ist mehr möglich, man wendet alles gegen sich. Man sieht nicht: Du beschämst mich. Ein furchtbares Gefühl, so vegetativ, man kann sich nicht wehren. Das braucht viel Zeit und in der Situation geht das eben nicht, weil das so total ist.«

Die beiden Zitate zeigen, wie der Schamaffekt auch als Abwehr von Auto- und Fremdaggression verstanden werden kann.

Die aufdeckende Funktion der Supervision ist unausweichlich, wenn sie sich als didaktisches Instrument nicht unwirksam machen will. Dabei geht es jedoch – wie so oft – um die Frage der richtigen Dosierung. Sanfte Schamaffekte, der »kleine Schmerz«, sind notwendig, um lernen zu können. Es braucht Unsicherheiten über das professionelle Identitätskonzept des Augenblicks, um Entwicklung möglich zu machen. Veränderungsprozesse sind deshalb ohne Schamgefühle nicht denkbar, denn die Abwehr von Scham erzeugt ein kritikresistentes Größenselbst oder ein fragiles narzisstisches Größenselbst, einhergehend mit latenten Selbstzweifeln und der Neigung zu Idealisierung des Lehrkörpers: Allesamt Haltungen, die das Lernen erschweren.

Scham stellt einen zutiefst sozialen Affekt dar, der das Verhalten und Erleben von Menschen in Interaktionen regelt. Der Ausbildungsprozess hat massiven Einfluss auf das Selbstwertgefühl. In Ausbildung zu sein, dominiert einen ganzen Lebensabschnitt. Es geht um Fragen der Zugehörigkeit zu einer professionellen Gemeinschaft, die über Leistung (Schaffe ich den Abschluss?) zu erringen ist. Scham stellt sich ein, wenn der Ausbildungskandidat befürchtet, abweichend in Erscheinung zu treten. So wird ein angehender Psychoanalytiker, der der Körpertherapie (immer noch) gewogen ist, seine Ansichten aus der Supervision ausschließen.

> Herr Hürt: »Ich starte bei 'nem neuen Supervisor Versuchsballons, checke seine Reaktionen ab und merke dann, Vorsicht, das ist hier nicht angesagt, das halte ich lieber draußen.«

Supervisanden scheinen die Varianz der Abweichung von informellen und formellen Gruppen- und damit Institutscharakteristika, die noch geduldet werden, zu ermessen und in der Regel nicht allzu groß werden lassen zu wollen. Das Anderssein und die Deutlichkeit der Unterscheidung erzeugen in Aus- und Weiterbildungszusammenhängen eher Angst als Souveränität.

Die Initialsituation

Der Beginn einer jeden Supervisionssitzung ist potentiell eine mit Verlegenheit und Scham einhergehende Situation, wobei wir ein unterschiedliches Ausmaß und einen unterschiedlichen Grad an Bewusstheit vorfinden: »Die Herausforderung, sich der Offenheit des Weges zu stellen und verlegen, befangen, betreten oder schamvoll zu warten, bis sich eventuell Wegweiser ausmachen lassen, macht hypothesengeleitete Psychoanalyse aus« (Hilgers, 1996, S. 53). Somit ist der Beginn einer jeden Gruppen- und Teamsupervision durch »vernünftige Ratlosigkeit« (Geissler, 1979) gekennzeichnet. Die Gruppe schafft sich einen Übergangsraum, einen Ort der Kreativität (Winnicott, 1983). Merkmale, die auf Scham hindeuten, sind Unsicherheit, Befangenheit, unspezifische Erregung, Verlegenheit und Peinlichkeit. Oftmals werden zu Beginn von Gruppen- und Einzelsupervisionen Konfrontationen mit nicht erreichbaren Ritualen phantasiert. Vorstellungen über das zukünftige Dasein als Psychotherapeut werden aktiviert. Wünsche, einem idealen Bild eines Psychotherapeuten zu entsprechen, lösen, wenn sie offenbar werden, Verlegenheit und Schüchternheit aus. »Scham gegenüber der Diskrepanz zwischen einem (Selbst-)Ideal und dem Ist-Zustand« (Hilgers, 1996, S. 11) wird in supervisorischen Prozessen immer wieder erlebt. Schamangst und Schüchternheit – Scheler (1933) nennt es »Eingeschüchtertheit« – regulieren den Gruppenprozess.

In der persönlichen und gruppalen Entscheidungsfindung, einen Fall in der Supervisionsgruppe vorzustellen, spielt der Gruppenkontext immer eine Rolle. Die phantasierten Anderen nehmen Einfluss auf den Auswahlprozess. Bereits Tage vor der nächsten Supervisionssitzung, während der Autofahrt zum Institut oder zu Beginn der Sitzung wird die Gruppendynamik wirksam. Sie bringt spezielle Fälle hervor und/oder blockiert andere Fallvorstellungen. Implizite Gruppennormen werden aktiviert und spielen eine wesentliche Rolle bei der Entscheidung, einen Fall vorzutragen. Faktoren wie: »Ich habe drei Sitzungen niemanden mehr vorgestellt. Ich muss mal wieder, um nicht aus dem Gruppenkontext und der Leistungsnorm herauszufallen« spielen eine Rolle.

Frau Hirt: »In der Anfangsphase fand ich, dass die Konkurrenzsituation unter uns sehr hoch gewesen ist, viele wirklich gebremst hat und blockiert hat.«

Ergebnisse der Untersuchung

Der Schamaffekt ist nicht nur ein recht totalitär erlebtes Gefühl, er stellt auch ein komplexes Phänomen dar. Im Folgenden werden unterschiedliche Aspekte des Schamaffekts, die sich aus verschrifteten Gruppendiskussionen (Leithäuser u. Volmerg, 1988) mit berufserfahrenen Gestalttherapeuten inhaltsanalytisch (Mayring, 1995) herausarbeiten ließen, beschrieben. Die Facetten des Schamaffekts lassen sich dabei nicht sauber voneinander scheiden, sie gehen ineinander über. Der methodologischen Forderung der Inhaltsanalyse nach reinen, klar von einander abzugrenzenden Kategoriensystemen wurde zugunsten der Bewahrung der Komplexität des Gegenstandes nicht entsprochen.

Kompetenzscham

Die meisten Narrationen der Psychotherapeuten in den Gruppendiskussionen kreisen um das Phänomen der Kompetenzscham. Kompetenzdefizite wurden von ihnen real erlebt oder phantasiert und vor den Kollegen zu verbergen versucht. Sei es, dass sie ihr Therapieergebnis als nicht gut genug einschätzten – gemessen an eigenen Vorstellungen über einen idealen Psychotherapeuten oder an den Gruppenstandards – oder dass sie Fehler in der Diagnosestellung, falsche ICD-Ziffern, Fehler in der Gutachtenerstellung, falsche Stundenzählung versteckten. Weiter wurde als Scham auslösend genannt, etwas übersehen zu haben, bei Unwissenheit »ertappt« zu werden und zu oberflächlich zu sein.

> Frau Viet: »Nicht nur Unwissen, sondern wenn ich latent spüre, dass da was nicht stimmt und mich nicht damit auseinandersetze. Ich ahne, irgend etwas ist schief und ich bin nicht kritisch genug zu mir.«

Es wurden Schwierigkeiten aus der Zeit als angehende Therapeuten genannt, bei schwindender Sicherheit über die eigenen Kompetenzen, Gegenübertragungsgefühle adäquat zu benennen. Bei abbrechender Kompetenzerfahrung tritt Scham auf, sie sei besser noch Inkompetenzscham genannt. Im schlimmsten Fall führen heftige Schamaffekte zum Zerfall des Kompetenzgefühls. Um Schamaffekte zu entwickeln, bedarf es jedoch der Aktivierung individueller Vulnerabilitäten.

> Frau Marten: »Sicher, die Scham, Fehler zu machen, man tut das oder jenes nicht als Therapeut. Der Begriff der Scham bedeutet mir mehr, es braucht eine Dimension zusätzlich, denn nicht jeder Fehler beschämt mich.«

Rational wird von den befragten Psychotherapeuten Duldsamkeit und Nachsichtigkeit gegenüber eigenen Defiziten gefordert. Die Möglichkeiten der Rationalisierung scheinen an der Stelle eine Grenze zu finden, wenn Schamaffekte aktiviert werden, und diese Grenze scheint dort zu ziehen zu sein, wo in der individuellen Lebensgeschichte der Ort größter Beschämung war.

> Herr Boos: »Eigene Selbstsicherheit und eigene Kompetenz zu wahren, trotz der Tatsache, Fehler zu machen, fällt mir immer noch schwer, auch wenn ich es selbstverständlich finde, Fehler zu machen, da ich weiß, dass es dazu gehört und dass ich ohne Fehler zu machen nicht weiterkomme. Kritisch wird es beim Tun, wenn ich unsicher bin, wie koscher ist das, was ich da eigentlich mache. Es geht dabei nicht so sehr um klare Fehler, sondern um Ahnungen in Bereichen von Nähe und Distanz in der therapeutischen Beziehung, um Erotik und Sexualität. Das sind die Themen, die am stärksten schambesetzt sind. Auch bei anderen Fehlern gibt es Unterschiede. Aber über Sexualität und Erotik zu sprechen, ist am schwierigsten, über Gefühle, die in der Therapie entstehen.«

Deutlich wird, dass die Schamaffekte, die in der Supervision aktiviert werden, in unmittelbarem Zusammenhang mit der Sozialisationsgeschichte der einzelnen Psychotherapeuten stehen. Die »verletzungsträchtigen« Themen hängen mit frühen Erlebnissen, wie zum Beispiel Traumatisierungen in der Leistungs- beziehungsweise Schulgeschichte, Verletzungen der Geschlechtsidentität, zusammen. Ein Psychotherapeut benennt explizit alte Schulerfahrungen.

> Herr Küttner: »Der ganze Bereich von Leistung ist ein großer Bereich von Scham, ich sehe noch heute meinen Lehrer vor mir, der die Zensuren

bringt und der mir das Heft rüberschmeißt mit den Worten: ›Da haben Sie wieder den Vogel abgeschossen in der letzten Reihe.‹«

Oder eine Psychotherapeutin gibt an:

Frau Ehrenfeld: »›Wenn du nicht immer die Jungen im Kopf hättest, würde aus dir auch was werden können.‹«

Die Themen Erotik und Sexualität scheinen die Gestalttherapeuten am stärksten zu beschämen. Die Gefahr der Entblößung ist in diesen Bereichen am größten. Erotische Träume von Therapeuten über Patienten und andere erotische Gegenübertragungsgefühle sind für viele Psychotherapeuten schwer in der Supervision zu benennen. Schwerer noch scheint es zu fallen, dem Supervisor und den anderen Gruppenteilnehmern eigene Wünsche an den Patienten zu »beichten«. Obwohl die gestalttherapeutische Theorie (vgl. Perls, 1976; Perls, Hefferline u. Goodman, 1988) die Bedeutung der Sexualität immer wieder herausstreicht, scheinen die Therapeuten an dieser Stelle die meisten Unsicherheiten und Zweifel zu entwickeln. Scham wird aktiviert, wenn »unlautere Motive« dem Patienten gegenüber offenbar werden.

Frau Konrad: »Verantwortungslos fällt mir ein, total peinlich, ich hab's nicht mitgekriegt, geht's mehr um den Patienten oder geht es mehr um meine Situation?«

Auffällig ist, dass die Diskussionsteilnehmer an dieser Stelle eher den Schamaffekt als die Chance zur Bearbeitung der möglichen eigenen Verstrickung fokussieren. Kompetenzscham kann auftreten, wenn eine Supervisionsgruppe sich selbst – anscheinend auch recht unabhängig von der Persönlichkeit des Supervisors – unter Kompetenzdruck stellt. Die Selbstdefinition anzubieten oder zu beschwören: »Wir sind ja schon fortgeschrittene Therapeuten«, setzt die Messlatte kompetenter Äußerungen in der Supervisionsgruppe hoch. Auch beim Supervisor werden Bemühungen sichtbar, der hochprofessionellen Gruppe zu genügen. Er mag sich in der von der Gruppe angebotenen Atmosphäre ebenfalls beweisen müssen und diese Anforderung in einen stärker aufdeckenden und konfrontativen Stil umsetzen, mit dem wiederum die Gruppe nicht gerechnet hat. Der unter dem Motto der Professionalität selbst auferlegte Verzicht auf den sonst gewohnten nährenden und unterstützenden Interventionsstil erschreckte eine Supervisionsgruppe sehr: »Die Supervision tat doch wieder weh.« Der phantasierte Kompetenzzuwachs erwies sich realiter als dem Ich-Ideal der Gruppe nicht genügend. Ein anderer supervisorischer Stil: »aber doch lieber unterstützend und eingebettet« wurde eingeklagt und im Verlauf auch bereitgestellt.

Scham, die eine Diskrepanz zwischen Selbst und Ideal anzeigt

Von der Inkompetenzscham lässt sich die Scham, die entsteht, wenn zwischen dem Selbst des Psychotherapeuten und seinem Ideal eine Diskrepanz entsteht, nicht sauber trennen. Dabei sind maßvolle Schamaffekte der Motor für Veränderung von Selbst und Selbst-Ideal. Die Wahrnehmung der Inkongruenz zwischen Ist- und Sollzustand macht Professionsentwicklung erst möglich. Wenn der Schamaffekt nicht traumatisierend wirkt, entwickeln sich Ideale, Werte und Selbstkonzepte an ihm. Der latente Schamaffekt bricht die intendierte Idealität. Die Harmonie der bisher für gültig gehaltenen Identität wird zerstört. Manchmal heißt es, von vermeintlicher Souveränität Abschied zu nehmen.

> Frau Immen: »Ich bringe die Frage der Beendigung einer Therapie in die Supervision. Es fällt mir schwer, die Patientin gehen zu lassen. Der Supervisor fragt mich, wie ich denn von zu Hause ausgezogen sei, und ich werde rot, fange an zu weinen, ich merke, der hat ins Schwarze getroffen, kann das alles, was mir geschieht, gar nicht so schnell verstehen und benennen und werde ganz hilflos. Ich hab mich so geschämt, dass ich auf die recht einfache Nachfrage des Supervisors so heftig reagiere und allein die Tatsache, über so etwas noch nie nachgedacht zu haben, beschämte mich.«

Das Bild, in der Lage zu sein, alle Eventualitäten von psychotherapeutischen Prozessen im Vorfeld zu bedenken, bricht in sich zusammen. Die Supervisandin ist beschämt durch die Tatsache, dass sie nicht alle Fragen im Vorhinein erwogen hat. Dahinter steckt die Scham, die der Status als Lernende für manche Teilnehmer von Supervisionsprozessen bedeutet.

Scham, die sich auf schuldhaftes Handeln bezieht, ist von Schuldgefühlen schwer zu trennen. Werden Nachlässigkeit, eine falsche Diagnose oder eine schlampige Therapieplanung offenbar, so aktivieren sie heftige Selbstvorwürfe. Schamvolle Versagensgefühle entstehen, wenn wir in Aspekten eigener Blindheit gesehen werden. Dabei werden Schamaffekte verstanden als Spannung zwischen Ich und Ich-Ideal und führen auf der einen Seite zur Verletzung des Selbst (vgl. Wurmser, 1990). Auf der anderen Seite schützt die Scham vor Selbstverlust. Schuldgefühle hingegen stellen die Spannung zwischen Ich und Über-Ich dar und schützen den anderen vor der eigenen Aggression. Insofern handelt es sich beim Schamaffekt um einen selbstbezogenen und bei Schuldgefühlen um einen objektbezogenen Affekt. Nicht selten sind (in missglückten Supervisionsprozessen) Scham-Schuld-Spiralen zu finden.

Scham, die sich auf das plötzliche Sichtbarwerden von Selbstanteilen bezieht, von denen man zuvor nichts ahnte

Ganz plötzlich, ohne es steuern oder kontrollieren zu können, werden Selbstanteile in der Gruppensupervision deutlich und ein Schamgefühl macht sich eruptiv in seiner totalen Qualität breit.

> Frau Hille: »Wenn in der Supervision deutlich wird, dass Persönlichkeitsbereiche nicht aufgearbeitet sind und wir mit unseren Schattenseiten konfrontiert sind, dass wir im therapeutischen Prozess etwas agieren, was wir selbst noch nicht aufgearbeitet haben, und dem Patienten irgend etwas aufdrücken, wo wir vielleicht selber noch Probleme damit haben.«

Deutlich wird an diesem Zitat das hohe Anspruchsniveau vieler Psychotherapeuten. Es mag die Grandiositätsphantasie »ein guter Therapeut muss alle Persönlichkeitsaspekte durchgearbeitet haben« als ursächlich für die Heftigkeit des Affekts gelten.

> Herr Marten: »Bereiche werden sichtbar, die ich vielleicht selbst noch nie so gesehen habe, und ich kann mich nicht schützen. Jemand entdeckt bei mir was Neues und das muss ich erstmal bedecken. Da schäme ich mich dann. Auch wenn klar wird, wie viel Geld ich verdiene, was man an der Größe meiner Praxis sehen kann, schäme ich mich. Ich darf nicht so viel

besitzen, das ist anscheinend noch nicht genügend durchgearbeitet, zu besitzen. Das sind so Lebensthemen, die noch einmal in einem überraschenden und plötzlichen Kontext sichtbar werden. Da greifen andere ein, das kann ich nicht so schön steuern, da wird etwas von mir sichtbar, wo ich eher noch wackligen Boden hab oder gar keinen.«

Entscheidend für den Supervisionsprozess ist, dass unter Umständen keine gezielte Entscheidung vorliegt, sich mit einem solchen Thema auseinanderzusetzen zu wollen. Das Offenbarwerden defizitärer Bereiche kann dann wie eine Ohrfeige wirken. Das Gleiche gilt für peinlich enthüllende Fehlleistungen. Plötzlich werden intime Bereiche gewahr, ohne dass Kontrolle ausgeübt werden kann. Unsicherheit und Befangenheit sind die Folge.

> Frau Ehrenfeld: »Wenn ich Übertragungsmuster nicht blicke in der Therapie und das wird aufgedeckt. Ich weiß was oder ahne etwas und werde dafür noch runtergemacht. Wenn man sich schon damit zeigt und dafür eine drauf kriegt, einen Blick, wie auch immer.«

Das Zeigen von Schwäche, eines Defektes, eines Makels oder Mangels vor den Gruppenteilnehmern wird oft mit Schamgefühlen begleitet. Verstärkt wird der Affekt, wenn nicht nur der verinnerlichte Andere aktiviert, sondern real Kritik geübt wird.

Abhängigkeitsscham

Die Abhängigkeitsscham kann sich sowohl auf die Supervisionsgruppe beziehen als auch auf den Supervisor oder auf beide.

> Frau Ehrenfeld: »Wenn es ums Thema Scham geht, geht es nicht nur um die Auseinandersetzung mit dem Supervisor, sondern auch, was denken die anderen, die da sitzen, was haben die für ein Bewertungsschema und gerade wie man sich und ob man sich davon abhängig macht.«

Hier zeigt sich ein Schamaffekt, der eine eigene Abhängigkeit in Beziehungen zu anderen zum Inhalt hat. Es wird Angst aktiviert, aus bedeutsamen Beziehungen herauszufallen, die eigentlich gewünscht sind. Die Angst, zum Außenseiter zu werden, nicht dazuzugehören, aus der sozialen Gemeinschaft ausgestoßen zu werden, wird reaktiviert.

> Herr Chorin: »Das ist ein anderes Gefühl als beim Schuldgefühl, da bist du drin und hast was falsch gemacht, bei der Scham fühlst du dich draußen. Bei Schuld kannst du dich entschuldigen. Bei Scham besteht nur die Möglichkeit, dich anzupassen, es wegzupacken, es dir nicht anmerken zu lassen.«

Die Abhängigkeitswünsche können so groß werden, dass die Gefahr reinen Anpassungslernens besteht. Ausbildungskandidaten zeigen Vermeidungsverhalten und/oder depressiven Rückzug (um die Schande zu tilgen), wenn in der Supervision zu früh oder zu taktlos konfrontiert wird. Vielmehr muss es darum gehen, neue Eigenständigkeit, auch wenn sie sich unbeholfen zeigt, anzuerkennen.

> Herr Marten: »Ich stelle eine Beziehung her zwischen mir und dem Supervisor oder zwischen mir und den Gruppenmitgliedern und wenn ich da plötzlich entdeckt werde, also wenn mein Tun, mein Sosein, mein Mich-Schützen oder mein Agieren, was ich in der Gruppe ja auch tue, um mein Plätzchen zu kriegen, deutlich wird, obwohl es um ein ganz anderes Thema geht. Wenn da so was sichtbar wird, das ist für mich schlimmer als ein Behandlungsfehler.«

Die Ergebnisse der Gruppendiskussionen zeigen deutliche Unterschiede für Einzel- beziehungsweise Gruppensupervisionen. Je dichter die Bezüge der Supervisanden (gleiche Arbeitsstelle, gleiches Institut), desto höher die Angst, dass Abhängigkeitsscham offenbar wird.

> Herr Boos: »In welchem Abhängigkeitsverhältnis stehst du überhaupt in der Gruppensupervision, auch zu den anderen Gruppenteilnehmern, ist das an der gleichen Arbeitsstelle, was kann das für Konsequenzen haben, da muss man sich viel stärker die Frage stellen als in der Therapiesupervision.«

Gruppenmitglieder drohen zu Opfern der eigenen Versagensängste gemacht zu werden. Die Übernahme der Perspektive der Anderen und das Sich-daran-Messen kann sich bis zur Ausprägung paranoider Ängste steigern.

Die Abhängigkeit vom Supervisor

Der Schutz vor Schamaffekten wird auch durch schnelles Beipflichten dem Supervisor gegenüber aufrechterhalten. Inhärent ist ihm der Verzicht darauf, Unstimmigkeiten zu artikulieren. Dieser Abwehrmechanismus ist dann am stärksten, wenn die Elternübertragung auf den Supervisor recht ausgeprägt ist. Die Abhängigkeitsscham zeigt sich darin, zu sehr angewiesen zu sein auf Lob und Anerkennung durch den signifikanten Anderen und in dieser Bedürftigkeit gesehen zu werden beziehungsweise sich »erwischt« zu fühlen.

> Frau Droste: »Wo das Bedürfnis nach Sicherheit ist, ist auch die Angst davor, sich zu blamieren, davor, Peinliches zu tun. Also ich war auch bei nem Analytiker in Kontrollbehandlung, da war es oft so, dass ich versucht habe, meinen Gestalthintergrund etwas kleiner zu machen und mehr was so unausgesprochen im Raum doch gefragt war, der analytische Blick, den mehr präsent zu haben. Ich hatte keine Lust, in eine Methodendiskussion einzusteigen. Ich wollte was über den Patienten erzählen und hab mich zurückgenommen und hab mich geschämt mit manchen Gestaltinterventionen, derer ich auch nie so ganz sicher bin, sie zu präsentieren. Mehr so das: ›Was ist erwünscht?‹, dann den Arbeitsstil zu betonen, also gar nicht wegzulassen, aber die Schwerpunkte anders zu setzen.«

Auch die Behandlungen werden durch die »Zensur« in der Supervision mittelbar beeinflusst. Das Einschleifen einer bestimmten Perspektivität in der Ausbildungssupervision verändert die Interventionen. Der andere Blick wird allerdings selektiv angewandt, er kommt nur in den Stunden zum Tragen, die vorgestellt werden könnten. Der Vortrag des Falls scheint je nach der inhaltlichen Beheimatung von Supervisoren gestaltet zu werden:

> Frau Immen: »Damit die mir ja nicht einen unreflektierten, regressionsfördernden Interventionsstil vorwerfen kann, übernehme ich deren analytischen Blick und erzähle anders. Seitdem ich nicht mehr in Kontrolle bin, arbeite ich viel selbstbewusster.«

> Herr Kurt: »Meine Körpertherapieausbildung, damit komm ich bei der überhaupt nicht an, dafür hat die letztendlich kein Verständnis im generellen Sinne. Dann hab ich die Patientin nicht eingebracht. In Auseinandersetzung mit ihr gehen, das wollte ich nicht. Ich nehme mir, was

sie mir geben und vermitteln kann, darauf konzentriere ich mich. Das andere ist nicht ihr Bereich, da hab ich ihr die Kompetenz abgesprochen, da hab ich keine Lust auf Auseinandersetzung.«

Hier wird von rationalen Entscheidungen gesprochen, einen Fall oder einzelne Interventionsstrategien nicht einzubringen. Die Beiträge verstehe ich jedoch als Kampfansage.

> Frau John: »Die Supervisorin, die hatte da keine Kompetenz, dann hab ich da nichts hingebracht.«

Selbstbewusst wird behauptet, die Gaben der Supervisorin selektiv anfordern zu können. Später taucht das Thema: »Unlust am Streit« auf. Dahinter verbirgt sich meines Erachtens die Frage: »Wer hat die Definitionsmacht über die Güte psychotherapeutischen Tuns?« Es gibt aber auch weniger mächtige, von einem rigiden supervisorischen Über-Ich geprägte Supervisionserfahrungen. Das Ausmaß der Systemkonformität des Supervisors scheint entscheidend für die Exklusion bestimmter Themen zu sein.

> Herr Neidhardt: »Ich kenn das auch, ich treffe auf Verständnis, ich bin nicht fehl am Platz, wenn ich auch mal über so was rede, wo das nichts Fremdes ist oder was abgelehnt wird, wo du von ausgehen kannst, dass das nicht kritisch gesehen wird.«

Wichtig scheint für viele Ausbildungskandidaten zu sein, Akzeptanz durch den Supervisor zu erfahren, von ihm gemocht zu werden. Um dieses Ziel zu erreichen, wird beschönigt und geglättet und damit wiederholen sich frühkindliche Abhängigkeitsmuster.

> Frau Werner: »Das frühkindliche Drama wiederholt sich, dass eine bestimmte Erwartungshaltung, die phantasiert wird oder real da ist, möglichst gut zu erfüllen ist.«

Im schlimmsten Fall werden keine Irrungen und Wirrungen, die dem Lernprozess inhärent sind, gezeigt, sondern nur noch Essenzen, die relativ präsentabel sind.

Scham, die bei Verletzung der Selbst- und der Intimitätsgrenzen wirksam wird

Scham, die die Verletzung von Selbst- und Intimitätsgrenzen anzeigt, antwortet auf Übergriffe aller Art.

> Frau Fronau: »Ich bin in einer Supervisionssitzung einmal real beschämt worden und habe lange gebraucht, mich da wieder rauszuwinden. Ich war verletzt, auf meinen Beitrag zu dem Fall eines anderen Gruppenmitglieds sagt der Supervisor plötzlich: ›War deine Kindheit so beschissen?‹, und das in der großen Gruppe, ich wusste nicht, wie mir geschah, ich kam richtig innerlich ins Truseln und habe lange gebraucht, bis ich dem mal wieder Kontra geben konnte.«

Die Supervisandin sah sich ihrer Entscheidungsmöglichkeit über die Interventionstiefe beraubt. Dazu kommt der Überraschungseffekt, da sie sehr persönlich angesprochen wird und gar nicht die Fallerzählerin ist. Sie fühlt sich massiv konfrontiert mit ihrer (vermutlich schwierigen) Sozialisationsgeschichte und sich in der Öffentlichkeit mit den Schmerzen aus Kindertagen bloßgestellt. Sie spricht davon, dass der Supervisor über »was hinausgeschossen« sei, womit vermutlich ihre Intimitätsgrenzen gemeint sind. Nach diesem Ereignis nahm ein anderer Gruppenteilnehmer Folgendes wahr:

> Herr Hürt: »Er hat sich dann verwandelt, er hat sich um 180 Grad gedreht. Erst war er stark konfrontativ, ne Menge Tränen sind geflossen und Kränkungen gelaufen. Ich glaube, der Supervisor hat nen Schreck gekriegt und ne Kurskorrektur vorgenommen. Plötzlich war er unterstützend, ressourcenorientiert und positiv.«

An dieser Stelle wird der soziale Regulationsaspekt des Schamaffekts deutlich. Die vermutlich kollektiv empfundene Scham hatte in der geschilderten Supervisionsgruppe eine Signalfunktion, die der Supervisor durch Veränderung seines Interventionsstils aufgriff.

Scham durch Identifikation

Schamaffekte in der Supervision tragen oft den Charakter von Gegenübertragungsreaktionen.

> Herr Grüning: »Wenn ich mich in die Kränkung hineinversetze, die es bedeutet, überhaupt Therapie machen zu müssen.«

Schamaffekte tauchen auf, wenn sie stellvertretend für Gruppenmitglieder und/oder Patienten via Identifikation gefühlt werden. An dieser Stelle zeigt sich die Scham als Reaktionsbildung gegen exhibitionistische Tendenzen anderer. Schamlosigkeit von Patienten und Supervisionsteilnehmern evoziert stellvertretende Schamgefühle bei Gruppenteilnehmern. An dieser Stelle wird deutlich, dass Scham auch eine behütende Funktion im Sinne der Sicherung von Selbstgrenzen hat, wenn zum Beispiel Missbrauchserfahrung kontraphobisch, ohne Rücksicht auf Intimitätsschranken, offenbart werden. Diese Phänomene spiegeln sich in Supervisionsgruppen.

> Herr Boos: »Jemand anderes offenbart sich, wo ich das für völlig unangemessen halte, der geht über ne Grenze, dann werde ich rot. Wenn einer in ner Gruppe sofort über seine Orgasmusprobleme redet.«

Das Abwehrmanöver des Patienten versetzt die Supervisionsgruppe in den ihm fehlenden Schamaffekt. Sie sichert den beim Patienten nicht sicheren Intimitätsbereich. In Supervisionsprozessen findet oft sekundäre Teilhabe an Schamszenen statt. Patienten mit sexuellen Störungen oder Schamproblematik (Frauen zwanghaft auf den Busen gucken zu müssen) werden vorgestellt und die Teilnehmer von Fallsupervisionen automatisch zu Voyeuren. Dabei müssen Psychotherapeuten sicherlich etwas schamloser sein als ihre Patienten, um ihnen Modell zu sein. Wenn der Therapeut sich schämt, kann der Patient sich seinen Tabuthemen nicht zuwenden. In Supervisionsgruppen findet sich auch Scham über die Beiträge anderer Teilnehmer.

> Frau Marten: »Ich hab mich oft, wenn andere was sagen, für die geschämt.«

Durch die Identifikation mit einem Gruppenmitglied wird der eigene Anspruch: »Eigentlich muss ich fehlerfrei sein« virulent. Ich gerate stellvertretend für einen Kollegen in ein narzisstisches Ungleichgewicht.

Soziale Scham

Soziale Scham wird dann deutlich, wenn massive Milieuunterschiede zum Ausbilder phantasiert oder real erlebt werden.

> Herr Grüning: »Deren Herkunft, die Supervisorin aus gutem Bürgertum, alles edel, alles toll, das ganze Drumherum und die Klamotten. Auch von der Ausbildung her, ganz oben, und ich komm nun aus einer ganz anderen Ecke.«

Der erlebte Milieuunterschied kann jedoch auch selbstwertstärkend verarbeitet werden.

> Frau Marten: »Ich komm nicht aus so ner upper class, und was ist aus mir geworden. Das finde ich toll, damit kann man mich nicht beschämen.«

Beschämung durch großes Lob

Auch positive Resonanz vom geschätzten Gegenüber, wie zum Beispiel ein großes Lob oder Anerkennung der Professionalität, wird oft begleitet von Erröten. Die sichtbare Freude lässt die Schranken zwischen den Menschen für einen Moment fallen. Der Schamaffekt sorgt für die Wiedereinsetzung der Selbstgrenzen. Schamaffekte beinhalten förderliche Aspekte. Sie entstehen in der analen Phase, stehen somit in einem unmittelbaren Zusammenhang mit der Autonomieentwicklung. Scham kann verstanden werden als Affekt des wachsenden und sich abgrenzenden Selbst, wenn, wie im skizzierten Beispiel, das Bewusstsein über das Selbst und das Fremde zurückkehrt.

Scham als Waffe

Ein Psychotherapeut schildert ein Gruppenerlebnis, bei dem es um das Einüben von Interventionsmethoden in einer Professionalisierungsgruppe ging. Zwei Männer übten nonverbale Körperinterventionen, bei denen der eine in der Rolle des Therapeuten, der andere in der des Klienten war. Der Therapeut polsterte das Knie des Klienten, der auf dem Boden lag, mit einem Kissen ab. In der Auswertungsrunde sieht er sich mit dem Vorwurf konfrontiert, dem Patienten zwischen den Beinen »herumgefummelt« zu haben. Eine tiefe Scham überkam ihn, der Bequemlichkeit für den Patienten intendiert hatte. Der Vorwurf des Übergriffs beschämt ihn und er erfährt keinen Schutz durch die Lehrtherapeuten. Das Beispiel macht deutlich, dass der Schamaffekt den Kern der Persönlichkeit trifft. Die existentielle Ablehnung wird in diesem Moment befürchtet beziehungsweise erfahren. Das Selbstwertgefühl erfährt eine plötzliche Disregulation. Wenn wir davon ausgehen, dass es Spannungen zwischen den beiden Männern gab, die durch das gesellschaftlich hochaktualisierte Tabuthema des sexuellen Missbrauchs ausagiert wurden, wird die destruktive Kraft von Schamaffekten in unserem Kulturraum deutlich, in dem Verhaltensregulation häufig durch das Erzeugen von Scham- und Schuldgefühlen erfolgt. Besondere Ausprägung erfährt der Affekt der Scham, wenn man sich ihm schutzlos ausgesetzt fühlt, mit ihm allein gelassen wird.

> Herr Chorin: »Wenn ich an die Situation denke, kriege ich heute noch 'nen roten Kopf.«

Konsequenzen für den Supervisionsprozess

> Frau Marten: »Ich hab mir ne Gruppe gesucht mit Basisakzeptanz, Kollegen gesucht, von denen ich weiß, die mögen mich, das bringt Sicherheit.«

Demütigung und Erniedrigung gilt es im Ausbildungskontext zu vermeiden. Hohn, Missachtung und Entwertung wird zunächst durch die anderen Gruppenteilnehmer befürchtet, die zumeist ähnlich unter Druck stehen. Den Lehrpersonen kommt große Verantwortung zu, um die überwältigende Qualität des Schamaffekts einzudämmen, wenn das Ich durch ihn überschwemmt zu werden droht. Es ist ihre Aufgabe, aggressivem Agieren, der gegenseitigen Verachtung und zu harscher Kritik der Kandidaten untereinander und der Sündenbockbildung vorzubeugen.

Lernerfolge hängen auf der anderen Seite nicht zuletzt von der Schamtoleranz des einzelnen Teilnehmers, des Gruppenleiters, aber auch der gesamten Gruppe ab. Schamtoleranz kann als gesunde Ich-Leistung der Individuen und der Gruppe betrachtet werden. Es gilt ein Klima der Gelassenheit zu schaffen, soziale Sicherheit zu erzeugen, in dem sich wenig Schamangst entwickelt. Die Angst vor Liebesverlust ist stets virulent und wird nicht zu vermeiden sein. Es geht aber um ein »zuträgliches Maß an entwicklungsfördernden Zumutungen und Zurückweisungen einerseits, wie Belohnungen und Anerkenntnissen andererseits« (Hilgers, 1996, S. 17). Um Scham verstärkende Teufelskreise zu unterbrechen oder zu lindern, muss der Überidentifikation der Ausbildungskandidaten mit den (vermeintlichen) Standards des Instituts begegnet werden. Für diesen Prozess kommt der Person des Supervisors große Bedeutung zu. Er muss dadurch entängstigend wirken, dass er bereit ist, die Idealisierungen, die er als Personifizierung des Instituts Über-Ich auf sich zieht und die unter Umständen viel Scham auslösen, zu thematisieren und schmelzen zu lassen.

> Herr Grüning: »Die Beziehung zum Supervisor spielt eine große Rolle. Ich brauch das Gefühl, ich werde mit meinem Leben und seinen Ungereimtheiten angenommen, dann brauch ich mich auch nicht schämen. Wenn man nicht die Ahnung hat, dass der auch nen Schattenbereich hat, dann bringt man das nicht ein. Die kochen auch nur mit Wasser. Bei der bin ich sicher, die kennt auch die unterschiedlichsten Tiefen und Höhen des Lebens und wenn man da mal daneben tritt, wird man nicht nen Kopf kürzer gemacht. Man muss sicher sein, dass es nicht zum rechten Zeitpunkt gegen mich verwendet und einem der Institutsleiter auf's Butterbrot geschmiert wird.«

Das Zitat macht deutlich, dass das Einbringen massiver Regelverletzungen in der Supervision nur dann geschehen kann, wenn der betroffene Therapeut ahnt, dass der Supervisor Erfahrung in dem angesprochenen Problembereich aufweist. Er muss nicht selbst Regeln verletzt haben, zumindest aber das Ringen um deren Einhaltung kennen.

> Frau Ruppin: »Man muss wissen, der hat irgendeine Erfahrung, sonst wird das nicht thematisiert. Ist der streng und nur in Regeln denkend, werden unsere Projektionen auf den Supervisor, dass der nicht so'n Schattenbereich hat, dass der ganz sauber ist, riesengroß, egal ob das nun Erotisch-Sexuelles oder Fachliches betrifft. Ich muss das Gefühl haben, der kennt das Leben auch.«

Als positives Beispiel wird eine »Koryphäe« der Supervisionsszene genannt, zu der ein Kollege sich mit großer Aufregung wandte, da er sich mit einem von ihm selbst supervidierten Team stark verfahren hatte.

> Frau Viet: »Dessen großzügige und wohlwollende Haltung hat geholfen, hat mir die Scham weggenommen. Der hat mich ernst genommen, mir gezeigt, ich bin kein kleiner Pimpf. Der hat auch kritische Sachen gesagt, aber es gab immer Entlastung durch Wohlwollen. Das war bei meiner Sozialisation mit sozial und sexuell ungenügend sein, Leistungsorientierung, bloß keine Fehler machen und ganz früher Entwertungen durch Schichtzugehörigkeit ganz wichtig.«

Schamreduzierend wirkt auch der Kompetenzzuwachs der Ausbildungskandidaten in Theorie und Therapiepraxis im Laufe der Zeit.

> Frau Mirau: »Je länger ich arbeite, desto mehr Mut hab' ich, mich mit dem Mist zu zeigen.«

> Frau Gahlow: »Ich hab' gelernt, reflektieren zu können, Übertragungsphänome auf die Situation zu beziehen und die Sache auf ner Metaebene im Griff zu haben.«

> Herr Thomsen: »Wenn ich viele gute Therapien im Hintergrund hab', kann ich es mir leisten zu sehen, hier läuft alles schief. Dann kann ich Vermischtes und Durcheinander auf den Tisch packen.«

Fast alle Psychotherapeuten gaben an, dass ihr Anspruchsniveau im Laufe der Zeit gesunken sei. Supervision heißt auch Containment von

Schamgefühlen, ein Klima zu schaffen, das die Würde der Gruppenmitglieder nicht untergräbt, und damit der Schamangst entgegenzusteuern.

Der Supervisor als Lehrer

Supervision hat immer pädagogische Effekte (vgl. Pühl, 1992b). In Ausbildungs- und Fortbildungssupervision findet Qualifizierung statt. Es kommt einer Vernachlässigung eigener Wurzeln und Ressourcen gleich, wenn Supervisoren dies übersehen. Balint entwickelte seine Methodik als Didaktik für Hausärzte in Seminarform. Es ging um die emotionale Verarbeitung von Praxiserfahrung mitsamt einer Vermittlung von Theorie zum besseren Verständnis der Problematiken des Arbeitsalltags. Ohne den Fortbildungsaspekt der Supervision verkäme diese zu einem gemeinsamen »Wiederkäuen«. Ein Lerninput kann meines Erachtens zu Recht erwartet werden.

In Supervisionen finden Bewertungen statt. Die therapeutische Qualifikation der Teilnehmer wird quasi öffentlich, Gruppenmitglieder und Supervisor machen sich ein Bild, die Arbeit wird eingeschätzt. Viele Teilnehmer von Supervisionsgruppen fühlen sich, als ob sie auf dem Prüfstand stünden. Diese Phänomene nicht zu berücksichtigen, wirkt einem fehlerfreundlichen Klima eher entgegen.

Daneben erfüllt der Supervisor Modellfunktion, von dem gelernt, an dem sich orientiert und von dem sich abgegrenzt wird. Die Haltung des Supervisors kann Vorbildfunktion für einzelne Supervisanden sein. Via Identifizierung und partieller identifikatorischer Übernahme von Haltungen werden gerade in Ausbildungssupervisionen therapeutische Techniken quasi »eingeschliffen«. Seine Werte, Anschauungen und Haltungen sollten sicherlich nicht unkritisch übernommen werden. Sich als Identifikationsfigur zur Verfügung zu stellen, kann in gewissem Maße als durchaus förderlich beschrieben werden, denn Lernen funktioniert zu wesentlichen Teilen über eine »Einverleibung« der Lehrenden. Neue Orientierungen werden möglich, das Risiko, bislang Tragendes in Frage zu stellen, kann in anderer Weise eingegangen werden. Übertragung in geringeren »Dosen« dient den didaktischen Aspekten der Supervision durchaus.

Supervision findet nach Möglichkeit »durch einen erfahrenen

Fachmann statt, der über besondere Kompetenzen verfügt« (Pühl, 1992a, S. 3). Das heißt, dass Supervision aus meiner Sicht immer in einer Interaktion mit Kompetenzgefälle geschieht, und das scheint mir mehr als nur legitimes Recht der Nachfragenden nach Supervision. Symmetrische Beziehungsgestaltung (vgl. Schreyögg, 1991) mag dabei eine Zielmarke sein, ist in der konkreten Arbeit jedoch als illusionär zu bezeichnen. Der Erfahrungs- und Wissensvorsprung ist es, nicht allein die Übertragungsdimension, der die Supervisionsbeziehung immer als leicht asymmetrisch gestaltet. Sicher versteht sich ein guter Supervisor immer auch als Lernender, dennoch ist es sein Erfahrungswissen, das er mehr als die Teilnehmer haben sollte, das ihn sein Geld wert sein lässt.

Neben der Kontrollfunktion ist die Fürsorgepflicht des Supervisors zu sehen. Anerkennung und Wertschätzung der Kollegen für ihre Arbeit in zum Teil schwierigen psychosozialen Spannungsfeldern halte ich für eine wichtige Burnout-Prophylaxe. Gerade in Bereichen erheblicher emotionaler Belastung, wie zum Beispiel in der Arbeit mit Dissozialen, ist die Organisationskultur oft bar jeglicher Freundlichkeit, Höflichkeit und jedes tragenden Miteinanders. Gerade dort sollte der Supervisor gegensteuern, um die Sensibilität für das Klima in solchen Organisationen bei den Mitarbeitern zu erhalten und durch seine Person eine Gegenkultur modellhaft zu repräsentieren. Supervision kann in solchen Institutionen eine Holding-Funktion im Sinne Winnicotts zukommen. Partielles Sich-zur-Verfügung-Stellen als Elternsubstitut kann vorübergehend sinnvoll sein. Der Wunsch eines Teams nach Betreuung stellt auf der einen Seite ein Spiegelphänomen des Klientels dar, auf der anderen Seite ist es ein legitimes Bedürfnis.

Ausblick

Meine Ausführungen fokussieren eine individuumszentrierte Perspektive auf das Schamerleben in Supervisionsprozessen. Die Erarbeitung von Konsequenzen für Ausbildungsdesigns wäre vonnöten, denn wie schon Freud in seiner kulturtheoretischen Schrift Massenpsychologie und Ich-Analyse (1921) beschreibt, unterliegen Personen und Gruppen in Institutionen einem charakteristischen Prozess:

»Sie regredieren auf einen frühkindlichen Zustand, werden in ihrem Denken und Handeln kritiklos, illusionär und verkennen beziehungsweise verleugnen Realität. Ähnlich wie im Zustand der Hypnose und der Suggestion wird das erwachsene Ich des Einzelnen aufgezehrt, und die zumeist autoritären Vorstellungen der Institution setzen sich an die Stelle eines reifen Über-Ichs« (Hegener, 1998, S. 1).

Die Selbstanwendung dieser Gedanken auf psychotherapeutische Ausbildungen unterbleibt zumeist. Durch das Psychotherapeutengesetz (PTG) haben wir es durch die Vorgaben des medizinischen Versorgungssystems für die Ausbildung psychotherapeutisch tätiger Kollegen und Kolleginnen in noch stärkerem Maße mit einem Medicozentrismus (Parin, 1986) zu tun. Die angenommene Rollenverteilung zwischen einem gesunden Psychotherapeuten und einem kranken Patienten erhöht den Normalitätsdruck auf die auszubildenden Kollegen. Bei der Zurichtung von »Normopathen« (Bird, 1972), »dull normal people« (Kernberg, 1996) und »Imitationskandidaten« (Gaddini, 1969), von Ausbildungskandidaten, die bruchlos und bestens an ihre Umgebung angepasst zu funktionieren scheinen, kommt dem Schamaffekt eine große Bedeutung zu. Wie einer erhöhten Anpassungsleistung entgegengesteuert und kritischer und selbstkritischer Reflexion von Ausbildungszusammenhängen mehr Raum gegeben werden kann, bleibt weiteren Untersuchungen überlassen.

Literatur

Bird, B. (1972). Notes on transference. Universal phenomenon and hardest part of analysis. Journal of American Psychoanalysis, 20, 267–301.
Freud, S. (1921). Massenpsychologie und Ich-Analyse (S. 71–161). GW XIII. Frankfurt a. M.: Suhrkamp.
Gaddini, E. (1969). On imitation. International Journal of Psychoanalysis, 50, 475–484.
Geissler, K. A. (1979). Anfangssituationen. Was man tun und besser lassen sollte. Weinheim: Beltz.
Grinker, R. R. (1955). Growth inertia and shame: Their therapeutic implications and dangers. International Journal of Psychoanalysis, 36, 242–253.
Gröning, K. (1997). Kameradschaft als Ideologie und die Suche nach dem

dyadischen Vater. Zum Verhältnis von Ideologie und psychischem Konflikt in Supervisionen mit Bundeswehrangehörigen. Forum Supervision, 10, 57–76.

Hegener, W. (1998). Zur Geschichte und Problematik institutionalisierter Ausbildungen. Unveröffentlichtes Manuskript, TU-Berlin.

Hilgers, M. (1996). Scham – Gesichter eines Affekts. Göttingen: Vandenhoeck & Ruprecht.

Kernberg, O. (1996). Thirty methods to destroy the creativity of psychoanalytic candidates. Int. Journal of Psychoanalysis, 77 (5), 1031–1040.

Leithäuser, T., Volmerg, B. (1988). Psychoanalyse in der Sozialforschung. Opladen: Westdeutscher Verlag.

Mayring, P. (1995). Qualitative Inhaltsanalyse: Grundlagen und Techniken (5. Aufl.). Weinheim: Deutscher Studien Verlag.

Parin, P. (1986). Medicozentrismus. In P. Parin, G. Parin-Mettèy (Hrsg.), Subjekt im Widerspruch. Frankfurt a. M.: Suhrkamp.

Perls, F. S. (1976). Grundlagen der Gestalttherapie. München: Pfeiffer.

Perls, F. S., Hefferline, R. F., Goodman, P. (1988). Gestalt-Therapie. Lebensfreude und Persönlichkeitsentfaltung. Stuttgart: Klett-Cotta.

Pühl, H. (Hrsg.) (1992). Handbuch der Supervision I. Berlin: Edition Marhold.

Pühl, H. (1992). Der Supervisor als Lehrer und Leiter. In H. Pühl (Hrsg), Handbuch der Supervision I (S. 22–33). Berlin: Edition Marhold.

Sartre, J. P. (1943). L'être et le néant (23 ième èdu). Paris: Gallimard.

Scheler, M. (1913). Über Scham und Schamgefühl. In M. Scheeler (1957), Gesammelte Werke Bd. X. Schriften aus dem Nachlass Bd. I: Zur Ethik und Erkenntnislehre, S. 67–154. Bern: Francke.

Schreyögg, A. (1991). Supervision – ein integratives Modell. Paderborn: Junfermann.

Winnicott, D. W. (1983). Von der Kinderheilkunde zur Psychoanalyse. Frankfurt a. M.: Fischer.

Wurmser, L. (1990). Die Maske der Scham. Berlin u. a.: Springer.

Erstabdruck:
Möller, H. (1998). Schamerleben in Supervisionsgruppen. Gruppendynamik, 4, 403–419.

Die Autorinnen und Autoren

Melene Bahner, Dr. phil., ist als Psychologische Psychotherapeutin und Organisationsberaterin in eigener Praxis in Berlin tätig.

Arthur Drexler, Mag. Dr., Klinischer Psychologe, Gesundheitspsychologe und Arbeitspsychologe, ist Universitätsassistent am Institut für Psychosoziale Intervention und Kommunikationsforschung der Universität Innsbruck sowie selbstständiger Businesscoach und Supervisor (ÖSV).

Margarete Laschalt, Mag. Dr., Betriebswirtin, ist Verwaltungsleiterin bei PGD Psychosoziale Gesundheitsdienste GmbH in Dornbirn/Österreich.

Mathias Lohmer, Dr. phil., Diplom-Psychologe, ist Psychoanalytiker (DPV, IPA, DGPT), Organisationsberater (IPOM: Institut für Psychodynamische Organisationsberatung), Psychotherapeut, Coach und Supervisor in eigener Praxis in München.

Claudia Meister-Scheytt, Diplom-Ökonomin, ist Universitätsassistentin an der Fakultät für Betriebswirtschaft der Universität Innsbruck, Unternehmensberaterin sowie freiberufliche Trainerin in der Erwachsenenbildung in den Bereichen Führung, Personal- und Organisationsentwicklung, Strategieentwicklung sowie Fundraising und Sponsoring.

Heidi Möller, Dr. phil., Diplom-Psychologin, Psychotherapeutin, Coach, Organisationsberaterin und Supervisorin, ist Professorin für

Theorie und Methodik der Beratung an der Universität Kassel und Direktorin des Instituts für Soziale Therapie, Supervision, Coaching und Organisationsberatung.

Uwe Volkmer, Diplom-Psychologe, ist Management-Berater, Trainer und Coach in Bonn.

Wenn Sie weiterlesen möchten ...

Markus Hänsel / Anna Matzenauer (Hg.)
Ich arbeite, also bin ich?
Sinnsuche und Sinnkrise im beruflichen Alltag

Mit einem Geleitwort von Rolf Verres.

Die Sehnsucht nach Sinn und Erfüllung im Beruf wächst in Zeiten der zunehmenden Ökonomisierung des Lebensalltags. Viele Menschen möchten, dass ihre Arbeit eine Bedeutung für die Gemeinschaft hat. Doch häufig sind die Arbeitskontexte nicht unbedingt förderlich für das Erleben von Sinnhaftigkeit und Berufung. Für eine authentische Unternehmensführung stellt sich immer häufiger die Diskussion um Ethik und Verantwortung. Christliche Werte halten Einzug in die Leitbilder großer Firmen und Organisationen. Auch in Politik und Gesellschaft wird der Ruf nach Werten wie Integrität und Nachhaltigkeit immer lauter. Der Band widmet sich zentralen Fragen bei der Suche nach dem Sinn von Beruf und Arbeit:
– Wie kann Sinnhaftigkeit im beruflichen Alltag erreicht werden?
– Sind Erfolg im Beruf und persönliche Erfüllung ein Widerspruch?
– Braucht erfolgreiches Arbeiten eine ethische Grundhaltung im Denken und Handeln?
– Wie ist Sinnfindung in unseren Organisationen und Unternehmen erlebbar?
– Wie beeinflussen spirituelle Ansätze und berufliche Praxis einander?

Autoren aus den Bereichen Wirtschaft, Pädagogik, Politik, Religion, Medizin und Beratung zeichnen aufgrund ihrer langjährigen Erfahrungen ein tiefgründiges und umfassendes Bild der Sinnsuche im beruflichen Alltag.

Markus Schwemmle / Bernd Schmid (Hg.)
Systemisch beraten und steuern live
Modelle und Best Practices in Organisationen

Das Institut für systemische Beratung in Wiesloch (ISB) ist in den letzten 25 Jahren zu einer Ausbildungsinstitution geworden, die mehrere Beratergenerationen durchlaufen haben. Charakteristisches Merkmal ist die dort vermittelte Lernkultur, die sich in der eingesetzten Didaktik niederschlägt. Das ISB steht für solides professionelles persönliches Lernen. Erstrebenswertes Ziel für systemische Berater ist es, sich mit ihren Perspektiven und Kompetenzen einzufügen in das Konzert aller Verantwortlichen, die gemeinsam ein Unternehmen, eine Organisation und letztlich die Gesellschaft voranbringen; dass sie sich selbst und mit anderen gemeinsam immer wieder reflektieren und neu ansetzen. Die in diesem Band versammelten Autoren schildern konkrete Projekte und Arbeitsprozesse und lassen sich dabei über die Schulter blicken. Die vielfältigen Tätigkeitsgebiete der systemischen Beratung reichen von Aktivitäten in Großkonzernen bis zu Interventionen in Kleinunternehmen.

Kurt F. Richter
Coaching als kreativer Prozess
Werkbuch für Coaching und Supervision mit Gestalt und System

Coaching ist eine berufsbezogene Beratungsmethode zur Begleitung und Unterstützung von Menschen in schwierigen, veränderungsbedürftigen oder neuen Arbeitszusammenhängen. Sie hilft Coachees bei der Lösung von Problemen, bei der Konfliktbewältigung, Rollengestaltung, Karriereplanung oder der Entwicklung von beruflichen Kompetenzen.

Je komplexer die Arbeitswelt wird, umso wichtiger wird auch, dass Coaching an den gesellschaftlichen Herausforderungen wächst und Beratungskonzepte entwickelt, die der Komplexität und dem Veränderungsdruck angemessen sind.

Coaching, wie es in diesem Buch vermittelt wird, ist eine methodenplurale, mehrperspektivische und flexible Beratungsmethode, in der auch analoge, vor- und nichtsprachliche Aspekte neben der sprachlichen Kommunikation berücksichtigt werden. Nur so kann sie die Lebenswirklichkeit der Coachees angemessen erfassen. Coaching wird dabei als eine co-kreative Tätigkeit aufgefasst, als ein gemeinsamer schöpferischer Prozess, in dem es um Gewinnung von neuen Sicht-, Fühl-, Denk- und Handlungsweisen und die Umgestaltung von Strukturen und Mustern geht. Kreative Medien unterstützen diesen schöpferischen Prozess.

Das Spezifische dieses Ansatzes liegt in dem dichten, synergetischen Methodennetzwerk, welches systemische, integrativ-gestalttherapeutische, analoge und körpertherapeutische Methoden zu einem effektiven Handlungsmodell von Coaching verbindet. Der prall gefüllte Methodenkoffer enthält neben einer Vielzahl methodischer Hinweise für die Coachingpraxis auch 125 komplexe Übungen (Tools) für alle Fälle.

Alberto Gimeno / Gemma Baulenas / Joan Coma-Cros
Familienunternehmen führen – Komplexität managen
Mentale Modelle und praktische Lösungen

Mit einem Vorwort von Arist von Schlippe

Lassen sich Familienunternehmen typologisieren? Was lässt sich daraus für die Unternehmenspraxis ableiten? Für ihren Wegweiser durch den strukturellen Dschungel haben Alberto Gimeno, Gemma Baulenas und Joan Coma-Cros mehr als 1200 Familienunternehmen untersucht und sechs Grundmodelle herausgearbeitet. Unternehmerfamilien können anhand der beschriebenen Entwicklungsstadien und den dazugehörigen Komplexitäts-, Effektivitäts- und Risikoparametern eine Bestandsaufnahme vornehmen, sich einem Modell zuordnen und zu neuen Ufern aufbrechen. Nützliche Tipps für den Geschäftsalltag begleiten sie dabei.

Supervison als Forschungsgegenstand — V&R

Rolf Haubl /
Brigitte Hausinger (Hg.)
**Supervisionsforschung:
Einblicke und Ausblicke**
Interdisziplinäre Beratungsforschung,
Band 1.
2009. 251 Seiten, kartoniert
ISBN 978-3-525-40325-9

Supervision hat in den letzten Jahrzehnten eine beachtliche Entwicklung vollzogen. Sie etablierte sich in vielen arbeitsweltlichen Handlungsfeldern. Die sehr praxis- und anwendungsbezogene Supervision ist gefordert, ihre Wissens- und Kenntnisstände zu überprüfen, zu aktualisieren und zu erweitern sowie eine wissenschaftliche Fundierung ihrer Praxis zu erreichen. Die Notwendigkeit und Attraktivität einer forschungsgestützten Weiterentwicklung von Theorie und Praxis der Supervision wird sowohl von der Community als auch von Wissenschaftler ohne eigene Supervisionsausbildung gesehen. Die häufige Klage, dass keine Supervisionsforschung stattfindet, kann relativiert werden. Beklagen kann man aktuell vielmehr die mangelnde Vernetzung, die fehlende Kenntnisnahme von Forschungsarbeiten und die seltene Diskussion über Erkenntnisse und Ergebnisse. Der vorliegende Band beggegnet diesen Umständen und trägt zu einer Bekanntmachung, Vernetzung und einer forschungsfreundlichen Kultur bei.
Er präsentiert eine Sammlung von Forschungsergebnissen und Forschungsüberlegungen von Autoren und Autorinnen unterschiedlichster Disziplinen. Dadurch spiegelt sich ein differenziertes Forschungs- und Wissenschaftsverständnis wider.
Das Buch richtet sich nicht nur an Wissenschaftler/innen und Forschende, sondern der inhaltliche Aufbau und die Perspektiven sind so gewählt, dass ebenso Praktiker/innen vielfältig davon profitieren können.

Vandenhoeck & Ruprecht

Beratung und Coaching V&R

Eine Auswahl aus unserem Programm

Ariane Bentner
**Systemisch-
lösungsorientierte
Organisationsberatung
in der Praxis**
Mit einem Vorwort von Jochen Schweitzer
2007. 234 Seiten mit 5 Abb. und 1 Tab.,
kartoniert. ISBN 978-3-525-49120-1

Ariane Bentner / Marie Krenzin
Erfolgsfaktor Intuition
Systemisches Coaching von
Führungskräften
Mit einem Beitrag von Molly von Oertzen
2008. 217 Seiten mit 30 Abb. und 1
Tab., kartoniert
ISBN 978-3-525-40323-5

Stefan Kühne /
Gerhard Hintenberger (Hg.)
**Handbuch Online-
Beratung**
Psychosoziale Beratung im Internet
2. Auflage 2009. 265 Seiten mit 2 Abb.
und 9 Tab., kartoniert
ISBN 978-3-525-40154-5

Franz Breuer
Vorgänger und Nachfolger
Weitergabe in institutionellen und
persönlichen Bezügen
2009. 386 Seiten mit 18 Abb. und
2 Tab., kartoniert
ISBN 978-3-525-40324-2

Ferdinand Buer /
Christoph Schmidt-Lellek
Life-Coaching
Über Sinn, Glück und Verantwortung
in der Arbeit
2008. 387 Seiten, gebunden
ISBN 978-3-525-40300-6

Helga Brüggemann /
Kristina Ehret-Ivankovic /
Christopher Klütmann
**Systemische Beratung
in fünf Gängen**
Buch und Karten
3. Auflage 2009. 150 Seiten mit 25
Karten und 16 Abb., kartoniert
ISBN 978-3-525-49098-3

Herbert Eberhart / Paolo J. Knill
Lösungskunst
Lehrbuch der kunst- und
ressourcenorientierten Arbeit
Mit einem Vorwort von Jürgen Kriz.
2009. 267 Seiten mit 1 Abb. und 2 Tab.,
kartoniert
ISBN 978-3-525-40159-0

Johannes Herwig-Lempp
**Ressourcenorientierte
Teamarbeit**
Systemische Praxis der kollegialen
Beratung.
Ein Lern- und Übungsbuch
2., durchgesehene Auflage 2009.
253 Seiten mit 10 Abb., kartoniert
ISBN 978-3-525-46197-6

Vandenhoeck & Ruprecht